U0141320

博碩文化

博碩文化

從求職心態建立到履歷面試的全方位職涯突破攻略！

# 翻轉職涯！
# 雲端/DevOps/
# SRE工程師
## 轉職必殺技

### 四大步驟帶你找出職能優勢、
### 成功精準轉職的規劃指南

謝明宏 (Alex Hsieh) 著

## 成功展現最好的自己！

**解決問題的能力，才是跟隨你一輩子的能力**

| 立關鍵心態 | 瞭解雲端產業 | 吸睛履歷祕訣 | 面試技巧攻略 |
|---|---|---|---|
| 確建立成功職涯的心態與目標 | 對雲端產業與公司類型知己知彼 | 打造讓對方想要邀約面試的職場名片 | 拿到 Offer 的完整技巧與考題 |

2023 iThome鐵人賽 鐵人

iThome 鐵人賽

翻轉職涯！

雲端 / DevOps / SRE 工程師轉職必殺技

四大步驟帶你找出職能優勢、
成功精準轉職的規劃指南

作　　者：謝明宏
責任編輯：曾婉玲

董 事 長：曾梓翔
總 編 輯：陳錦輝

出　　版：博碩文化股份有限公司
地　　址：221 新北市汐止區新台五路一段 112 號 10 樓 A 棟
　　　　　電話 (02) 2696-2869　傳真 (02) 2696-2867

郵撥帳號：17484299　戶名：博碩文化股份有限公司
博碩網站：http://www.drmaster.com.tw
讀者服務信箱：dr26962869@gmail.com
讀者服務專線：(02) 2696-2869 分機 238、519
（週一至週五 09:30 ～ 12:00；13:30 ～ 17:00）

版　　次：2024 年 10 月初版

建議零售價：新台幣 650 元
I S B N：978-626-333-977-4（平裝）
律師顧問：鳴權法律事務所 陳曉鳴 律師

本書如有破損或裝訂錯誤，請寄回本公司更換

國家圖書館出版品預行編目資料

翻轉職涯！雲端/DevOps/SRE 工程師轉職必殺技：四
大步驟帶你找出職能優勢、成功精準轉職的規劃指南 /
謝明宏著 . -- 初版 . -- 新北市：博碩文化股份有限公司，
2024.10
　　面；　公分

ISBN 978-626-333-977-4(平裝)

1.CST: 電腦資訊業 2.CST: 面試 3.CST: 職場成功法

542.77　　　　　　　　　　　　　113014475

Printed in Taiwan

歡迎團體訂購，另有優惠，請洽服務專線
博 碩 粉 絲 團　(02) 2696-2869 分機 238、519

# 推薦序

## Apple 軟體測試工程師 Oliver

面試不僅靠能力與運氣，更可以透過科學的方法取得成功，這本書深入剖析科技公司面試的每個環節，從技術問題準備到行為面試應對，提供實用技巧與策略。書中實踐驗證的建議，幫助讀者提升能力、表現自信，並避免常見錯誤。無論是剛入行的新手，還是尋求職涯突破的資深專業人士，都能從中獲益，為職業生涯開創更好的選擇與機會。

## Apple 軟體測試工程師 Ray

詳實、懇切地介紹從挑選公司開始，到職後的各項準備。不只是給剛畢業、剛進入或是想轉職 IT 界的朋友，也可以供剛接觸相關專案的用人主管，順利挑選適當的人才。除去準備 IT 相關技能的建議，其整體架構亦是各行各業都可以參考的街頭智慧。推薦給剛入坑就想變成跟 Alex 一樣老油條的朋友。

## 鼎翰科技業務副總 Janice

這本書不僅是求職者的得力助手，更是每一位渴望在雲端、DevOps、SRE 等領域中脫穎而出的人士的最佳指南。它不僅幫助你快速拿到理想的 Offer，更帶領你在職涯中建立和累積職場信用，為未來的發展鋪平道路。

## HP Devops 工程師 Leo

找工作時處處都是要注意的細節，而這本正是讀起來很舒服的專業書籍，書中舉了許多案例，並一一說明應該考慮的狀況，我想只有在無數業界經歷過的人，才能集結眾多的提示給讀者。在本書中，Alex 將分享自己在工作與面試中習得的各種經驗及知識無私分享給讀者，幫助讀者向未來的公司行銷自己，並

且從中獲得一些不一樣的思考方式。對於想在職場上提升自己、轉換跑道、找尋機會、騎驢找馬的人，我強烈推薦這本著作給你們，若是看完並且將此知識應用在人生上，絕對能提升未來的可靠性。

# 序　言

## ▍四步帶你拿到好 Offer！

　　本書只有一個目標：「四步帶你拿到好 Offer！」。無論你是希望獲得更高的薪資、追求個人工作的成就感、還是更清晰的職涯規劃，本書都將為你提供實用的建議與經驗，幫你解決現階段人生職場上苦惱的問題。

## 目標讀者

　　如果你滿足下面的條件，那本書就是為你而生。在職場上，我們常常因為薪水不滿足、工作壓力大而感到挫敗，甚至對自己的市場競爭力產生懷疑，本書將幫助你解決這些問題，讓你在求職路上更加自信。

- 正考慮轉換跑道、想跨領域到雲端產業發展的轉職者。

- 對雲端產業感興趣、不得其門而入的求職者。

- 對現有的工作感到不滿、渴望更好的薪資和成就感的求職者。

- 在雲端領域深耕多年、想要進一步提升自我職涯的求職者。

## 過去的我

　　曾經我也像你一樣面臨職涯轉換的挑戰，經過無數次的努力，面試了 20 間以上的公司，最後成功轉換職業跑道，並累積豐富的面試經驗。隨著年齡的增長，我也成為面試官的角色，經過 10 年以上的職場歷練、閱覽 500 個以上的面試者履歷，到超過 100 場以上的實際面試官經驗，可以說深刻理解求職者的痛點和需求。

身邊的朋友非常希望我可以分享這些職場經驗，促使我動起念頭撰寫這本書，希望透過我的職場經驗分享，幫助更多人少走彎路，快速拿到心儀的 Offer。曾有朋友給我這樣的回饋：「謝謝 Alex 你給我的職涯諮詢，真的是茅塞頓開，對我現在這個階段的職場真的非常有幫助」，那些充滿感謝的回饋成為我撰寫本書的初心，希望能夠將這些經驗和知識幫助更多的人。

## 本書要帶給你的四大功法

求職過程可轉化為四個拆解步驟：

- **建立心態與目標**：首先你需要建立正確的心態，訂立求職目標，選擇正確的職涯方向與準備計畫前進。

- **了解產業與目標**：在確定目標前，全面了解你所處的產業及其動態，確保自己對目標行業有足夠的認識，我會介紹雲端產業的上中下游，以及如何發展自己的職業目標。

- **準備履歷**：當你對產業有更深入的了解後，準備履歷時，才能切合產業的要求，我會提供許多實用的小技巧和範本，幫助你快速準備出色的履歷。

- **面試技巧**：拿到面試機會後，你需要掌握面試技巧，從技術面試、人格特質測試，再到團隊合作問題。學會如何應對面試官，面試不卡卡，成功拿到 Offer。

跟著這四大步驟，絕對可以找到理想的工作。

## 累積你的職場信用銀行

進入新的工作崗位，只是旅程的開始，第 5 章加碼了職場之路，分享在職涯發展中應該注意的事項。完成面試並獲得工作只是第一步，接下來你需要建立和累積你的職場信用與人脈，同時為下一步的職涯規劃做準備。

透過本書的幫助，我們希望能夠成為你的職場指南針，幫助你在雲端、DevOps、SRE 領域中脫穎而出，實現職業藍圖，走出屬於你的職場未來。

## 解決問題的能力，才是跟隨你一輩子能力，技術是解決問題的手段，邏輯才是解決問題的核心

本書的誕生，也象徵著我人生中的一次全新挑戰，這一路上，我必須特別感謝家人與朋友的鼓勵與支持。在職場之路中，除了四大心法，我最想分享給大家的是「解決問題的能力，才是能夠長伴你左右的真正技能。技術只是工具，而真正的核心是解決問題的邏輯和思維方式」。

這個洞察是我在經過 10 年工作經驗後，對自己人生的深刻覆盤而得出的結論。我的同事與朋友們經常對我說：「Alex，你身上有一種神奇框架，任何事情到了你這裡，都會被拆解成各個部分，接著有條不紊地處理每個環節，最終精準且有效率地解決各式各樣的疑難雜症」，這其實是我看了《刻意練習》這本書後，養成肌肉記憶的成果，我會嘗試把每件事情從優化到全面自動化的方式來解決，並將 DevOps 的精神應用於日常。

希望大家在拿到好的職缺後，能夠深入思考，訓練自己解決問題的核心能力。起初或許我們會跌跌撞撞，但只要持續練習將事情做到最好，體現你的執行力，你的職場信用就會被大家看到。唯有能夠解決各種問題的人，才能獲得他人的尊重和信賴，因為你的影響力能夠帶動整個組織的進步。

謝明宏 謹識

 小叮嚀　本書公開資源：URL https://heyurl.cc/t4nA5。

# 目 錄

CHAPTER 02 知己知彼：先了解產業與公司類型

CHAPTER **03　履歷準備：你的職場名片**

CHAPTER **04**　**面試技巧：展現最好的自己**

翻轉職涯！雲端 / DevOps / SRE 工程師轉職必殺技

## CHAPTER 05　職場之路：入職後才是新的開始

# 心態建立：我一定能成功

有句話說：「人生不怕沒夢想，只怕你不敢做夢」，拿到好 Offer 的第一步，就是「心態的建立」。我們必須要有正確的目標和積極的心態，才能走出正確的第一步。確定目標後，制定一個詳細的計畫，並按部就班地執行與調整，這樣才能高效率完成轉職，並獲取心儀的工作職位。

如果連你自己都不相信自己，那怎麼可能會成功，還沒做就先失敗了！在求職旅程的一開始，一定要給自己一個積極的心態，相信自己一定能成功，先心靈雞湯煲一波。只有這樣，你才能有持續的動力，咬緊牙關地堅持下去，最後肯定能轉職成功。

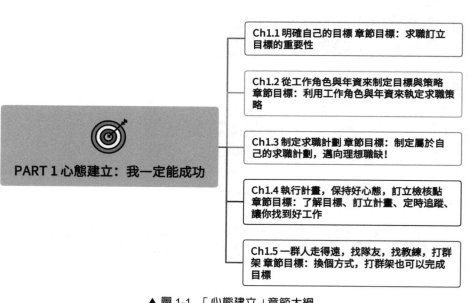

▲ 圖 1-1 「心態建立」章節大綱

# 1.1 明確自己的目標

**POINT** 求職訂立目標的重要性。

中和烘爐地是台灣北部最著名的土地公廟之一，是我常常去運動及欣賞夜景的地方，烘爐地的土地公廟每天都吸引著無數的信眾和登山客。他們的目標明確，就是登上 300 多公尺高的山頂，到土地公廟求一支上上籤，祈求平安順利或事業發達。

這段登山的路程大約需要半小時，但每個人選擇的方式不同，有些人選擇搭車直達，而有些人選擇步行以示虔誠，在 30 分鐘步行的路程中，也有人抱怨路途艱辛，甚至想放棄，改搭電梯或車輛上去。然而，無論選擇何種方式，他們心中都有一個明確的目標：「登上山頂，求得一支吉籤」，正是這個目標支撐著他們用不同的方式都要到達目的地。

求職也是這樣的，很多人在求職過程失敗的 80% 主因是「看不到具體的目標而放棄」。沒有明確的目標，就好比不知道該走哪條路上山，容易在中途迷失方向，失去動力。「訂立目標」這件事在求職中尤為重要，「找到理想的工作」就是你的目標，而「如何實現這個目標」則是你的求職策略。

在經過了 10 年以上的職場歷練、閱覽過至少 500+ 的面試者履歷，並超過至少 100 場以上的實際面試官經驗，以下我將總結四個最簡單的原則來制定求職目標。

## 1.1.1 先求有才求好

求職的過程中，要記住四個字——「騎驢找馬」，這是一種維持職業生涯穩定的低風險策略。除非你非常有把握，否則不要輕易辭職，確保自己在拿到下一份工作之前，有穩定的收入來源，畢竟我們每次的職業轉換都存在著風險。

我有位朋友在 2008 年的金融海嘯期間，公司精簡組織，導致他突然失業，找了很久才重新就業，他跟我說：「這種恐懼真的很可怕，我不知道下個月的房貸該怎麼辦，錢該從哪裡來」。2023 年北美科技圈的裁員潮也讓很多人措手不及，可能今天同事才被裁員，明天就會輪到自己，所以無論你多麼優秀，有時也會面臨到難以控制的外部因素。

每個人一定會遇到心儀的工作，但無法立即符合其要求，需要花費大量時間在面試流程上，甚至你可能會碰到能力、履歷、經歷都比你更優秀的競爭者，導致失去錄取機會，因此我建議你在求職過程中先確保一份保底的工作，同時多方嘗試，申請 3-5 個備選或夢幻的職位。如此一來，即使最終未能拿到理想的 Offer，至少還有其他的選擇，不至於陷入無工作可選的困境與慌亂的情緒。

待業最可怕的情緒恐慌點，是你的家人及朋友對你說：「啊！你怎麼還沒找到工作，下個月的房貸學費怎麼辦」、「是哦！你怎麼還沒找到工作，你發生了什麼事」。只能說不管是求職或待業，都讓人壓力山大、身心俱疲，而「保持健康的心態」是非常重要的，如果你沒有先找到一份保底的工作，而是不斷地被拒絕，這會讓你感到挫敗和壓力，進而影響每次面試的表現。

更進一步來說，我們作為面試官，通常會對你的工作經歷有一定的期望，空白期太長往往會引起質疑，「你是不是做了哪些事情，而導致被前公司處理掉？」這種疑惑會隨之而來，如果你無法合理解釋，可能會被認為有難言之隱，導致你被刷掉。

每個人的理想保鮮期，面試官可以接受的大約都是「3-12 個月」，這不至於脫離業界太久的時間，算是合理的轉換時間，而「1-2 個月」的空白，則會被視為合理的工作銜接期。無論你是剛出社會的新鮮人，還是有多年經驗想轉職到外商公司的資深人士，都應該在轉職時確保有一個備用的工作，以避免長時間處於待業狀態。這是一種低風險的策略，可以幫助你保持職場的新鮮度，並且永遠要有計畫 B。

## 1.1.2 求職的目標設定

在求職的過程中，我們要先明確一個基本的目標：「找到第一個願意發你Offer 的公司」。或許有人會覺得奇怪，為什麼我們的目標不是直接去挑戰那些頂尖公司，例如：Google、亞馬遜、微軟等，答案其實很簡單─「先求有，再求好」。

在現實的求職市場中，擁有一份工作遠比追求夢想中的工作，更為現實和重要。當然，理想的公司是我們要努力的方向，但有時環境和個人實力可能還未達到那個層次與高度之前，我們需要一個保底的選項，確保自己始終有工作在手，然後再努力朝著更高的目標前進。

求職市場就像是一個利益交換的平台，公司和員工之間是基於價值的互換。你能為公司創造價值，公司才會願意付你相應的薪水，雖然某些公司會有一定的人情味，但大多數情況下，公司的目標就是盈利，而你的價值就是達成這一目標的關鍵。

## ▌找到第一個願意發你 Offer 的公司

要如何找到第一家願意發你 Offer 的公司呢？基本上，有三個面向：

- **工作能力符合市場需求**：首先，你需要確保自己的能力符合市場需求。如果你專注於雲端技術，可以在求職網站，如 104 或 LinkedIn 上搜尋相關的關鍵字，像是 AWS、GCP、Azure 這些雲端產業關鍵字，就可以了解到市場上有哪些職缺、哪些公司在招聘，這是收集求職情報的重要方式。

- **人脈網路**：俗話說：「朝中有人好做官」，「人脈」在求職中也發揮著至關重要的作用。如果你的親戚朋友在相關產業工作，請他們介紹你到對應的工作崗位，或者內部推薦你到他們公司的職位，這些人脈資源往往能提供更快速、更直接的求職機會，直達天聽。而從公司的角度，95% 會對內部舉薦的人才有更高的信賴程度，有的公司甚至會有內部推薦的獎勵機制。

- **分享你的作品**：「積極分享你的作品和經驗」也是求職的一個重要策略，無論是透過 GitHub 展示你的業餘專案作品，還是經由個人部落格、社交媒體來分享你的技術見解，這些都能提高你的曝光率。現在是一個訊息傳播迅速、甚至爆炸的自媒體時代，有些工作機會可能是因為你的一次社群媒體分享，而成為你工作的敲門磚。

這些面向只是求職策略的一部分，但最重要的是先找到能提供你 Offer 的公司，確保自己不處於無工作的狀態。當你有了第一份工作後，再利用時間和機會去尋找更好的工作，我們的目標是「找到好工作」，而不是處於無工作的困境。

# 1.1.3 一步到位的迷思

每週四晚上，我都會定期和好友一起去打羽球，其中有一位女球友是半導體公司的業務，很喜歡挑戰台灣的百岳。有一次，我向她請教登山的祕訣，她說：「必須從簡單的目標開始，一步步挑戰不同難度的山岳」，她的策略就是將登山分成兩種類型：

- **入門級**：一天內可以完成的山峰。

- **進階級**：需要多天時間才能完成的山峰，如 3-12 天才能完成的山峰。

她的方法很有意思，她先列出清單來挑戰那些可以一天內完成的山，逐步增加登山經驗和自我體能。當有了一定的經驗後，再挑戰需要更多天的高難度山岳，這樣做不僅能減少失敗的風險，還能享受逐步達成目標的成就感。她的紀錄是花了 3 年多從新手入門到爬了約 30 多座海內外的高山，我認為非常厲害，進一步分析這個策略基本上有三個關鍵點：

- **從簡單的開始**：先挑戰那些容易完成且在自己能力範圍內的目標，從簡單的開始。

- **提升難度**：在完成這些目標後，她確認已經提升自己的登山能力，才去挑戰更難的目標。能力提升就可以打大魔王！

- **減少挫敗感的比例**：「容易完成」與「不容易完成」的比例，一開始是 5：1，後面逐漸提升到 1：1 來減少挫敗感。

## ▌提升能力後再升級挑戰

求職和轉職也是一樣的，並不是每個人一開始就能進入那些頂尖公司，例如：Google、Facebook、Amazon、Meta 等。其實每個人都需要不斷提升能力，再次挑戰更高難度的公司，才能應對越來越難的職場考驗。

綜觀求職的過程中，大概可以分成三種人：

- **無法訂立目標的人**：他們對自己的方向沒有清晰的認知，總是在等待別人給他們答案。

- **想一步登天的人**：不清楚自己能力還不足以應聘那些要求很高、競爭激烈的公司，結果往往是被拒之門外。最後常常怨天尤人，抱怨這些公司沒有慧眼識英雄。

- **按部就班、逐步提高自己能力的人**：他們先從能力所及的公司開始，不斷累積經驗和提升技能，最終面試上自己的理想公司，甚至有些更厲害的人會選擇去創業。他們的成功因素與人格特質主要有兩個，即「堅持」與「循序漸進」。

## 1.1.4 職涯是一場馬拉松

職涯是一場長達 30 年以上的馬拉松，而不是 100 公尺的短跑，千萬不要覺得自己可以一步登天，還是要了解自己的實力，逐步挑戰更難的目標和職位，這樣不僅能提升你的求職成功率，還能在過程中不斷穩步成長和進步。

- **先求有才求好**：在求職過程中，最重要的是確保自己有一份工作，這是一種低風險的策略。保持自己在求職市場的新鮮度，永遠要有計畫 B。

- **求職的目標設定**：首要目標是找到第一家願意提供你 Offer 的公司，而其他能提供更多 Offer 的公司才是配角，集中精力找到第一份工作為首要目標。求職的重點是確保自己有工作，而不是追求一開始就能進入理想的頂尖公司。

- **一步到位的迷思**：職業生涯就像一場馬拉松，不是 100 公尺的短跑，不要期望一步登天，而是要根據自己的實力，逐步挑戰更難的目標。

# 1.2　從工作角色與年資來制定目標與策略

**POINT** 利用工作角色與年資來制定求職策略。

安德斯‧艾瑞克森（Anders Ericsson）在《刻意練習》中提到：

光有練習的「量」是不夠的，還必須兼具練習的「質」，才會是決定個人成就高低的關鍵所在。

面試官通常會利用工作時間和經歷來評估一個人的能力，這是因為需要足夠的時間，才能夠培養一個人擁有應付對應職位的能力。通常一般人是很難越級打怪的，其他的面試者也都是天資聰穎且非常努力的人。

你也可以想像一下，一個剛出社會的人宣稱自己能設計整個雲端系統架構，或者一個木工學徒剛出社會，就說他能承包整棟大樓的木工工程，大多數人絕對都會抱持懷疑態度，因為這些工作非常依賴產業的工作經驗和實作能力，不可能一蹴可及。

大多數人在制定求職策略時，可參見表 1-1，選取自身適合的工作角色和產業年資來設定對應求職目標，並評估自身能力範圍來進行規劃。

▼ 表 1-1　角色與年資職能表

| 角色 | 角色定位 | 年資範圍 | 職位要求 |
|------|---------|---------|---------|
| 社會新鮮人<br>（Rookie） | 完成交辦事務。 | 0-3 年 | 專注於該產業基礎技能的學習和實踐，尋找入門級的職位，累積經驗。 |
| 職場新秀<br>（Junior） | 完成交辦事務或進階事務。 | 3-5 年 | 開始承擔更多的責任，提升技術深度，參與更多的實戰專案，逐步向資深工程師過渡。 |
| 資深前輩<br>（Senior） | 獨立完成作業，完成公司策略性目標。 | 5-10 年 | 獨立解決問題，成為團隊中的核心成員，提升領導和協作能力，累積專業知識，準備向更高層次發展。 |
| 職場達人<br>（Master） | 能帶領團隊完成事務，產生業務影響。 | 10+ 年 | 帶領團隊，制定戰略，影響公司的業務方向，成為行業領袖。 |

## 1.2.1　社會新鮮人（Rookie）

在這個階段中，你的重點應該是專注於學習和實踐該產業的基礎技能，並尋找適合的入門級職位。這是一段累積經驗的重要時期，別急著想要跳到高位階的職位，而是要穩紮穩打地奠定好基礎。

當你申請入門級職位時，面試官通常不會對你提出過於刁鑽的問題，反而更關心你的個人特質以及你能否適應和融入團隊。面試官會評估你的合作能力、解決問題的基本能力，以及你是否具備學習新事物的熱情和潛力，因此面試的重點要放在展現出你的熱情、誠實和願意學習的態度。你可以在面試中，描述一些具體的解決問題經歷來證明這一點。

在這個階段，通常面試官設定的目標都是「Delivery」，能夠按部就班地完成交辦的事項，除了達到預期成果外，還應確保每次表現都穩定輸出，參見 1-2 來了解面試官和用人主管的關注點以及常見的問題，這有助於你更好地準備面試。

▼ 表 1-2　面試官對社會新鮮人的關注點

| 角色 | 關注點 | 關注點的問題範例 | 評價標準 |
|---|---|---|---|
| 職場面試官（高階） | ・人格特質的重要性。<br>・團隊合作的可能性。<br>・解決問題的基本能力。<br>・求職者的學習能力、基礎知識、熱情和適應能力。 | 請描述一個你在校內外學到的重要技能，並說明它是如何應用到工作的。 | 是否具備學習和成長的潛力，對公司文化的理解和適應能力。 |
| 用人主管 | ・人格特質的重要性。<br>・團隊合作的可能性。<br>・解決問題的基本能力。<br>・求職者的工作態度、團隊合作能力和長期發展潛力。 | ・你如何處理與同事之間的矛盾？<br>・你希望在公司學到什麼？ | 是否具備積極的工作態度和良好的團隊合作能力，是否有長期發展的潛力。 |

社會新鮮人面試者可以參見表 1-3，對於準備方向及對應問題有一個簡單的認識，後續章節也會詳細介紹如何準備面試的問題。

▼ 表 1-3　社會新鮮人的準備方向

| 角色 | 準備方向 | 回答方向 |
|---|---|---|
| 面試者 | 了解公司的基本訊息和職位要求，展示自己在校期間的實習和專案經驗，表現出對工作的熱情和學習的意願。 | 在學校期間，我參加了一個開發專題，負責系統設計和開發。透過這個專案，我學到如何協作和解決問題，也提升我的技術技能。 |

## 1.2.2 職場新秀（Junior）

在這個階段中，作為一名職場新秀，你已經具備了一定的工作經驗和技術能力，能夠獨立完成交辦的任務，這是一個充滿機遇的時期，應該專注於提升技術深度，參與更多的實戰專案，逐步向資深工程師過渡。對於找工作來說，重點在於展示你解決問題的能力，以及你是否擁有足夠的技術來完成所交辦的任務。

當你申請職位時，面試官此時會關注你的問題解決能力及技術水準，這是他們評估你能否勝任工作的主要依據。面試官期望你在接受一定的訓練後，能夠迅速融入工作環境，獨立完成任務，同時主管們會給予一定的指導，但也會尊重你的自主意願，讓你有更多的空間來發揮自己的才能。你可以參見表 1-4 來了解面試官和用人主管的關注點以及常見的問題，這有助於你更好地準備面試。

在這個階段中，面試官通常設定的目標也是「Delivery」，但除了能夠按部就班地完成交辦事項，我們通常也期待超乎預期的表現，同時控制交付不合預期的工作成果比例必須在 5% 以下。

▼ 表 1-4　面試官對職場新秀的關注點

| 角色 | 關注點 | 關注點的問題範例 | 評價標準 |
|---|---|---|---|
| 職場面試官（高階） | 技術能力、實踐經驗和問題解決能力。 | ・請描述一個你參與的專案，並說明你在其中的具體角色和貢獻。<br>・你遇到過的最大技術挑戰是什麼？你是如何解決的？ | 是否具備紮實的技術能力和實戰經驗，可否獨立解決問題。 |

| 角色 | 關注點 | 關注點的問題範例 | 評價標準 |
|---|---|---|---|
| 用人主管 | 成長潛力、工作態度和團隊合作能力。 | ・你如何管理你的工作時間和任務優先順序？<br>・你如何處理高壓下的工作？ | 是否能夠承擔更多責任，是否具備良好的時間管理和壓力處理能力。 |

　　職場新秀面試者可以參見表 1-5，對於準備方向及對應問題有一個簡單的認識，後續章節也會詳細介紹如何準備面試的問題。

▼ 表 1-5　職場新秀的準備方向

| 角色 | 準備方向 | 回答方向 |
|---|---|---|
| 面試者 | 展示實踐經驗、技術能力和問題解決能力。 | ・在之前的工作中，我參與了一個大型資料處理專案，負責資料清洗和分析。<br>・透過這個專案，我提升了自己的資料處理能力，並且學會如何在高壓下有效完成任務。 |

## 1.2.3　資深前輩（Senior）

　　在這個階段中，作為一名資深工程師，你需要具備足夠的工作經驗和技術能力，能夠獨立完成重要的項目和任務。這是一個成為團隊核心成員的重要時期，你應該專注於提升自己的領導和協作能力，為進一步的職業發展做準備。

　　當你申請職位時，面試官會特別關注你的問題解決能力和技術水準，但更重要的是他們會關注你是否具備獨立完成任務的能力，這是職場新秀和資深前輩之間的關鍵差異。資深前輩不僅能夠獨立作業來達成公司交辦的目標，還能夠超越預期，帶來更高的價值和成果。

面試官評估你的主要依據在於，你能否在接受一定的培訓後，迅速成為公司的即戰力，他們期望你能夠獨當一面，並且在必要時帶領團隊完成任務。同時主管們會在旁觀察你的表現，但也會尊重你的自主意願，讓你有足夠的空間來發揮專長，幫助公司成長。這是你展現自己實力和潛力的好機會，抓住每一個學習和成長的機會，不斷提升自己，成為團隊中不可或缺的一員。你可以參見表 1-6，來了解面試官和用人主管的關注點以及常見的問題，這有助於你更好地準備面試。

▼ 表 1-6　面試官對資深前輩的關注點

| 角色 | 關注點 | 關注點問題範例 | 評價標準 |
|---|---|---|---|
| 職場面試官（高階） | 技術專長、領導能力和創新能力。 | • 請描述一個你參與開發的專案，並說明你是如何克服其中的挑戰。<br>• 你如何保持自己的技術領先？ | 是否具備獨立完成專案的能力，可否創新解決問題，更甚一步是否具備團隊領導力。 |
| 用人主管 | 戰略思維、影響力和長期發展潛力。 | • 你如何看待未來 3 年的技術趨勢？<br>• 你在團隊中如何發揮你的影響力？ | 是否具備戰略視角，可否影響和帶動團隊，是否有長期發展的潛力。 |

　　資深前輩的面試者可以參見表 1-7，對於準備方向及對應問題有一個簡單的認識，後續章節也會詳細介紹如何準備面試的問題。

| 角色 | 準備方向 | 回答方向 |
|------|----------|----------|
| 面試者 | 展示參與和管理專案經驗、技術專長和創新能力。 | ・在我的上一個專案中,我擔任技術領導,帶領團隊完成了一個複雜的資料分析平台。<br>・透過有效的溝通和協作,克服了多次技術挑戰,最終專案成功上線,並獲得了客戶的高度評價。 |

## 1.2.4　職場達人(Master)

在這個階段中,職場達人應具備豐富的產業經驗和深厚的技術專長,能夠帶領團隊完成重要專案,並對公司的業務產生重大影響。這是一個讓你成為行業領袖的黃金時期,你應該積極參與並協助制定公司戰略,影響公司的發展方向,讓自己的價值在企業中得到充分體現。你需要利用自己的經驗和專業知識,為團隊指明方向,解決關鍵問題,並推動專案順利進行。

面試官在評估你時,主要關注的是「你可否為公司帶來直接的利益價值」,通常他們會從兩個方面進行考量:

● 你可否利用豐富的產業經驗和技術專長,提升現有業務量,如增加銷售或促進產品的開發。

● 你的人脈和經驗是否能幫助公司擴展新業務市場,如新的東南亞市場開發。

在這個階段的職位通常都是「較高階」的職務,會要求求職者具備行業經驗、戰略視野及商業洞察力等綜合能力,不僅僅是技術能力,這也是對你過去 10 年累積的一次重要驗證,展示你如何運用自己的經驗和智慧,為公司創造更大的價值。

職場達人可以參見表 1-8，來了解面試官和用人主管的關注點以及常見的問題，這有助於你更好地準備面試。

▼ 表 1-8　面試官對職場達人的關注點

| 角色 | 關注點 | 關注點問題範例 | 評價標準 |
|---|---|---|---|
| 職場面試官（高階） | 行業經驗、戰略視角和領導能力。 | • 請描述一個你帶領團隊完成的關鍵專案，並說明它對公司的影響。<br>• 你如何確保你的團隊保持高效？ | 是否具備領導大規模專案的能力，能否制定並實施企業戰略策略，是否能對公司產生積極影響。 |
| 用人主管 | 商業洞察力、影響力和創新能力。 | • 你如何制定團隊的發展策略？<br>• 你如何確保你的團隊在市場中保持競爭力？ | 是否具備制定和實施發展策略的能力，能否帶領團隊保持競爭力，是否具備創新和商業洞察力。 |

職場達人面試者可以參見表 1-9，對於準備方向及對應問題有一個簡單的認識，後續章節也會詳細介紹如何準備面試的問題。

▼ 表 1-9　職場達人的準備方向

| 角色 | 準備方向 | 回答方向 |
|---|---|---|
| 面試者 | 展示領導和制定戰略方向，展示行業洞察力和創新能力。 | • 在我的上一個職位中，我帶領團隊開發了一個新產品，從市場調查到產品上線，我全程參與，並制定了詳細的戰略計畫。<br>• 這個產品成功上市後，不僅提升了公司的市場份額，還創造新的業務增長點。 |

## 1.2.5 角色與年資的考量

面試官通常會根據求職者的工作時間和經歷來評估其能力，因為需要足夠的時間，才能培養應付特定職位的技能。就如同剛出社會的人，難以立即承擔設計雲端系統的重責，許多工作都依賴於長時間的經驗和能力累積。

- **社會新鮮人（Rookie）**：社會新鮮人的重點應放在學習和實踐基礎技能，尋找適合的入門級職位。面試中，應展示合作能力、解決問題的基本能力，以及學習新事物的熱情。目標應該是穩定完成交辦的事項，並且每次的表現都可穩定且達標。

- **職場新秀（Junior）**：職場新秀應該專注於提升技術深度，參與更多實戰專案，逐步向資深工程師過渡。面試中，展示解決問題的能力和技術水準是關鍵要素，同時也要表現出能夠獨立完成任務的能力，並控制不合預期的工作成果比例在 5% 以下。

- **資深前輩（Senior）**：資深前輩需要具備獨立完成重要專案的能力，並且在必要時帶領團隊完成任務。面試時，要展示技術專長、領導能力和創新能力，並能在入職後的 3 個月內，成為即戰力。

- **職場達人（Master）**：職場達人應利用豐富的產業經驗和技術專長，制定並實施戰略，影響公司的業務方向。面試官會關注求職者能否為公司帶來直接利益，並能夠領導團隊在市場中保持競爭力。

# 1.3 制定求職計畫

**POINT** 制定屬於自己的求職計畫，邁向理想的職缺。

還記得到烘爐地求籤的故事嗎？無論是觀光客還是信徒，都知道他們的目標是「抵達土地公廟求一支好籤」。達成這個目標的方法可以有很多種，有些人會選擇搭公車，有些人則會選擇步行。搭公車當然最快，但你勢必要在公車站牌等待，也可能因為人很多搭不上車，錯失時機，對於那些只能步行的人來說，或許爬上去就很累。

重點在於「如何有效率、有策略地走到目的地」，至於選擇哪條路最合適，每個人的答案或許都不一樣。同樣的，在求職的過程中，無論你面臨什麼樣的限制，都不能放棄，而是應該有計畫、有方法地去達成目標。

在自訂求職計畫時，最關鍵的一步是「清楚確定自己的目標」，這就像射箭時要先瞄準靶心一樣，你需要知道自己想要達成什麼目標，然後針對這個目標制定相應的努力方向。避免盲目地努力，因為那會讓你陷入瞎忙的困境，後面的章節會幫助你畫出正確的靶。

## 1.3.1 現階段適合怎樣的職缺

如果選擇雲端產業作為職涯，我們建議你先考取雲端相關的證照，例如：AWS 或 GCP 的助理級雲端架構師證照，當然 Azure 的證照也沒有問題。準備的過程中，可以幫助你增強雲端相關的工作知識與能力，證照也可以證明你的基本能力與提升你的履歷能見度。

- **AWS Certification**：URL https://aws.amazon.com/tw/certification/。
- **GCP Certification**：URL https://cloud.google.com/learn/certification?hl=en。
- **Azure Certification**：URL https://learn.microsoft.com/en-us/credentials/。

接著先寫一份當前時刻的履歷。就像考試一樣，不要等到最後一刻才開始準備，先了解職缺的需求，分析其他人的履歷，看看自己還缺少什麼，如何彌補這些差距。

在這個過程中，必須要先寫一份初步的履歷，並請朋友或前輩給予建議，這樣你就能清楚知道自己在哪些方面需要補強，並在過程中學會如何將履歷寫得更漂亮、更具吸引力。

▲ 圖 1-2　AWS 與 GCP 助理級證照

## 1.3.2　先畫靶再射箭

在這個階段的情報收集，最簡單的方法就是打開 104 人力銀行，輸入「雲端產業」來看看有哪些職缺，同時你也可以使用關鍵字（如 AWS 和 GCP）來進行搜尋，如此你就能了解市場上對這些技術的需求有多大。例如：搜尋「AWS」職缺，你會發現超過 2000 個職缺在等待應徵；如果搜尋「GCP」，也有超過 1600 個職缺，這顯示出各家企業對於雲端技術的巨大需求。在這樣的市場需求下，具備雲端技能的人才絕對能獲得更高的起薪。

▲ 圖 1-3　104 人力銀行中的雲端職缺

　　針對雲端、維運、DevOps 與 SRE 等職缺，根據獵頭產業龍頭之一的藝珂調查，雲端產業中的維運工程師和雲端工程師都享有非常高的起薪，最低薪資至少有 70,000 元和 65,000 元，根據你的雲端技能和工作經驗，薪資甚至可以高達 120,000 元以上。

藝珂調查，2021 年的資訊人才需求大幅成長，且從其他產業投入 IT 產業的就業人數也增加，市場競爭激烈、人才搶手，薪資較過去 2、3 年，有明顯成長趨勢。

以所需年資較低（約 1-3 年年資）的網站設計人員、網站與網路/系統管理人員來看，最低起薪皆在 4 萬以上，至於網站前端/後端開發工程師、UI/UX 設計師則有 4~5 萬的最低月薪。

另外像是雲端工程師，以及負責維護軟體、管理資料庫安全的運維工程師（DevOps Engineer），年資僅 1~3 年，通常就能享有 6 萬 5000~7 萬的最低月薪，傲視科技業。

| 職位 | 所需年資 | 最低薪資 | 最高薪資 |
| --- | --- | --- | --- |
| UI/UX 設計師 | 3+ | 5萬 | 9萬 |
| 網站設計人員 | 2+ | 4萬 | 7萬 |
| 網絡 / 系統管理人員 | 2+ | 4萬2000 | 6萬5000 |
| 網站管理員 | 2+ | 4萬 | 6萬5000 |
| 後端工程師 | 1~3 | 4萬8000 | 8萬5000 |
| 前端開發工程師 | 1~3 | 4萬5000 | 8萬 |
| 運維工程師 | 1~3 | 7萬 | 12萬 |
| 雲端工程師 | 1~3 | 6萬5000 | 10萬 |

註：以上數據是由藝珂從 2020 年 9 月至 2021 年 7 月期間的各項職缺之平均 薪資所得，其超時工資、佣金、各項津貼和獎金，均不列入計算。

資料來源：《2022藝珂薪資指南與產業報告》

▲ 圖 1-4　藝珂調查報告中的最新熱門產業

※ 資料來源：經理人網站與《2022 藝珂薪資指南與產業報告》（https://www.managertoday.com.tw/articles/view/65473）

## 雲端基本與進階能力需求

為了幫助大家更好地準備求職，我整理了大部分雲端職缺所要求的基本能力和進階能力，參見表 1-10。在求職過程中，最關鍵的一步就是了解自己想要達成的目標，你必須先明確你想要的職缺以及該職缺所需的能力，也就是我的目標是哪個箭靶，我離箭靶還有多少距離與差距，我要怎樣縮短差距。

▼ 表 1-10　雲端職缺的基本與進階能力需求

| 能力 | 詳細需求 |
| --- | --- |
| 基本能力（普遍要求） | ・**雲端平台基礎知識**：熟悉主流雲端服務平台，如 AWS、GCP、Azure 等，以及了解雲端架構的基本概念和運作原理。<br>・**操作系統**：熟悉 Linux 和 Windows 操作系統的基本操作和管理。<br>・**網路知識**：具備基本的網路配置與管理能力，包括 VPC、子網、路由等。<br>・**儲存與資料庫**：理解不同類型的儲存服務，如 S3、EBS 等，並能夠進行基本操作。熟悉至少一種資料庫管理系統，如 MySQL、PostgreSQL 或 NoSQL 資料庫（如 MongoDB）。<br>・**安全性基礎**：了解雲端安全的基本原則，如 IAM、加密、網路安全等。<br>・**基礎程式設計能力**：掌握至少一種程式設計語言，如 Python、Java、JavaScript 等，用於自動化腳本和簡單的應用開發。 |
| 進階能力（根據職缺） | ・**雲端架構設計**：能夠設計和部署高可用性、高擴展性的雲端架構，深入理解微服務架構和無伺服器架構。<br>・**自動化與 DevOps**：精通自動化工具，如 Terraform、Ansible、Puppet 等。熟悉 CI/CD 流程和工具，如 Jenkins、GitLab CI、Argo CD 等。<br>・**監控與效能調優**：熟悉監控工具，如 Prometheus、Grafana、CloudWatch 等，能夠設置監控指標和警報。具備效能調優的經驗，能夠識別和解決系統瓶頸。 |

| 能力 | 詳細需求 |
|------|---------|
| 進階能力（根據職缺） | • **容器技術**：深入了解 Docker 和 Kubernetes，能夠設計和管理容器化應用。熟悉 Kubernetes 的高級功能，如 Helm、Istio 等。<br>• **資料分析與大數據**：熟悉大數據處理框架，如 Hadoop、Spark 等。能夠使用資料分析工具和技術進行資料處理和分析。<br>• **安全性進階**：能夠實施和管理雲端安全策略，進行安全評估和風險管理。熟悉合規性標準和實踐，如 ISO 27001、GDPR 等。 |

從 104 的搜尋結果中，可以看出雲端技能是大部分職缺的基本要求，後面還會細分成 DevOps、SRE、Data Engineer、Backend、Frontend、維運等不同職缺，可以根據這些職缺的要求來針對性地準備，並找到理想的工作。

在尋找雲端職缺的過程中，了解基本能力和進階能力的需求是非常重要的。一般來說，掌握 70% 的基本能力，會大幅提升你的錄取機會，這些基本能力包括熟悉常見的雲端服務平台（如 AWS、GCP、Azure），掌握基礎的網路和安全知識，具備自動化和腳本撰寫能力，以及對持續整合和持續部署（CI/CD）流程的理解，這些都是你進入雲端領域的核心技能。

進階能力則根據不同職位和公司的需求而有所不同。例如：有些公司可能要求你在特定的雲端架構設計方面有經驗，或者在容器化技術（如 Kubernetes）方面具備專業知識；有些職位可能需要資料分析和大數據處理能力，而另一些則看重 DevOps 實踐和微服務架構經驗。

最重要的還是仔細研究目標公司的具體要求，針對性地提升相關進階能力，既能展示基本能力，又能突出專業優勢。另一方面，則是利用自己學會的專業技能去找，例如：對 GCP 雲端服務相當熟悉，那就找使用 GCP 相關技術的公司。

以下有三個簡單步驟幫助你找到匹配的職業：

- **研究職缺**：瀏覽各大求職網站，找出你感興趣的雲端、DevOps 或 SRE 職缺，並詳細閱讀職缺說明。

- **分析技能要求**：記下這些職缺所需的技能和經驗，並對比自己目前的能力。

- **設定目標**：根據你收集到的訊息，設定一個明確的求職目標，確保這個目標具體可實現。

## 1.3.3　考取雲端證照

「擁有雲端技術能力」是這個行業的基礎，也是進入這個領域的敲門磚，最簡單的準備方式就是考取相關的雲端證照。對於新手，建議從助理級的證照開始，如 AWS Certified Solutions Architect – Associate 或 Google Associate Cloud Engineer；如果你已經有多年的專業經驗，並且熟悉相應的雲端服務，那麼考取專家級的雲端證照會更適合你，如 AWS Certified Solutions Architect – Professional 或 Google Cloud Professional Cloud Architect。

根據 2020 年 Skillsoft 的高薪 IT 證照排行榜，Google Cloud Professional Cloud Architect 和 AWS Certified Solutions Architect – Professional 名列前茅；同樣的，根據 OpenAI 的 GPT 推薦，2022 年全球雲端證照排行榜中，前三名均與 AWS、Microsoft Azure 和 Google Cloud 有關；目前 2024 年的 skillsoft 高薪 IT 證照排行榜中，前三名一樣是 AWS、Microsoft Azure 和 Google Cloud 的雲端證照。經過 4 年的排名驗證，如果你擁有這三朵雲端服務的證照，絕對能夠提高你的市場競爭力和能見度。

**TOP-PAYING CERTIFICATIONS**

Across all regions, a consistent trend remains in effect. Certifications in areas like cloud architecture, cybersecurity, data analysis and science, machine learning and more tend to earn professionals outsized salaries. Why?

These professionals are tough to hire, given that the demand for their skills remains fiercely high — especially considering the rate of change in artificial intelligence, the severity of security attacks, and the reliance on cloud solutions at work and at home.

While other factors impact one's compensation, certifications are a credible validation of a professional's experience, signaling to employers that candidates have the ability to effectively do the job.

During times of incredible change when the stakes are high, having professionals you can trust is almost priceless.

As is the case in all areas of compensation, there are regional differences in how certifications affect salaries — and not surprisingly, based on data we've already seen with North America reporting higher salary levels than its global counterparts.

When looking at the data, it's important to remember salaries are the culmination of several factors, including the ability to apply your skills at work, job role, continuous professional development, tenure, and hard work.

**TOP PAYING CERTIFICATIONS WORLDWIDE**

| CERTIFICATION | AVERAGE | SAMPLE SIZE |
|---|---|---|
| Google Cloud Certified - Professional Cloud Network Engineer | $163,198 | 107 |
| Google Cloud Certified - Professional Cloud Security Engineer | $159,135 | 133 |
| Google Cloud Certified - Professional Cloud DevOps Engineer | $148,781 | 98 |
| Google Cloud Certified - Professional Data Engineer | $148,082 | 174 |
| Google Cloud Certified - Professional Cloud Developer | $147,253 | 126 |
| Google Cloud Certified - Professional Cloud Architect | $146,212 | 349 |
| CISSP - Certified Information Systems Security Professional | $140,069 | 207 |
| AWS Certified Security - Specialty | $138,053 | 115 |
| AWS Certified Advanced Networking - Specialty | $137,698 | 118 |
| Google Cloud Certified - Professional Cloud Database Engineer | $137,394 | 114 |
| AWS Certified Machine Learning - Specialty | $136,595 | 69 |
| PMP® Project Management Professional | $135,784 | 124 |
| Google Cloud Certified - Professional Machine Learning Engineer | $134,373 | 50 |
| CRISC - Certified in Risk and Information Systems Control | $133,616 | 87 |
| AWS Certified Solutions Architect - Professional | $132,852 | 145 |
| Certified Scrum Product Owner | $132,230 | 50 |
| CISM - Certified Information Security Manager | $131,967 | 163 |
| CCIE Data Center | $128,948 | 52 |
| CDPSE - Certified Data Privacy Solutions Engineer | $127,403 | 59 |
| Certified ScrumMaster | $125,497 | 101 |

▲ 圖 1-5　Skillsoft 2024 前 20 名高薪證照

※ 資料來源：SKILLSOFT'S IT SKILLS AND SALARY（https://www.globalknowledge.com/us-en/content/salary-report/it-skills-and-salary-report）

　　對已有多年經驗並持有專家級證照的專業人士，可以考慮進一步考取特定領域的專家證照。雖然有些人對於考證照抱持排斥態度，但在雲端產業中，證照能夠有效區分你的技術能力指標，特別是在高階經理人無法深入考核技術細節時，證照是一個有力的參考標準。如果你和其他面試者的學歷、經歷相似，證照往往成為決定錄取與否的關鍵。

　　從積極角度看，考取證照有三大好處：

- 準備過程中，可以提升你的實際工作能力。

- 證照為你的履歷加分。

- 證明你在雲端產業的專業素養與技術能力。

## 台灣市場求職的證照方向

　　考量台灣市場求職，建議以 AWS 和 GCP 為主要入手方向，根據市場需求和公司使用的雲端平台選擇合適的證照，並制定詳細的學習計畫，利用各種資源來確保你能夠順利通過考試，提升自己的職業競爭力。

根據 2023 年的資料，AWS 在全球市場的占有率約 37%，Azure 約 17%，GCP 約 10%，然而在台灣市場中 AWS 和 GCP 的占有率約各占 40%，Azure 約占 20%。這些數據每年都有變化，但可以看出 AWS 和 GCP 在台灣市場的重要性，如果考慮在台灣求職，AWS 和 GCP 的證照是比較推薦的入手方向。

你可以根據自己目前或目標公司的雲端服務選擇相應的證照，例如：如果你的公司主要使用 AWS，那麼考取 AWS 的相關證照，如 AWS Certified Solutions Architect – Associate 就是一個明智的選擇；如果公司使用 GCP，則可以考取 Google Associate Cloud Engineer 或更高級別的證照。表 1-11 簡單整理了三朵雲的助理級與專家級證照整理。

▼ 表 1-11　雲端助理級與專家級證照

| 證照 | AWS | GCP | Azure |
|------|-----|-----|-------|
| Associate<br>助理級 | SAA - AWS Certified Solutions Architect | ACE - GCP Associate Cloud Engineer | AZ-104 - Azure Administrator Associate |
| Professional<br>專家級 | SAP - AWS Certified Solutions Architect | PCA - Professional Cloud Architect | AZ-305 - Azure Solutions Architect Expert |

## 雲端證照的準備流程

- **選擇合適的證照**：根據你的目標職缺和公司需求，選擇相應的雲端證照，像是 AWS、GCP 或 Azure 的認證，可以參考三朵雲的證照職涯路徑規劃。

- **制定學習計畫**：根據證照考試的大綱，制定一個詳細的學習計畫，確保你能夠掌握所有的知識點。

- **利用學習資源**：參加線上課程、閱讀官方文件和書籍，並利用模擬考試來檢測自己的學習成果。

# AWS 職涯路徑規劃建議

一般會建議從技術基礎 SAA - Solutions Architect – Associate 開始準備，入門階段的 AWS CCP - Certfied Cloud Practtoner 主要是給雲端產業的業務認識雲端服務來考取的。

- **入門階段**：首先考取 AWS Certified Cloud Practitioner，以建立對 AWS 的基本認知。

- **技術基礎**：選擇一張助理級證照（如 Solutions Architect – Associate）來鞏固你的技術基礎。

- **進階專業**：隨著經驗的增加，可以進一步考取專業級證照（如 Solutions Architect – Professional），以提升你的專業技能。

- **專項發展**：根據你的職業興趣和公司需求，選擇適當的專項證照（如 Security 或 Big Data）來專注於特定領域。

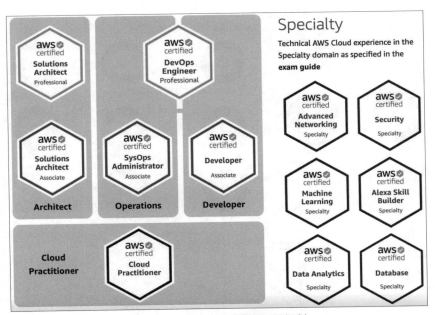

▲ 圖 1-6　AWS 證照職涯路徑規劃

# GCP 職涯路徑規劃建議

一般會建議從技術基礎開始準備 Associate Cloud Engineer（ACE），入門階段的 Google Cloud Digital Leader（CDL）主要是給雲端產業的業務認識雲端服務來考取的。

- **入門階段**：首先考取 Google Cloud Digital Leader（CDL），以建立對 GCP 的基本認知。

- **技術基礎**：選擇一張助理級證照來鞏固你的技術基礎，例如：Associate Cloud Engineer。

- **進階專業**：隨著經驗的增加，可以進一步考取專業級證照，以提升你的專業技能，例如：Professional Cloud Architect。

- **專項發展**：根據你的職業興趣和公司需求，選擇適當的專項證照來專注於特定領域，例如：Machine Learning Engineer 或 DevOps Engineer。

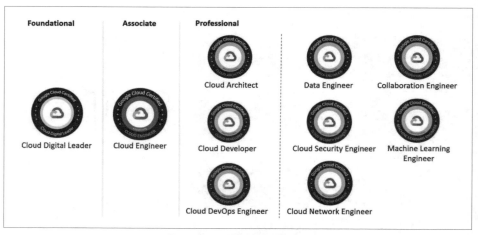

▲ 圖 1-7　GCP 證照職涯路徑規劃

# Azure 職涯路徑規劃建議

一般會建議從技術基礎 AZ-104 Azure Administrator Associate 開始準備，入門階段的 AZ-900 Microsoft Certified：Azure Fundamentals 主要是給雲端產業的業務認識雲端服務來考取的。

- **入門階段**：首先考取 AZ-900 Microsoft Certified：Azure Fundamentals，以建立對 Azure 的基本認知。

- **技術基礎**：選擇一張助理級證照來鞏固你的技術基礎，例如：AZ-104 Azure Administrator Associate 或 AZ-204 Azure Developer Associate。

- **進階專業**：隨著經驗的增加，可以進一步考取專業級證照，以提升你的專業技能，例如：AZ-305 Azure Solutions Architect Expert。

- **專項發展**：根據你的職業興趣和公司需求，選擇適當的專項證照來專注於特定領域，例如：Azure AI Engineer Associate 或 Azure Data Engineer Associate。

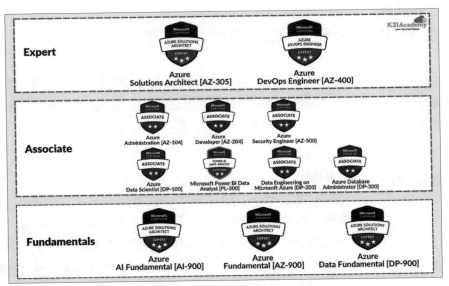

▲ 圖 1-8　Azure 證照職涯路徑規劃

### 1.3.4　求職如同考試，先看考古題

　　求職和考試很像，「準備面試考古題」是關鍵步驟，面試前也需要進行充分的準備。首先，不要只面試一家公司，而是要選擇性投遞履歷，選擇那些需求技能相似的公司。你可以在網路上尋找對應公司的面試經驗和常見問題，這些都可以幫助你了解面試的重點。此外，當你收到面試通知時，不妨詢問 HR 是否有常見的面試問題或公司在意的方向，這些訊息能幫助你更好地準備。

　　在雲端工程師的面試準備中，相較於軟體工程師可能需要更多地刷 LeetCode 或演算法題，雲端工程師更應該專注於證照考取和實際技術能力的提升。如果時間有限，我建議優先準備雲端證照，這會讓你在求職市場上更具競爭力；對於軟體工程師，LeetCode 的準備是不可或缺的，因為許多公司會重視演算法的測試。但對於雲端工程師而言，則會更加針對「雲端架構與系統設計」上的使用，以及將「商業邏輯轉化為技術架構」的能力。這些情報收集和準備工作，都能讓你在面試中更有把握而提高成功率，並且記得多向在該公司工作的朋友或同事請教，他們的面試經驗往往能讓你少走些彎路。

### 1.3.5　別等所有準備結束才開始寫履歷

　　在求職的過程中，大約 95% 的人會先準備相關課程和考取證照，然後才開始寫履歷，但我個人的建議是先寫好第一版的履歷，這樣你才能清楚知道自己與目標職位的差距，再根據差距去制定一個屬於自己的準備計畫。

#### ▌增加你的曝光機會

　　就像考試前會先寫考古題，來了解自己的弱點一樣，「寫履歷」是你求職準備的第一步，這樣你才能針對自己的不足來加強，例如：技術能力不足，可以選擇職訓局、資策會或線上課程來強化自己的技術能力；如果履歷經歷較為薄弱，可以考取相關的雲端證照來提升履歷的能見度。

「提前寫好履歷」還有一個重要的優勢，那就是「增加你的曝光機會」。職缺時常是臨時發布的，等你準備好再投遞，可能已經錯過最佳時機，所以一邊準備、一邊更新履歷是非常重要的。即使你在準備課程或考取雲端證照的過程中，需要 3-6 個月的時間也不必擔心，可以先投遞初版的履歷；在準備的過程中，也可以即時更新履歷，或是在面試時提到目前的準備即可，這樣你可以同步進行準備和求職，而不會錯過潛在的面試機會。

# 1.3.6 機會來敲門

正是因為你早一步準備好，機會就會自己來敲門，所以勇敢地放出你的履歷，說不定會有意想不到的好機會等著你。辛苦了！看到這裡，內容其實非常多，非常不容易，請繼續跟我一起努力！

下面讓我們來總結這五大重點：

- **現階段適合怎樣的職缺**：如果你選擇雲端產業作為職涯起點，建議先考取相關的證照，如 AWS、GCP 或 Azure 的助理級雲端架構師證照，這不僅能增強你的專業知識，還能提高履歷的能見度。接下來撰寫一份當前的履歷，分析職缺需求，參考他人履歷，找出自己的不足之處，並請朋友或前輩提供建議。這個過程有助於你明確提升方向，讓履歷更具吸引力，並符合市場需求。

- **先畫靶再射箭**：在求職過程中，最關鍵的一步是「清楚確定自己的目標」，就像射箭時，要先瞄準靶心一樣。你需要知道自己想要達成什麼目標，然後針對這個目標，制定相應的努力方向，以避免盲目地努力，因為那會讓你陷入瞎忙的困境。要明確知道你現階段適合的職缺，並了解市場需求，像是透過 104 人力銀行搜尋「雲端產業」，來了解各大公司對 AWS、GCP 等技能的需求，從而制定具體的求職目標。

- **考取雲端證照**：如果選擇雲端產業作為職涯，我們建議先考取雲端相關的證照，例如：AWS 或 GCP 的助理級雲端架構師證照。這些證照不僅能增強你對

雲端技術的了解，也能提升你的履歷能見度。根據市場需求和公司使用的雲端平台來選擇合適的證照，並制定詳細的學習計畫。

- **求職如同考試，先看考古題**：求職和考試很像，「準備面試考古題」是關鍵步驟。面試前，需要進行充分的準備，了解常見的面試問題和重點，例如：可以在網路上尋找對應公司的面試經驗和常見問題，詢問 HR 是否有常見的面試問題或公司在意的方向等，這些情報能幫助你更好地準備，提高面試成功率。

- **別等所有準備結束，才開始寫履歷**：在求職的過程中，不要等所有準備結束，才開始寫履歷，建議先寫好第一版的履歷，這樣可以清楚知道自己與目標職位的差距，並根據差距制定準備計畫。提前寫好履歷，還有一個重要的優勢就是「增加你的曝光機會」，即使在準備課程或考取證照的過程中，也可以先投遞初版的履歷並即時更新，這樣才不會錯過潛在的面試機會。

# 1.4　執行計畫，保持好心態，訂立檢核點

**POINT** 了解目標、訂立計畫、定時追蹤，讓你找到好工作。

日本軟體銀行董事長孫正義的《孫正義十倍速達標學》於 2017 年出版，其中第六章的標題是「高速 PDCA」，豐田汽車公司透過 PDCA 工作法成為全球最具競爭力的汽車製造商之一。後面在我們執行計畫時，也會大量參考大師的方法來完成整體計畫循環。

# 1.4.1 心態建立，穩定成長，細水長流

在求職和職涯發展的過程中，「心態的建立」和「穩定成長」是非常重要的。我推薦大家看《小小廚神》這個節目，參賽者主要是 8-13 歲的小孩子，很多小孩子能煮出令人驚豔的菜餚。這些孩子中有些是天才型選手，學習廚藝 2 年就來參賽，但更多的是透過長時間的努力和訓練達到這種水準的。例如：第二季有一個可愛的小女孩 Abby，在她 2 歲的時候，她的父母就讓她自己嘗試烹飪，8 歲時參加比賽就展現出卓越的廚藝，實在驚為天人。這告訴我們，即使是天賦型選手，也是需要努力，才能取得成功。

在雲端領域，只要你願意付出努力，基本上都能看到成果。這是一個相對公平的環境，你不能指望第一天就能登上玉山，前面肯定需要很多努力和小目標的實現。重要的是，建立一個「穩定成長」的心態，制定可行的計畫並持續執行，才是成功的關鍵，不必過於焦慮目標是否能迅速達成，重點是「按照計畫一步步前進，不斷提升自己」。

我的方法就是在桌前貼一張便利貼來提醒自己：「今天的自己要比昨天更厲害」，參見圖 1-9。這種持續不斷的努力和堅持是非常重要的，雖然很像心靈雞湯煲，但總體來說，穩定、持續地提升自己，「堅持、堅持、再堅持」就是成功簡單且有效的祕訣。

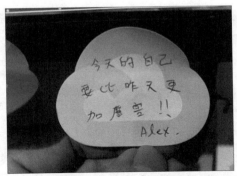

▲ 圖 1-9　我的心靈雞湯煲：今天的自己要比昨天更厲害

## 1.4.2 技術能力提升計畫

我們會先提供一個技能提升計畫的範例,但請根據你的程度、學經歷和工作經驗來進行相應的調整。基本上,很難有一個完全適合所有人的計畫,建議你可以尋找業界的前輩或其他朋友進行諮詢,這樣才能做到完全量身訂做,更加適合你的計畫。

在一開始什麼都沒有的時候,你可以參考我們的計畫進行調整。計畫分成三個階段:①基礎建立、②進階學習和實踐、③專業提升和面試準備,每個階段都有明確的目標和步驟。

### ▍第一階段:基礎建立

這一階段主要有三個部分:

- **心態的建立**:首先需要建立穩定且積極的心態,每天提醒自己要比昨天更進步一點,這樣的持續努力會帶來長遠的成長。

- **基礎技能的培養**:透過參加線上課程,學習雲端基礎知識,並考取初級證書,如 AWS Certified Cloud Practitioner 證照或是 GCP Cloud Digital Leader 證照。

- **完成初階履歷**:根據目前的技能和經驗撰寫初版履歷,識別與目標職位的差距,為後續的學習和提升制定具體計畫。

### ▍第二階段:進階學習和實踐

完成第一階段後,你就可以開始投遞履歷並參加面試了。這個階段不僅是繼續學習和瞭解雲端,同時也要累積面試經驗。你可以一邊準備進階的技術技能,一邊參加面試,這樣能夠同時提升自己的實踐能力和求職技巧。

建議你設定一個合理的目標，例如：在第一階段只面試三家公司，這樣可以適當的累積面試經驗，再根據每次的面試經驗來完善你的履歷，同時又能專注於雲端知識的學習和準備。

　　第二階段的技術準備重點有三個部分：

- **掌握一門基礎的程式語言**：如 Python，這將成為你進一步學習和實踐的基礎。

- **準備並考取助理級的雲端證書**：AWS 或 GCP 的證照都受到市場青睞，建議以 AWS Certified Solutions Architect – Associate 證書或是 GCP Associate Cloud Engineer 證書為主要攻略方向。前面 CH1.3 小節完整介紹雲端證照的職涯路徑。

- **進行 Side Project 的實作**：如設計一個小型網站服務，從無到有地完成整個過程，可以大大提升你在實際使用雲端服務上的經驗和能力。

## ▍第三階段：專業提升和面試準備

　　在這一階段中，你應該專注於更進階的專業提升，考取專業級的雲端證書，如 AWS 或是 GCP 的專家級證照。這些證書不僅能提升你的技術水準，也能增加你在職場上的競爭力。除此之外，還需要不斷準備面試，進行模擬面試，並根據回饋來調整和改進。

　　在這個階段，其實你已經熟門熟路了。這邊要額外提醒的是，很有可能你在第一階段就已經找到工作了，但這並不代表你不能繼續準備第二階段和第三階段，邁向更理想的職缺。

　　第三階段的技術準備重點有兩個部分：

- **專家級的雲端證書**：AWS 或是 GCP 的專家級證照。

- **面試準備**：提升面試技巧，模擬真實面試場景，加入讀書會或面試小組，進行模擬面試，互相回饋，改進面試表現。

總體來說，這三個階段的技能提升計畫能夠幫助你系統化提升技術能力，逐步實現職涯的**轉變**，參見表 1-12；而詳細的計畫連結與範例，可參見：URL https://heyurl.cc/eALGY。從基礎的心態建立，到進階的實踐和專業提升，每一步都環環相扣，最終幫助你找到理想的工作。

規劃完成第一部分的技能提升計畫以後，第二個部分我們要利用系統化的課程幫助自我快速學習，用金錢換時間，目標是快速建立自己的知識技能，然後獲得職缺 Offer。要記得，如果這個課程足夠好，可以讓你加薪 1 萬塊，那麼你就勇敢投資自己吧。我個人建議以下三個主要自我成長的方式，你可以挑選最適合你自己的學習方式來執行：

## 線上學習平台

線上學習平台提供系統化的課程，讓你能夠在自己的時間和步調下學習。推薦的平台包括：

- **Coursera**：提供來自全球頂尖大學和企業的課程。

- **Udemy**：擁有各種專業講師的豐富課程，涵蓋各種技術領域。

- **edX**：與知名大學合作，提供高品質的學術課程。

- **Pluralsight**：專注於技術和創意領域的課程，特別適合 IT 專業人士。

這些平台的課程價格相對較低，是提升技能的好選擇，但這些課程通常是針對一般需求設計的，可能無法完全針對你的弱點進行加強，所以注意需要另外自行補充學習。

## 官方培訓和認證

參加 AWS、GCP 和 Azure 的官方培訓和認證課程，是另一個有效的方式。這些課程由官方提供，內容針對性強，且課程結束後能夠考取相應的認證，這對

▼ 表 1-12 技術能力提升計畫表

| 階段 | 目標 | 具體行動 | 狀態 | 時間 | 檢核點 | 自我評估 |
|---|---|---|---|---|---|---|
| | | **第 1 階段：基礎建立** | | | | |
| 心態建立 | 穩定成長，細水長流。 | ・建立正確的心態，每天提醒自己。<br>・今天的自己要比昨天更厲害。 | 已完成 | 持續進行上。 | 每日自我檢查，確保正向評估自信心和積極性。 | 每日記錄心情狀態，模擬考 |
| 技能基礎 | 打好基礎知識，取得初級證書。 | ・參加線上課程（Coursera、Udemy 等），學習雲端基礎知識。<br>・考取入門級的證照，像是 AWS Certified Cloud Practitioner 證照或是 GCP Cloud Digital Leader 證照。 | 已完成 | 1 個月 | 完成課程，並通過初級證書考試。 | 課程完成率，模擬考試得分。 |
| 初版履歷 | 完成初步求職準備。 | ・搜尋 104 相關職位情報，確認職位需求。<br>・根據目前技能和經驗撰寫初版履歷，識別與目標職位的差距。 | 執行中 | 1 個月 | 完成初版履歷，標記出技能差距。 | 初版履歷完成率，與目標職位的差距識別。 |

於提升職業競爭力非常有幫助。官方認證不僅能夠證明你的技術能力，還能夠為你的履歷加分。

### 實體學習平台

如果你更喜歡面對面的學習環境，可以考慮參加實體課程。這些實體學習平台能夠提供更針對性的教學，並且可以面對面與講師或其他學員交流，實際操作和討論也更加深入。簡單來說就是相對客製化，可以因材施教。

- **雲育鏈**：專注於雲端技術的培訓課程，適合希望深入學習雲端技術的專業人士。

- **資策會**：提供各種 IT 和技術課程，是台灣知名的技術培訓機構。

- **職訓局**：提供廣泛的職業訓練課程，幫助學員提升職場技能。

重點在於選擇一個最適合你的學習方式，除了考量有沒有足夠的金錢和時間執行，還需考量自己適合的學習習慣，所以無論是線上學習、官方培訓、還是實體課程，這些資源都可以幫助你快速提升技能。

## 1.4.3 設立檢核點，48 小時成長法

我為什麼認為設立檢核點這麼重要？又為什麼是 48 小時呢？其實我試過非常多提升工作效率的方法，而我最喜歡的是「設定 48 小時成長法」，這個方法的核心在於從每個 48 小時內取得可接受的小成果，這些成果不需要很大，但它們能夠讓你感受到進步，並且推動你繼續前進。

聽起來很簡單，但實施起來需要一些策略。你需要先設定具體且可達成的小目標，確保每個小目標都能在 48 小時內完成，這樣做的好處是能在短時間內看到進展，可以極大地提升你的動力和信心。

整個流程會像是表 1-13，建議第一次使用這個方法時，準備一本筆記本，把每一個步驟都詳細寫下來。這樣做可以幫助你更清楚掌握 PDCA 循環的過程，並能夠有效追蹤你的進展。

▼ 表 1-13　48 小時的 PDCA 循環表

| 步驟 | 定義 | 48 小時循環 |
|---|---|---|
| 計畫（Plan） | 設定具體且可達成的目標。 | 搞清楚 GCP 中 Cloud Storage GCS 的類型與常用的場景。 |
| 執行（Do） | 按照計畫進行具體的行動。 | • 研讀課程文件：了解到 Standard / Nearline / Coldline / Archive 等四種儲存方式。<br>• 資料儲存與備份：GCS 可以作為企業的資料儲存和備份平台，保障資料的安全性和可靠性。 |
| 檢查（Check） | 回顧所取得的成果，檢查是否達到了預定的目標。 | 利用雲端證照的考古題來檢查自己掌握的內容，或者用 ChatGPT 確認應該學習的知識是否充分。 |
| 行動（Act） | 根據檢查結果，總結經驗教訓，進行改進。 | 當確認已經理解 70% 以上的內容時，就可以往下一個目標前進。 |

▲ 圖 1-10　PDCA 循環圖

當你習慣了這個流程，能夠在每一次 48 小時的目標中都完成 PDCA 的循環，那麼這個工作方法就已經內化到你的日常生活中了，建議你每兩週進行一次全面的檢查，確認自己是否在正確的軌道上。這個檢查過程非常重要，因為它能幫助你及時發現問題並進行調整，確保你的努力始終朝著既定的目標前進。

## 1.4.4　提升自己的方法

辛苦了！「執行計畫，保持好心態，訂立檢核點」的內容其實也非常硬，非常不容易！請繼續跟我一起努力往後前進。

- **心態建立，穩定成長，細水長流**：在求職和職涯發展的過程中，「心態的建立」和「穩定成長」是非常重要的。就像《小小廚神》節目中的參賽者一樣，即使是天賦型選手，也需要透過長時間的努力和訓練才能取得成功。在雲端領域，只要你願意付出努力，基本上都能看到成果，重要的是建立一個穩定成長的心態，制定可行的計畫並持續執行，不必過於焦慮目標是否能迅速達成，重點是「按照計畫一步步前進，不斷提升自己」。

- **技術能力提升計畫**：為了提升技術能力，制定一個詳細的技能提升計畫是必要的。我們會提供一個範例，但請根據你的程度、學經歷和工作經驗進行調整。可以利用線上學習平台、官方培訓和認證課程、實體學習平台等資源，系統化提升自己的技能。

- **設立檢核點，48 小時成長法**：設立檢核點，並採用 48 小時成長法，是提升工作效率的有效方法。每 48 小時內設定具體且可達成的小目標，確保每個小目標都能在 48 小時內完成，這樣能夠讓你在短時間看到進展，提升動力和信心。每 48 小時進行一次 PDCA（計畫 - 執行 - 檢查 - 行動）循環，並且每兩週進行一次全面檢查，確認是否在正確的軌道上。

# 1.5 一群人走得遠，找隊友，找教練，打群架

**POINT** 換個方式，打群架也可以完成目標。

還記得 Computex 黃仁勳旋風來台，定義了新的 AI 產業鏈嗎？輝達這樣的企業在全球前五名中占有一席之地，他們的成功不僅來自於技術的領先，還來自於打群架的策略。世界已經進入一個高度分工和專業化的時代，從亞洲到美洲，每一個環節都經過精細分工，形成強大的全球供應鏈。

同樣的，在求職過程中，我們不一定需要單打獨鬥，完全依靠自己一條龍完成所有的準備工作；相反的，我們可以效仿這些成功企業的策略，與朋友和同事打群架，共享情報和資源。這樣做不僅可以提高效率，還能讓你獲得更多元化的情報和建議，從而更好地達成就職的目標。

## 1.5.1 找隊友：志同道合的人、同屆同學、社群

這個概念其實就像華航與長榮的空服員讀書會，這些想要考空服員的人會自發組成 3-4 人的小組，目標就是考上空服員，彼此之間互相鼓勵，並分享考古題、練習儀態等，也會請學長學姐們分享考上的經驗。同樣的道理，雲端工程師轉職這條路也是完全可行的，只是職業不一樣。

最簡單的實現方式就是找你的同學或校友組隊，這是第一個最簡單的途徑。除此之外，你也可以透過 Facebook、Instagram 等社交媒體平台去尋找志同道合的人，例如：FB 上有許多專門為求職者或轉職工程師設立的群組，如「工程師求職分享」或「工程師年薪 300 萬挑戰」等群組，可能會提供內部推薦工作機會的帖子，或者分享求職經驗的資深工程師，以及和你一樣正在努力轉職的夥伴。

我們可以在這些群組中找到志同道合的人，組成自己的讀書會，互相分享資源和經驗，互相勉勵。這種集體學習和分享的方式，能夠提升你的求職效率與心理支持，幫助你持續前進。和志同道合的人一起努力，藉由這種合作和分享的動力，可以成為你持續前進的強大助力。詳細的 FB 群組資源如下，這邊我們介紹最有代表性的社團，如果想知道更多詳細資訊，請參考： URL https://heyurl.cc/t4nA5/ 。

## 工程師求職社｜軟體（前端、後端、iOS、Android）、韌體、硬體、半導體、科技 - 職缺分享 / 經驗交流

- 職缺分享 / 經驗交流 / 工程師類別： URL https://www.facebook.com/groups/cake.tech/ 。

- 由 CakeResume 經營的職缺分享 / 經驗交流社團，社團主要是分享各種工程師類別的各種職缺，雖然是由獵頭公司 CakeResume 經營，但也是一個不錯的職缺媒介，加減可以使用。

▲ 圖 1-11　工程師求職社

## 文組人求職社｜行銷、商務、管理、分析、PM、人資 - 職缺分享 / 經驗交流

- 職缺分享 / 經驗交流 / 非工程師類別： URL https://www.facebook.com/groups/cake.enterprise 。

- 社團主要是分享各種非工程師類別的各種職缺，雖然是由獵頭公司 CakeResume 經營，但也是一個不錯的職缺媒介，加減可以使用。

▲ 圖 1-12　文組人求職社

## DevOps Taiwan

- 職缺分享 / DevOps 經驗交流 / DevOps 產業新知 / 產業接軌 / DevOps 領域 KOL：`URL` https://www.facebook.com/groups/DevOpsTaiwan。

- 這個社團可以讓我們獲得最新的 DevOps 資訊和技術，並且看到不同大神的分享，是了解產業趨勢的好地方。此外，偶爾也會有徵才資訊發布，非常值得關注一下。

▲ 圖 1-13　DevOps Taiwan

## Site Reliability Engineering Taiwan

- 職缺分享 / SRE 經驗交流 / SRE 產業新知 / 產業接軌 / SRE 領域 KOL：
  URL https://www.facebook.com/groups/sre.taiwan。

- 這個社團可以讓我們獲得最新的 SRE 資訊和技術，並且看到領域專家的分享。徵才資訊發布數量也不少，對於深耕 SRE 領域的你，非常值得關注。

▲ 圖 1-14　Site Reliability Engineering Taiwan

## AWS User Group Taiwan

- 職缺分享 / AWS 經驗交流 / AWS 產業新知 / AWS 產業大小事：URL https://www.facebook.com/groups/awsugtw。

- 可以獲得最新的 AWS 資訊和技術，涵蓋 AWS 考照、雲端工作坊及各種新知，還有各領域專家的分享。如果你是 AWS 使用者，這裡絕對值得一看。

▲ 圖 1-15　AWS User Group Taiwan

## Azure Taiwan User Group

- 職缺分享 / Azure 經驗交流 / Azure 產業新知 / Azure 產業大小事： URL https://www.facebook.com/groups/AzureTWUG。

- 開放討論 Microsoft Azure 的 User Group，歡迎各位在此分享、交流、發問任何關於 Microsoft Azure 的話題。社團主要以知識分享為主，MVP 技術站非常值得一看。雖然社團互動較少，這可能與微軟生態系有關。如果你是 Azure 的使用者，這裡值得參考。

▲ 圖 1-16　Azure Taiwan User Group

### GDG Taipei、GDG Taichung、GDG Kaohsiung 社群

- GCP 經驗交流 / GCP 產業新知 / GCP 產業大小事 / 三個社群有地域性：**URL** https://www.facebook.com/groups/gdg.taipei.group/、**URL** https://www.facebook.com/groups/GDG.Taichung/、**URL** https://www.facebook.com/groups/GDGKaohsiung/。

- 我不清楚為什麼要分成三個社群，可能有其考量，這三個社群都會分享 GCP 相關的話題和應用，還有專家的見解，值得一看。不過高雄的社群最為活躍，活動也相較豐富，我個人建議可以優先關注高雄的社群。

▲ 圖 1-17　GDG Kaohsiung 社群

### Foreigners in Taipei & Taiwan / 外國人在台北 & 台灣《生活 Live & Life / 資訊 Information / 工作 Jobs》

- 外國人在台灣求職經驗 / 台灣人海外求職經驗 / 外國人在台灣生活分享 / 職缺分享：**URL** https://www.facebook.com/groups/partyintaiwan11/。

- 為什麼要介紹這個社群？因為它主要分享外國人在台北和台灣的經驗，內容中會有中文和英文夾雜，可以看到外國人分享在台灣的趣事和生活資訊，這是體驗不同文化的有趣方式。另外，也有一些台灣人在海外求職的經驗分享，十分有幫助，可以閱讀看看。這個社群的文章非常適合吃飯時配著看。

▲ 圖 1-18　Foreigners in Taipei&Taiwan / 外國人在台北 & 台灣

## ChatGPT 4o + Copilot and ALL AI 生成式藝術小小詠唱師（吸收 AI 資訊用）

- ChatGPT AI 經驗交流 / 主要針對 AI 圖片與照片 / 話題圍繞 Gen AI：
  URL https://www.facebook.com/groups/592850912909945/。

- 這個社團在台灣擁有眾多成員，主要討論生成式藝術 AI 的應用。社團中分享了大量藝術照，內容五花八門，非常適合用來獲取靈感。我們會有生成圖片或是梗圖的需求，這對我來說還蠻有幫助的。

▲ 圖 1-19　ChatGPT 4o + Copilot and ALL AI 生成式藝術小小詠唱師

## 生成式 AI 論壇（吸收 AI 資訊用）

- ChatGPT AI 經驗交流 / AI 使用產業新知 / 討論話題多元 / 話題圍繞 Gen AI：
  `URL` https://www.facebook.com/groups/aigctw/。

- 這裡主要分享各種 AI 技術和使用經驗，非常有助於吸收生成式 AI 的相關技術。雖然這個領域才剛興起兩年，但充滿創新的好東西。社團中還有許多 AI 相關應用的分享，是獲取生成式 AI 產業新知的好地方。

▲ 圖 1-20　生成式 AI 論壇

總結一下，找隊友有三個好處：

- **建立求職小組**：與同屆的同學或同行的朋友組成求職小組，定期交流求職進度和心得。

- **分享資源**：互相分享有價值的求職資源，如職缺情報、學習材料、面試經驗等。

- **共同學習**：一起準備證照考試、參加技術培訓班或模擬面試，互相指導和支持。

## 1.5.2 找教練：工作的前輩

不知道大家在大學的時候是否參加過社團？很多時候，對於社團的運作，我們可能不是很熟悉，而這時學長姐或者前輩的指導及傳承就很重要。例如：我以前是系上的籃球隊員，學長們會教我們全場進攻和防守的戰術，如何維持經費運營團隊，更進一步還會教我們如何組隊參加大機盃，大機盃是屬於全國大專院校機械相關科系的運動比賽。

同樣的道理也適用於職場，有經驗的前輩能夠提供寶貴的建議和指導，幫助你避開很多求職中的地雷和彎路，他們也會分享自己的求職經驗，告訴你在面試中需要注意的細節，如何更好地準備履歷，甚至可能更進一步幫助你獲得內部推薦的機會。

而找教練時，你除了可以向現有的同事請教，尋找公司內部的導師，也可以透過職業社交平台（如 LinkedIn 與行業專家）來建立聯繫並請益。可以透過加入專業社群和參加行業活動，讓你接觸到更多的前輩和專家，獲得他們的指導和建議，只要善於利用這些資源和指導，將會大大提升你求職的成功率。

請記住，我們的目標是找到理想的工作，只要是有用的方法都應該嘗試，因為最終的重點是「達成我們的目標，取得好的結果」。善用前輩的經驗和智慧成為你求職路上的指南針，幫助你在職場上事半功倍拿到好 Offer。

總結一下，找教練有三個好處：

- **尋求指導**：找到在雲端、DevOps 或 SRE 領域有經驗的前輩，請教他們指導你目前階段應該前進的方向，或是提供職業經歷和成功經驗。

- **經驗分享**：如果有機會請前輩分享職業經歷和面試成功經驗，可以按照類似軌跡，複製成功經驗。

- **內部推薦**：透過前輩的推薦或介紹來參加實習或兼職工作，會有更高的機會獲得 Offer。

### 1.5.3　打群架：3-5 人的讀書會或面試小組

在大學或高中時，不知道大家是否有過這樣的經驗，總有一些隊友在平時不見人影，但在報告時突然冒出來撿尾刀。在組織讀書會或面試小組尋找成員時，要特別注意是打群架，不是你輸出，然後他撿尾刀。

求職是一個漫長且充滿挑戰的過程，單打獨鬥往往會感到孤獨和壓力，而尋找隊友和教練的支持，可以大大提高你的成功機會。在組成這樣的小組時，請記住以下三個關鍵要素：

- **每個人都必須提供情報並做出貢獻**：如分享面試經驗、提供有價值的資訊等。每個成員都需要積極參與，確保大家共同進步。

- **設立明確的退場機制**：退場機制可以是找到工作或者讀書會三次未出現，這樣可以保證小組的活力和效率，避免出現不公平的情況。

- **固定討論時間和主軸**：每週一次的討論時間是相對寬鬆且高效，並且每次討論應有明確的主題，這樣可以確保討論有方向，維持小組的持續運作。

我們建議使用讀書會或面試小組，在網路上找到幾個適合的人抱團，互相幫助找到好的工作。有些人可能會擔心這樣會遇到競爭者，但實際上工作機會非常多，每個人的學經歷和適合的工作也不盡相同，所以不必擔心競爭問題，這反而是一種良性的競爭，能讓你更有動力往前走。

例如：A 在某家公司已經面試過了，可以提供你對應的考題，而 B 要面試的下一家公司，你可能剛好有過面試經驗，這樣你們可以互相分享資訊，形成一種互相幫助的良性氛圍。俗話說：「一個人走得快，一群人走得遠」，利用適當的團隊精神和合作氛圍，可以讓每個人走得更遠，更加順利找到理想的工作。

## 1.5.4 尋找求職夥伴

一群人走得遠，打群架也可以完成求職目標，下面讓我們來總結三大重點：

- **找隊友**：在求職過程中，找到志同道合的隊友是非常重要的。可以透過同學、校友或社交媒體平台找到這些夥伴來組成讀書會，互相分享資源和經驗，並互相勉勵。這種共同學習和分享的方式，利用抱團取暖，能提升求職效率。

- **找教練**：在職場中，有經驗的前輩能夠提供寶貴的建議和指導，幫助你避開求職中的地雷和彎路。前輩們能分享求職經驗，告訴你面試中的細節，如何準備履歷，甚至幫助你獲得內部推薦的機會。這些資源和指導能提升求職成功率，並複製成功經驗，幫助你在獲得 Offer 上事半功倍。

- **打群架**：組織 3-5 人的讀書會或面試小組，是提高求職成功率的好方法。組成這樣的小組時，每個成員都需要積極參與，分享情報並做出貢獻，例如：分享面試經驗、提供有價值的資訊等。設立明確的退場機制，確保小組的活力和效率，並有固定討論時間和主軸，每次討論應有明確的主題，確保討論有方向，維持小組的持續運作。這種互相幫助和分享資訊的方式，能讓每個成員在求職路上走得更遠。

# 1.6　參考資料

- 104 人力銀行雲端職缺

  URL https://www.104.com.tw/jobs/search/?keyword=%E9%9B%B2%E7%AB%AF

- 台灣藝珂集團 2024 薪資指南與產業報

  URL https://cloud.marketing.info.adecco.com/2024salaryguideCDD

- THE 20 TOP-PAYING IT CERTIFICATIONS GOING INTO 2024

  URL https://www.skillsoft.com/blog/top-paying-it-certifications

- 上市櫃薪資 TOP100

  URL https://www.104.com.tw/company/salary/top/

- ChatGpt 搜尋

  URL https://chatgpt.com/

- 工程師求職社｜軟體（前端、後端、iOS、Android）、韌體、硬體、半導體、科技 - 職缺分享 / 經驗交流

  URL https://www.facebook.com/groups/cake.tech/

- 文組人求職社｜行銷、商務、管理、分析、PM、人資 - 職缺分享 / 經驗交流

  URL https://www.facebook.com/groups/cake.enterprise

- DevOps Taiwan

  URL https://www.facebook.com/groups/DevOpsTaiwan

- Site Reliability Engineering Taiwan

  URL https://www.facebook.com/groups/sre.taiwan

- AWS User Group Taiwan

  URL https://www.facebook.com/groups/awsugtw

- Azure Taiwan User Group

  URL https://www.facebook.com/groups/AzureTWUG

- GDG Taipei 社群

  URL https://www.facebook.com/groups/gdg.taipei.group/

- GDG Taichung 社群

  URL https://www.facebook.com/groups/GDG.Taichung/

- GDG Kaohsiung 社群

  URL https://www.facebook.com/groups/GDGKaohsiung/

- Foreigners in Taipei&Taiwan / 外國人在台北 & 台灣《生活 Live & Life/ 資訊 Information/ 工作 Jobs》

  URL https://www.facebook.com/groups/partyintaiwan11/

- ChatGPT 4o + Copilot and ALL AI 生成式藝術小小詠唱師

  URL https://www.facebook.com/groups/592850912909945/

- 生成式 AI 論壇

  URL https://www.facebook.com/groups/aigctw/

翻轉職涯！雲端 / DevOps / SRE 工程師轉職必殺技

CHAPTER

2

# 知己知彼：
# 先了解產業與公司類型

俗話說得好：「知己知彼，百戰百勝」，拿到好 Offer 的第二步就是「搞清楚你所要進入的產業上下游都在做些什麼」，只有這樣才能了解你需要擁有什麼樣的條件，才可以成為雲端領域公司認可的人才。

就像如果你要當房仲，可是你完全不了解預售屋、中古屋、豪宅、商用不動產的差異與價格，更進一步去了解各種地段的差異，那你覺得你可以當一個好的房仲嗎？肯定是不行的，因為你缺少足夠的產業知識。

同樣的，當我們面試雲端產業的職位時，我們必須了解這個產業的類型、整個上下游的結構以及目前的趨勢。我們需要了解雲端產業的各個層面，從而在面試中展示出我們對於這個行業的深入理解和適應能力，才能跟別的面試者有所區別。

在本章中，我們將介紹雲端產業的上下游結構，說明整個產業上下游關係，接著介紹雲端產業中的各種常見職缺，幫助你了解不同職位的職責和要求，最後我們整理了許多常見問題，來幫助你快速了解產業現狀和職位挑戰，最終成功拿到理想的 Offer。

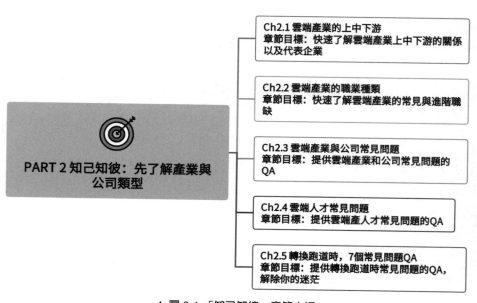

▲ 圖 2-1 「知己知彼」章節大綱

# 2.1　雲端產業的上中下游

快速了解雲端產業上中下游的關係及代表企業。

　　雲端產業在全世界蓬勃發展，我們應該快速了解產業鏈裡面的上中下游類型，才能對於雲端產業有初步的認識，雲端產業的上游為原廠雲端服務商、中游為代理商，到下游為一般的企業用戶，上中下游共同促進了雲端技術在各行各業的應用。

## 2.1.1　台灣雲端市場的上中下游公司及產業概況

### ▌上游：雲端服務商

　　在台灣市場中，主要的雲端服務商是全球知名的三朵雲，以及區域性的雲端服務提供商：

- **Amazon Web Services（AWS）**：AWS 在台灣市場具有強大的影響力，提供全方位的雲端服務，並在台北信義 101 附近設有辦公室，其同時也是 2024 以來全球市占率最高的雲端服務廠商。

- **Microsoft Azure**：微軟在台灣擁有廣泛的客戶群，並且與許多本地企業和政府部門合作，推動數位轉型，客戶主要以企業為主。

- **Google Cloud Platform GCP**）：Google 在台灣彰濱工業區設有資料中心，提升了其在本地市場的服務能力。2024 以來，GCP 雲端服務的全球市占率大約是 10-15%，但在台灣的企業使用占比相對高，約有 30-40% 不等，主要原因是 GCP 在台灣有彰濱資料中心，擁有在地資料中心與低延遲服務的優勢，獲得台灣在地企業的青睞。

- **區域雲端服務商**：中華電信的 Hicloud 和遠傳的 FETnet 等，提供針對本地市場與企業客戶需求的雲端解決方案。

## ▌中游：代理商

代理商的角色就是幫助原廠推廣產品和服務，透過對在地市場的了解及渠道營銷，並且了解在地文化的差異來推廣服務。像是大家常吃的哈根達斯及綠巨人玉米粒，在台灣的代理商就是台灣通用磨坊公司，這些代理商在推廣產品的過程中，利用其豐富的本地資源和渠道，能夠讓產品更順利進入本地市場，並獲得消費者的認可。

同樣的，台灣的代理商在雲端服務推廣和技術支援中也扮演著重要角色，他們的主要職責是協助企業導入雲端技術，並提供必要的技術支援和培訓。這些代理商利用其對當地市場的深入了解，幫助企業選擇最適合的雲端解決方案，同時提供相關的技術支援，以確保企業能夠順利使用雲端平台的產品於自家服務上。以下是台灣市場上常見的雲端服務代理商：

- **iKala Cloud**：專注於人工智慧和雲端服務的本土公司，提供全方位的雲端解決方案和技術支援。

- **CloudMile 萬里雲**：致力於推動雲端和 AI 技術應用的公司，提供從諮詢到技術實施的完整服務。

- **宏庭科技**：作為雲端技術服務的領導者之一，宏庭提供多樣的雲端解決方案和技術支持，助力企業數位轉型。

- **伊雲谷科技**：專注於雲端服務和資料分析的公司，提供客製化的雲端解決方案和專業的技術支援。

## ▌下游：雲端應用廠商

台灣的雲端應用廠商其實超乎你的預期，各種行業只要跟資訊相關，都會積極採用雲端技術來提升業務營運效率，這些公司分布在各個行業，包括製造、金融、零售和醫療等。

- **半導體、製造業**：台積電和鴻海等大型製造企業，會利用雲端技術提升生產效率和供應鏈管理。

- **零售業**：統一超商和全家便利商店等零售巨頭，利用雲端技術改進客戶服務和供應鏈管理。

- **醫療業**：台北醫學大學附設醫院和長庚紀念醫院等醫療機構，利用雲端平台提升醫療資料管理和遠程醫療服務。

- **新創企業**：新創企業往往需要迅速進入市場，占據先機，因此新創企業通常會選擇雲端服務來加快開發過程，縮短產品上市的時間達成「Time to Martket」的要求。

- **金融服務**：像 JP 摩根大通和高盛這些銀行都會利用雲端技術，來提升資料分析和交易速度，並建立全世界的客戶資料保存與低延遲的金融服務。

---

# 2.2　雲端產業的職業種類

**POINT** 快速了解雲端產業的常見與進階職缺。

雲端產業是一個快速成長且技術密集的領域，涵蓋了多種專業角色，這些職位分布在不同的層面，從雲端基礎設施的設計與管理，到應用的開發與維護等。我們來認識以下雲端產業中的常見及進階職位種類與其職責，請參見表 2-1。

| 常見職缺 | | |
|---|---|---|
| 職缺 | 雲端技能要求 | 普遍年資需求 |
| 雲端工程師（Cloud Engineer） | 基礎 | 0-5 年 |
| 雲端開發人員（Cloud Developer） | 基礎 | 0-5 年 |
| 雲端系統管理員（Cloud System Administrator） | 基礎 | 0-5 年 |
| 雲端資料工程師（Cloud Data Engineer） | 基礎 | 3-10 年 |
| DevOps 工程師（DevOps Engineer） | 進階 | 3-10 年 |
| 站點可靠性工程師（Site Reliability Engineer, SRE） | 進階 | 3-10 年 |
| 進階職缺 | | |
| 職缺 | 雲端技能要求 | 普遍年資需求 |
| 雲端架構師（Cloud Architect） | 精通 | 10+ 年 |
| 雲端安全專家（Cloud Security Specialist） | 精通 | 10+ 年 |

## 2.2.1　常見職缺概述

### ▎雲端工程師（Cloud Engineer）

- **職責**：部署和管理雲端基礎設施，確保系統的穩定執行和效能優化。

- **技能要求**：熟悉雲端服務平台、基礎設施即代碼（IaC）工具（如 Terraform、CloudFormation）、自動化腳本。

### ▎雲端開發人員（Cloud Developer）

- **職責**：在雲端平台上開發和部署應用程式，確保其高效執行和擴展性，通常會是前後端工程師兼任。

- **技能要求**：程式設計語言（如 Python、Java）、微服務架構、無伺服器計算（如 AWS Lambda）。

## 雲端系統管理員（Cloud System Administrator）

- **職責**：監控和維護雲端環境，確保系統的穩定和效能，處理維運相關的技術問題，通常會是 MIS 工程師兼任。

- **技能要求**：維運工具和技術（如 Nagios、Splunk）、Linux / Windows 系統管理經驗、故障排除能力。

## 雲端資料工程師（Cloud Data Engineer）

- **職責**：設計和實施資料管道，在雲端環境中處理和分析大量資料，通常會是資料工程師兼任，專業與前後端工程師不同。

- **技能要求**：資料庫和資料倉儲技術（如 BigQuery、Redshift）、ETL 工具、資料處理流水線管道（Data Pipeline）、資料流處理技術（如 Apache Kafka）。

## DevOps 工程師（DevOps Engineer）

- **職責**：建立和維護 CI/CD 管道，自動化部署流程，協調開發與維運團隊，以提高交付效率。這個職位要求的技能較高，通常也需要監管 IT 設施，在某些公司，SRE 職位相當於 DevOps。

- **技能要求**：熟悉 CI/CD 工具（如 Jenkins、GitLab CI）、容器技術（如 Docker、Kubernetes）、版本控制系統（如 Git）、系統監控工具（如 Prometheus、Grafana）、系統監控工具（如 Prometheus、Grafana）、故障排除和效能調優經驗、基礎程式設計能力。

## ▎站點可靠性工程師（Site Reliability Engineer, SRE）

- **職責**：確保系統的高可用性和效能，監控和優化系統，處理故障排除。

- **技能要求**：熟悉 CI/CD 工具（如 Jenkins、GitLab CI）、容器技術（如 Docker、Kubernetes）、版本控制系統（如 Git）、系統監控工具（如 Prometheus、Grafana）、系統監控工具（如 Prometheus、Grafana）、故障排除和效能調優經驗、基礎程式設計能力。DevOps 與 SRE 的技能要求類似。

# 2.2.2　進階職缺概述

## ▎雲端架構師（Cloud Architect）

- **職責**：設計和規劃企業的雲端基礎設施，包括選擇合適的雲端服務、設計系統架構、確保高可用性和擴展性。通常需要掌握多個雲端平台，還要熟悉地端環境的整體設計與確保雲地整合與網路的高可用性等進階架構設計，因為大型企業為了分散風險，會要求多朵雲等級的高可用部署，互為備援。

- **技能要求**：深厚的雲端服務知識（如 AWS、Azure、GCP）、網路和安全知識、架構設計經驗。

## ▎雲端安全專家（Cloud Security Specialist）

- **職責**：設計和實施安全措施，保護雲端基礎設施和資料免受威脅和攻擊。非常專業的職業工種，通常還要設計藍紅兩隊的資安保護與演練，更進一步到整個企業級資安防護。

- **技能要求**：安全框架和標準（如 ISO 27001、NIST）、身分和存取管理（IAM）、雲端安全工具。

## 2.2.3 轉職職位建議路徑

前面快速介紹雲端相關職業，幫助你規劃職業生涯，對於想轉職的人員，建議先挑選入門級的職位，成功後再進階到更高級的職位；而另一個方式是選擇與自己背景相關的職業入門較快，再培養更多的專業能力來前進到進階職位，參見表 2-2。

▼ 表 2-2　轉職職位路徑表

| 初始背景 | 轉職職位 |
| --- | --- |
| 非本科系或跨領域轉職 | • 雲端工程師（Cloud Engineer）<br>• 雲端系統管理員（Cloud System Administrator）<br>• 雲端開發人員（Cloud Developer） |
| MIS / IT 相關領域 | • 雲端工程師（Cloud Engineer）<br>• 雲端系統管理員（Cloud System Administrator） |
| 前後端經驗 | 雲端開發人員（Cloud Developer） |
| 資料處理經驗、數學統計或財經背景 | 雲端資料工程師（Cloud Data Engineer） |
| 對自動化有熱情，喜愛 DevOps 精神 | • DevOps 工程師（DevOps Engineer）<br>• 站點可靠性工程師（Site Reliability Engineer, SRE） |

進階轉職通常需要 10 年以上的產業經驗，具體路徑因人而異，我們建議考慮以下三個方向：

- 追求高薪資漲幅，不要跟錢過不去。

- 成為未來搶手的人才，提升自己職涯的可持續性。

- 當下最有可能達成與最有熱情的轉換目標，做自己擅長的事也是一個方向。

## 2.3 雲端產業與公司常見問題

**POINT** 提供雲端產業和公司常見問題的 QA。

俗話說：「大公司學制度，小公司學技術」，作為一個職場人，我從大到 5 萬人的外商公司，小到不到 30 人的半導體公司，都算是適應得不錯，這裡我可以給大家幾個建議，希望幫助大家在職涯的道路上走得更順利。

首先，我個人認為剛出社會時，如果有機會則應該要先到大公司，學習大公司的制度和方法，因為大公司能夠存活並發展壯大，必然有其成功的理由。它們的商業模式經過了市場的檢驗，其制度與管理方法也經受了大規模團隊的執行考驗。我們要做的就是像海綿一樣，不斷吸收這些知識和經驗，並將其轉化為自己的一部分。這樣不論是在大公司還是小公司，我們都能運用這些管理制度和方法來精進自己。

在小公司，你需要一人身兼多職，不必過分在意這些工作是否完全符合你的職責範疇，因為在小公司的大部分工作都需要你來完成，這提供了一個全方位了解產品或服務流程的機會，你可以從頭到尾一條龍地完成工作，這也是一種寶貴的經驗累積，幫助你在未來能夠更靈活地應對各種挑戰。我個人比較建議正面思考，把這種經驗當作自身成長的機會，而不是靠夭說：「慣老闆就喜歡把不同的工作丟給我做」，但這個部分見仁見智，根據你的個人狀況，自己調整想法即可。

合格的打工仔心態是「你不要總是說前公司如何如何，而是要思考如何將前公司的商業模式或是管理架構整合」，將其調整並應用到現有的小型公司中，切記不要整套照搬，你絕對不會看到「公車的輪胎，可以裝在自行車上」。保持健康的心態，才能確保無論是在小、中、大型公司裡都能應對自如。

在 AI 時代，專才非常容易被取代，但如果你是一個廣泛型的 T 型人才，你完全可以不用害怕被取代，因為你不僅僅是一個小螺絲釘，而是把所有螺絲連結在一起的超強膠水，確保一切事務都能不斷向前推進。這種泛用型技能和適應能力，將成為你在職場上的最大競爭優勢。

在本小節中，我們收集了大部分人對於雲端產業及不同領域公司的常見問題，並給出了詳細的回答，這些內容都是基於多年的實戰經驗，並針對不同的情境和需求所提供的具體建議。

## Q1. 雲端工程師在不同領域中的發展路徑和需求有所不同嗎？

每個領域要求的技能不太一樣，主要跟公司應用有關：

- **製造業**：需要熟悉工業自動化和物聯網（IoT）技術，工程師在此行業可以參與智慧工廠和供應鏈管理的設計和實施。

- **金融業**：強調安全和合規，工程師需具備高安全性和高可用性系統的設計與維護能力，並熟悉金融資料分析。

- **零售業**：專注於電子商務平台的營運和客戶資料分析，工程師需具備高擴展性和高效能系統的開發能力。

- **醫療業**：需要處理大量敏感資料，工程師需具備醫療資料管理和隱私保護的知識，並能開發遠程醫療解決方案。

## Q2. 薪資結構產業不一樣嗎？

雲端工程師的薪資結構因產業和公司規模而異：

- **產業差異**：半導體、金融業與電腦相關產業通常可以提供較高的薪資，因為這些行業對資料安全和系統穩定性要求高；零售和醫療業的薪資可能相對較低，但隨著這些行業數位化轉型的深入，薪資水準也在提升，台灣目前給最好的還是半導體相關產業，畢竟台灣還是半導體之島。

- **公司規模**：大公司通常提供更高的基本薪資和更多的福利（如股票期權、獎金），但小公司可能提供更靈活的工作環境和更快的升遷機會。外商也是一個不錯的選擇，基本上就要看公司的類型與規模，才能決定你的薪資水準與福利。

## Q3. 選大公司好還是小公司好？

我個人認為可以訂立階段性目標，都待看看、嘗試看看，兩者學習面向不太一樣。選擇大公司還是小公司，取決於個人的職業目標和工作偏好，這裡有一個簡單的分類方法，根據你的個性和職業目標來選擇適合的工作環境。

如果你的個性偏向積極進取，喜歡挑戰和創新，並且希望在工作中做一些有意思的事情，那麼我建議你考慮去中小型企業，這些公司通常有更靈活的工作環境和更大的創造空間，讓你能夠運用自己的想法和才能，迅速提升自己。

相反的，如果你希望有一個穩定的生活，喜歡在有條不紊的制度中前進，那麼大公司可能更適合你，大公司有完善的制度和明確的職業發展路徑，工作相對穩定，可以讓你在有組織、有規範的環境中穩步前進。

- **大公司**：優點是資源豐富、系統完善、培訓機會多、工作穩定、職業發展路徑明確；缺點是工作流程較為僵化、創新空間相對有限、競爭激烈。

- **小公司**：優點是工作環境靈活、職責多樣、創新空間大、學習和成長機會多；缺點是資源有限、工作壓力大、職業發展路徑不夠明確。

## Q4. 形象好的公司對員工一定也很好？

公司形象與員工待遇不一定成正比：

- **形象好**：公司在市場上有良好的聲譽和品牌，但這不一定意味著對員工的待遇和福利也很好。

- **員工待遇**：具體待遇取決於公司內部文化、管理層風格和具體的政策，建議求職者多方調查公司內部的員工反饋和評價，以獲得更全面的了解。

## Q5. 社會新鮮人應該怎麼選？

對於社會新鮮人，選擇第一份工作時，除了薪資不委屈以外，我認為還要考慮以下四點：

- **學習機會**：選擇能提供豐富學習和培訓機會的公司，幫助自己快速提升技能，為自己的職涯未來打好基礎。

- **職業發展**：考慮公司的職業發展路徑是否清楚，是否有足夠的升遷機會。

- **工作環境**：選擇一個積極向上、支持創新的工作環境，有助於個人職業成長。

- **公司文化**：確保公司的價值觀和文化可與自己的職業目標和個人價值觀相符。

總結來說，雲端產業提供多樣的職業發展機會，不同產業和公司的選擇應根據個人職業目標、技能需求和工作偏好來決定，透過深入了解不同產業的需求和公司文化，我們才可以找到最適合自己的職業發展路徑。不過，這邊也要告訴大家，有一好沒兩好，沒有一間公司是完美無缺、沒有缺點的，只有最合適你的公司。

## 2.4 雲端人才常見問題

**POINT** 提供雲端人才常見問題的 QA。

上一小節主要從產業的大方向切入，本小節則從雲端人才與各產業領域的角度，探討常見問題讓我們更了解雲端人才面臨的挑戰和解答，這些問題包括雲

端人才需求的相關產業、半導體和金融業的人才需求缺口，以及 MIS 與雲端產業的未來關係。

## Q1. 需要雲端人才的相關產業有哪些？很多嗎？

幾乎所有行業都需要雲端相關人才，因為大部分資訊系統都依賴雲端技術，因此掌握雲端技能非常有市場價值。雲端技術主要是從大量資料中心建置後才開始興起，相較於傳統產業，雲端市場競爭和成熟度仍處於蓬勃發展期，而石化工業或傳統 PC 產業在台灣已非常成熟，屬於發展成熟期。

- **製造業**：現代製造業正向智慧工廠轉型，依賴於雲端技術進行生產管理、供應鏈優化和資料分析，雲端人才在這些領域發揮關鍵作用。

- **金融業**：金融機構需要雲端技術來提升資料處理效率、強化安全措施和推動數位化轉型，因此對雲端人才需求旺盛。

- **零售業**：電子商務和實體零售商利用雲端技術來改進客戶體驗、優化物流和供應鏈管理，因此需要大量雲端人才。

- **醫療業**：醫療機構依賴雲端技術來管理病患資料、提供遠程醫療服務和提升醫療資料分析能力，因此對雲端專業人才需求不斷增加。

- **科技與軟體公司**：這些公司本身即是雲端技術的創新者和提供者，需要各種雲端技術專家來設計、開發和維護其產品和服務。

## Q2. 半導體需要雲端相關人才嗎？

是的，半導體產業對雲端人才的需求正在迅速增長，像是台積電這樣的半導體巨頭非常需要雲端專業人才。從小處看，一個半導體廠的所有設備資訊及晶圓製造狀況都需要數位化管理；從大處看，台積電在全世界各國的半導體工廠需要將所有資訊傳輸到中央系統，保留這些珍貴的製造資料進行後續分析，以提高產能。以下列出三個半導體業需求的原因，包括：

- **資料分析與處理**：半導體製造過程中會產生大量的資料，需要利用雲端技術進行儲存、分析和處理，以優化生產流程和提高良率。

- **高效能計算**：半導體設計和模擬過程需要大量的計算資源，雲端技術可以提供彈性的高效能計算平台，利用 AI 運算平台幫助半導體研發。

- **供應鏈管理**：半導體製造涉及複雜的供應鏈，雲端技術可以更好地管理和協調全球供應鏈，提升效率和降低風險。

## Q3. 金融業需要雲端相關的人才嗎？

金融業對雲端人才的需求也非常旺盛，你能想像一間銀行沒有 App 或網路銀行，回到去櫃檯辦理業務的時代嗎？這也是之前台新銀行推出 Richart 後，為何這麼多人持有 Richart 的原因之一。金融行業的數位化浪潮，不太可能往回頭路了，金融業對雲端人才的需求主要有以下幾個原因：

- **資料安全與隱私**：雲端技術可以幫助金融機構加強資料安全和隱私保護，確保客戶訊息不受侵害。

- **數位化轉型**：金融機構正在加速數位化轉型，雲端技術是實現這一轉型的核心技術，包括網路銀行服務、行動支付和大數據分析。

- **風險管理**：雲端技術可以幫助金融機構即時監控和分析市場資料，提升風險管理和決策能力。

## Q4.MIS 工程師會跟雲端產業有關係嗎？

MIS 工程師的職責從過去的管理公司 IT 架構、網路架構和管理自有機房，到如今各大公司政策偏向往雲端升級。隨著整個產業接受上雲的概念，上雲不僅能精簡人力，還能降低機房維護成本，整體而言，上雲對於 IT 資源管理的好處大於壞處。

此外，三大雲端服務提供商的競爭，使得一般企業跨國建立多個資料中心變得困難，因此上雲已經成為不可逆的趨勢。例如：GCP 可以建立全世界資料中心的專用海底電纜，這種進入門檻在全球沒有幾個企業能夠辦得到這件事，因此學習雲端技能來提升自己的競爭力，變得尤為重要。

## Q5. 雲端人才在台灣中小企業中吃香嗎？

是的，越來越多的中小企業採用雲端技術來提升營運效率和降低成本，他們需要雲端技術人員來設計、部署和管理雲端解決方案。此外，這些企業還會採用現成的工業升級方案，來提升機器產能和實現智慧製造，因此雲端人才在台灣中小企業中的需求也是相當旺盛。

## Q6. 雲端人才如何培養自己的核心競爭能力，以避免被取代？

這是一個各行各業都會遇到的問題，核心概念可以總結為兩個方面：

- **產業需求的持續增長**：雲端產業的需求不斷增長，特別是在目前人工智慧（AI）風潮的推動下，對雲端資料中心和演算力的需求日益增加，資料中心只會越蓋越多，甚至目前還不敷使用，隨著企業和組織對資料處理和分析的需求上升，雲端技術在未來將持續成長。

- **服務為王的趨勢**：當前世界正朝向「服務為王」的方向發展，最強的企業都在為客戶提供軟體服務。像 Apple 的生態系統、Google 的搜尋引擎和 Netflix 的串流影音服務，這些服務都是建立在雲端技術之上。

縱觀當前市場，雲端技術的需求正持續上升，尤其是在人工智慧（AI）風潮的推動下，對雲端資料中心和演算力的需求日益增加，因此未來 10 年雲端人才還是會非常受歡迎，然而要在這個競爭激烈的行業中脫穎而出，我們還需要不斷提升自己的核心競爭能力。

科技始終是推陳出新，所以雲端人才應該專注於提高自己的服務交付能力，理解客戶需求，並能設計和實施高效、可擴展的雲端解決方案。透過持續學習最新技術，掌握無伺服器計算、邊緣計算和容器技術等新興工具，不斷提升技術實力和服務能力，如此雲端人才便能在日益增長的市場需求中保持競爭力，避免被取代。

## 2.5　轉換跑道時，七個常見問題的 QA

**POINT** 提供轉換跑道時常見問題的 QA，解除你的迷茫。

轉換跑道是一個重大的決定，我們準備了轉換跑道的七大常見問題，幫助你快速理清想法，並找到答案。從考慮轉換到實際執行，都會遇到許多問題和挑戰，像是面試屢屢失敗、無法面對新挑戰、懷疑是否適合新工作，以及是否應該放棄過去工作經驗重新開始，這些都是常見的困惑和不安，我都經歷過，所以很能理解這個困境。

在考慮轉換跑道時，第一步要問自己是否真的適合這個變動，第二步是如何達成轉換目標。在實際執行中，「遇到面試失敗的情況該如何應對」、「是否應該繼續嘗試」、「如何建立自信」、「重新開始是不是一條不歸路」、「我會不會一直做白工」等這些問題往往會在心中反覆出現。

這些疑慮和困惑是正常的，轉換跑道沒有對錯，在過程中需要你做出理性分析和慎重決策。透過對以下問題的深入瞭解，我們可以幫助你理清思考，做出更明智的選擇。

## Q1. 工作多久後，不適合換產業？

　　如果工作了 10 年以上，除非有很大的決心，一般來說，我不建議更換產業。通常你在一個行業工作了 3-5 年，已經累積豐富的經驗、技能以及產業人脈，此時轉換跑道會相對困難。因為你在這個領域中投入了大量時間和精力，轉行可能需要從零開始，重新適應新的工作環境和行業規則，但這並不是完全不可能，關鍵在於你的核心技能與新行業的相關性，最重要的是你的決心。例如：我之前是從工業電腦產業轉到消費型電腦產業，這兩者之間的相關性很高，轉行相對容易，因為它們都算是電腦產業領域的一部分，只是產品使用領域和生命週期不同，這種情況下的轉換是沒有問題的。

## Q2. 更換產業時，應該把握的三個原則為何？

　　更換產業時，我們把握住以下三個原則，通常都可以成功轉行：

- **核心技能不變**：選擇能運用你核心技能的新行業，這樣可以將已有的經驗和技能最大化地應用到新工作中，減少重新學習的時間。例如：我的核心技能是雲端架構設計和 DevOps 相關技術，那麼轉換到與雲端相關的行業依然可行，像是從電腦產業轉到零售業，因為我還是運用雲端核心技能在做日常工作，所以是沒有問題的。

- **產業相關性**：確保新產業與原有工作至少有 40-70% 的相關性，這可以幫助你更快適應新環境。例如：我從工業電腦產業轉到消費型電腦產業，這兩者之間的相關性很高，轉行相對容易，它們都屬於電腦產業領域的一部分，只是產品使用領域和生命週期不同。

- **選擇比努力更重要**：選擇一個有前景和高薪資的產業，不只要考慮興趣，還要看行業的發展趨勢和薪資水準，這會讓你的職業轉換更加成功。像是書籍出版業是一個明顯的例子，它必須透過轉型來獲得更高的回報，如誠品書店原本是書籍出版業的一部分，但它透過轉型為百貨公司來提升整體收益。相對的，這種產業的狀況會導致整體薪資水準相對於台灣整體市場，競爭力沒

這麼前面；再來看看台灣護國神山台積電，其作為全球晶圓代工的領導者，半導體業因其強勁需求，未來 10 年將持續保持高增長，這使得該產業可以再紅 10 年。

## Q3. 夕陽產業和產業鏈地點的差異與迷思？

夕陽產業和傳統產業的界定主要是「價值觀上的認定」。例如：木工被認為是傳統產業，而二手車行業可能被視為夕陽產業，這些行業中也有頂尖的人才，有非常好的薪酬，所以我建議你考量當下對自己狀況最好的產業就可以了，以下提供六點作為我們在選擇時的考量：

- **產業未來性**：我們選擇轉行的產業是否在未來 10 年依然保持熱度，如果該產業股票持續向上，受到投資人青睞，這代表它有良好的前景，可能是一個不錯的選擇。

- **公司與部門**：俗話說：「好的公司有屎缺，壞的公司有涼缺」，轉行到一個前景看好的產業，但進入了不理想的部門也是非常辛苦。這時要先確定產業的前瞻性，確認整體產業趨勢往上，那可以選擇待半年後，有了資歷再尋找更好的工作機會。

- **錢多事少離家近**：在國際金融學上有個名為「不可能三角」的理論，大致上是說，任何一個國家只能在獨立的貨幣政策、貨幣的自由兌換、匯率可控，這三者之間選擇兩個，不可能選擇三個。「錢多、事少、離家近」就是一個不可能三角，通常你最多只能滿足其中二個要素，第三個要素會極難達成。例如：我有一位朋友在半導體產業工作，公司在新竹，薪水不錯，工作量也合理，但他每天從台北西門通勤到新竹，每天坐高鐵來回總共三小時，是標準的錢多、事少、離家遠，這就是選擇了一個離家非常遠的典型例子。

- **薪資因素**：有些夕陽產業中的公司是台灣的隱形冠軍，如果是那些專注於利基市場的隱形冠軍，依然能夠提供不錯的薪資和福利。在這種類型的公司工作，轉行到所謂的傳統行業，反而不是弱勢，而是一種獨特的利基市場。

- **家庭時間安排**：轉換跑道可能會影響你的工作時間安排，要考慮到是否有足夠的時間學習新技能和適應新環境，並且要平衡工作與家庭的時間分配。例如：我的一個朋友是超級奶爸，每天都要照顧小孩，所以我認為在這個時間點並不是一個轉行的好時機。

- **工作地因素**：新的工作地點是否離家較遠、是否需要搬遷等因素，都是需要考慮的因素，還有小孩子的學區也是一個重要的決定因素。家庭的支持在轉換跑道中非常重要，確保你的決定不會對家庭生活造成過大的影響。例如：台積電在美國亞利桑那州建立新廠，詢問許多台灣員工是否願意舉家遷移，這可能是一個擁有美國綠卡與資源的好機會，但也可能對小孩子交友與學業不利，這些都是需要慎重考量的因素。

## Q4. 如何評估自己的轉職能力？

重點是動機，你一定要確認自己必須完成這件事情，其他都可以利用努力及資源來達成。以下提供一些思考方向，每個人的答案都不一樣，如果你的答案都是「不」，那我建議先繼續工作半年，好好想想未來的路。

- 你是否有強烈的動機去實現轉職的目標？

- 轉換跑道前，你評估自己的核心技能、學習能力和適應能力是否適合新跑道？

- 你是否具備足夠的學習能力去掌握新行業的知識？

- 你是否有適應新環境和新文化的能力？

## Q5. 如何說服面試官相信你適合這個新行業？

在面試中，強調你的核心技能和新行業的相關性，展示你對新行業的了解和熱情，並提供具體的例子，來說明你是如何運用過去的經驗來解決問題的。例如：過去工作經驗或是業餘專案（Side Project），這些都可以幫助你說服面

試官相信你適合這個新行業。其他詳細的面試疑惑，可以參考「第4章 面試技巧」的相關內容。

## Q6. 如何處理期望薪資？

轉換跑道時，薪資可能會有所波動，因為你的工作經歷可能會被重新計算，不會給你符合資深人員的薪資水準。我們需要對新行業的薪資水準有一個清楚的認識，大概要知道入門與資深人員薪水的漲幅與差異，並根據自己的經驗和技能設定合理的期望，不過最重要的是要考慮到長遠的職業發展和增長潛力，而不僅僅是眼前的薪資。如果面試官問到預期薪資問題，你有兩種回答方法：

- **預期薪資**：提供你可以接受且讓你感到舒服的薪資水準，如果這個薪資足夠讓你穩定工作，那麼它其實就是合適的價格。

- **比較薪資**：你可以提到你目前已經有幾個 Offer，並說明其中最高的薪資來讓面試官參考，這樣他們可以根據公司的預算來做出調整。

> **小叮嚀** 要記住這些方法只是幫助你談判薪水的一部分，達成一個合理且符合預期的薪資是最重要的，但更關鍵的是要放在「這份工作可否提升你的職涯發展」。

## Q7. 如何建立新的人脈網路？

新行業往往需要新的聯繫和資源，以下有三個方法可幫助你快速建立人脈。除此之外，積極主動地與同行交流、尋求前輩的指導等，也可幫助你更快融入新行業。

- **參加產業活動**：像是參加 AWS 舉辦的雲端體驗活動或是 gcp 舉辦的 Google submit。

- **加入專業社群**：像是前面 CH1.5 小節介紹的 FB 社團，我們可以加入 AWS user group 或 Devops Taiwan 等社團，便可以獲得產業概況的資訊與拜讀行業大神的相關文章。

- 利用 LinkedIn 社交平台：主動聯繫心儀公司的 HR 或員工，直接加入他們的社交網路，並詢問相關問題。只要你有禮貌，大部分的人通常都願意回答，但要記得感謝他們的幫助，不要把別人的幫助當成理所當然。

　　總之，轉換跑道是一個重要且複雜的決定，需要全面考慮各種因素。希望這些建議能夠幫助你做出最佳的選擇，找到更適合自己的職業道路。無論你選擇什麼樣的道路，只要保持積極的心態和不斷學習的精神，我們一定可以在新的領域中取得成功。

## 2.6　參考資料

- 雲端運算產業鏈簡介

  `URL` https://ic.tpex.org.tw/introduce.php?ic=5400

- 雲端服務暨巨量資料產業

  `URL` https://theme.ndc.gov.tw/manpower/cp.aspx?n=C9ECDD0E995DB66B#

- 什麼是雲端服務？四大迷思常見問題，雲端工作如何提升效能降低公司成本？

  `URL` https://blog.jandi.com/tw/saas-cloud/

- 轉職等於砍掉重練？掌握時機與技巧也能無痛轉換跑道！

  `URL` https://www.hnl-consultants.com/change-careers/

- 雲端大鬧人才荒！如何加速職涯跳轉、成為搶破頭的雲端人才？

  `URL` https://aws.amazon.com/tw/events/taiwan/interviews/cloud-talent/

# 履歷準備：你的職場名片

俗話說：「人要衣裝、佛要金裝」，拿到好 Offer 的第三步就是「履歷」，履歷就像是相親前的照片，展示自己最好的那一面，給對方留下良好的第一印象。相親時沒有人會穿得邋遢，因為大家都希望展示自己最好的形象，見網友時也是如此，履歷就是那張讓對方願意奔現的門票。

如果把人比作商品，履歷就是包裝，外型精美、品質良好的商品容易賣個好價錢，而外型不佳、品質不良的商品，則容易被砍價到骨折，所以務必要好好建立這張職場名片，給面試官留下良好的第一印象，拿到後續的面試門票。

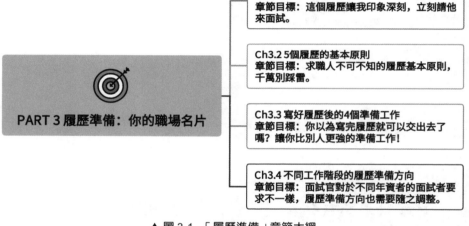

Ch3.1 求職履歷先從模仿開始，求職履歷範本！
章節目標：這個履歷讓我印象深刻，立刻請他來面試。

Ch3.2 5個履歷的基本原則
章節目標：求職人不可不知的履歷基本原則，千萬別踩雷。

PART 3 履歷準備：你的職場名片

Ch3.3 寫好履歷後的4個準備工作
章節目標：你以為寫完履歷就可以交出去了嗎？讓你比別人更強的準備工作！

Ch3.4 不同工作階段的履歷準備方向
章節目標：面試官對於不同年資者的面試者要求不一樣，履歷準備方向也需要隨之調整。

▲ 圖 3-1 「履歷準備」章節大綱

# 3.1　求職履歷先從模仿開始：求職履歷範本

**POINT** 這個履歷讓我印象深刻，立刻請他來面試。

　　什麼是好的求職履歷範本呢？好的求職履歷應該在第一眼就讓人覺得清楚明瞭與用心準備，當看到你的履歷後，就會想馬上邀請你來面試，這就是最好的求職履歷。就像很多女生選男生時，並不是要求對方長得帥，而是看起來乾淨整潔、讓人順眼，這就是履歷給人的感覺。

　　我們把履歷當成相親的照片來看，如果你是男生，你會給對方一張落落大方的形象照，還是一張沒有打扮的日常照呢？答案顯而易見，女生當然會接受前者，這就是履歷應該給人的印象—「專業、用心、值得請你來面試」。

　　履歷包含基本要素，如學歷、工作經驗和工作能力，這些是判斷你是否勝任該職位的關鍵，然而很多人忽略了最重要的一點—「履歷必須清楚明瞭，讓人想繼續閱讀」。

　　「清楚明瞭」的履歷其實是一個很抽象的概念，因為這取決於面試官的主觀感受，在下面的內容中，我們會舉幾個例子來說明什麼樣的履歷讓人認為是清楚明瞭的，並且強烈建議你不要只準備千篇一律的 104 履歷範本，那只會讓你與其他人看起來一模一樣，跟別人在一樣的起跑點。你可能會問：「寫履歷不都是用 104 嗎？」對！這正是問題所在，這樣你與別人看起來完全沒有區別。

　　履歷不需要寫得花枝招展，而是要乾淨整潔。以下會提供一些範本，你可以修改成屬於你的專屬履歷，來提升你的履歷價值，給人耳目一新的感覺是重點。

## 3.1.1 履歷種類與更新時間點

履歷其實根據「不同目的」、「使用時機」與「更新頻率」而有不同的履歷類型，我建議大家分為「求職用的履歷」和「工作歷程的履歷」。工作歷程的履歷更像是部落格的貼文，可以每天或每月記錄你的工作里程，而求職用的履歷則像是大事記，記錄你在今年、去年和過去 3 年的主要成就，這兩者的主要差異參見表 3-1。

▼ 表 3-1　履歷類型差異

| 項目 | 求職履歷 | 工作歷程 |
|------|----------|----------|
| 目的 | 內容精煉，是用來讓人了解你的職業生涯歷程。 | 記錄工作中的成就，是為自己職場加分、展現個人能力和風格的良機。 |
| 使用時機 | 求職。 | 記錄自己的工作傑出紀錄，就像自己的工作紀錄小本本。 |
| 建議更新頻率 | 投履歷的前兩個禮拜。 | 每一個月。 |
| 目標對象 | 面試官。 | 自己記錄。 |

## ▌養成記錄工作歷程的習慣

寫履歷時，你是否時常發現明明在這份工作中，做了很多令人耳目一新的工作表現，但在下筆時卻腦袋一片空白，怎麼都想不起來，其實原因就是大部分的人都沒有記錄工作歷程的習慣，讓我們來說說為什麼要養成這個習慣及其好處。

### 定期記錄工作歷程的原因

- **時效性問題**：像是無法記起在第一季達成的目標、缺少參加公司演講的照片、找不到產品開幕的照片。

- **失憶和懶得整理**：懶得整理，導致忘記過去工作的成就和精力。

- **發現素材不足**：整理履歷時，才發現自己沒有什麼拿得出手的成就。

## 定期記錄工作歷程的方式

- **每月整理一次**：每個月整理一次履歷，可以持續記錄你的成長和成就，而且也不用花超過 10 分鐘。我的方法提供你參考，我是在領到薪水的那天來更新工作歷程，提醒自己打工仔這個月拿錢，有沒有好好辦事。

- **適量更新內容**：每次更新內容保持適量，不會過多也不會過少，確保紀錄的詳細性和可管理性。簡單來說，就是拿得出手的可寫，沒有就不用硬擠牙膏，一定要生出什麼事蹟。

- **警惕沒有成長**：如果發現每月整理時沒有任何新的成就，要對自己有所警惕，這可能意味著你在從事週期性工作，如果缺乏突破，就要適時更新自己的技能樹了。

- **善用電子履歷**：利用電子履歷工具，可以隨時更新你的最強履歷，保持最新的工作經歷和成就。以我為例，我就會使用 Notion 工具來幫助記錄工作歷程。

## 3.1.2 讓人感覺乾淨的兩種求職履歷風格

在看了數百份履歷後，我們大致將讓人印象深刻的履歷分為兩種風格：「簡約風」和「個人風格」。

## ▌風格一：簡約風

簡約風履歷通常使用一張照片和三種顏色，簡單明瞭地介紹你的所有資訊，注意編排應以一張 A4 為主，最多不超過三頁。外商公司通常希望履歷不超過

一頁，因為他們平均只有 1 分鐘時間閱讀；台灣公司則可能要求自傳，所以可以稍微多寫一些。

我們的目標是讓面試官在 1 分鐘內看完大致資訊，然後面試官才有可能進一步詳細查看內容，通常八成以上的面試官在面試你的時候，才會認真看你的履歷細節。簡約風履歷參見圖 3-2。

▲ 圖 3-2　簡約風格：Canva 履歷範本參考

※ 資料來源：https://www.canva.com/resumes/templates/

## ▌風格二：個人風格

個人風格的履歷更具個性，通常適合新創公司，這類公司喜歡活潑清新的氛圍。在使用這種風格時，注意色彩不要超過五種，並且儘量使用同色系深淺不同，以免讓人眼花撩亂。個人風格履歷參見圖 3-3。

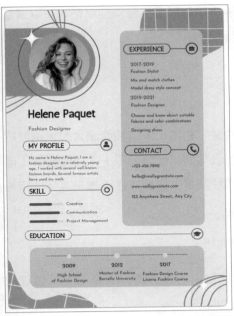
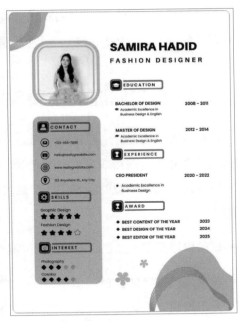

▲ 圖 3-3　個人風格：Canva 履歷範本參考

※ 資料來源：https://www.canva.com/resumes/templates/

　　兩種風格主要是為了讓面試官對履歷產生不同的感覺，而履歷的詳細內容要求其實不會有太大的差異，無論是哪種風格，內容的要求基本一致。在後面的 CH3.2 小節中，我們會介紹五個履歷的基本原則，幫助你打造出色的履歷。

　　網路上有許多履歷範本可以使用，以下說明幾個參考來源，如 Canva 和 Microsoft 365。在 Microsoft 365 中，你可以打開範本，並直接使用 Word 來編輯，非常方便。Canva 是一個非常好用的工具，只要註冊會員就可以免費使用，對於需要進行影片剪輯和圖片剪輯的人來說，這個網站非常值得參考。總之，履歷範本的重點是看起來順眼、乾淨，選擇一種適合你的風格作為主要履歷，換工作或是需要更新履歷時，就可以根據這個範本進行修改。

　　我也強烈建議你請親朋好友幫忙檢查履歷，以確保符合大眾的審美，同時也能夠從不同的角度來檢視你的履歷。有些人喜歡強烈的個人風格，這並不是不

可以，但要考慮到九成以上的面試官可能不會偏好過於強烈的風格，所以還是要以「乾淨」、「一眼看懂」、「不花俏」為原則。

### 3.1.3 文字履歷範本要點

大約八成公司主管，都會傾向簡約風的文字範本，所以我建議大家挑選簡約風的文字範本來進行撰寫。一般來說，在公司的科層體制下，大多希望員工能遵循規則，而簡約風的履歷正好能給人這種感覺，這種文字範本有以下使用原則：

- **段落單行文字**：這是目前的主流，沒有問題。

- **段落兩行文字的比例**：儘量以 3：7 的比例，不要選擇 5：5 的分布，這樣的分布是面試官閱讀起來最合理與最舒服的比例。

- **條列式內容**：儘量以 3-5 項為限，內容應該附上量化的數據，這樣的內容會更具體並更有說服力。條列內容如果超過 5 項，通常會讓人失去閱讀的動力，應保持精簡和重點清楚，儘量以 5 項說明為上限。

- **文字段落**：儘量以 3-7 行為限，保持簡潔明瞭。如果文字段落超過 5 行，會讓人的閱讀興趣下降，因此請保持簡潔且有重點的敘述內容。

- **避免使用星級或進度條來代表能力**：不同人對於評分標準的理解不一樣，可能會產生認知上的誤差。例如：有些人認為英文五顆星，意味著能流利對話並在國外獨立生活，而另一些人可能認為是能夠進行基本溝通。

段落兩行文字的比例是 3：7　　　　　條列式內容以 3-5 項為限

▲ 圖 3-4　段落兩行文字的比例是 3：7，條列式內容以 3-5 項為限

文字段落儘量以 3-7 行為限　　　　　避免使用星級或進度條來代表能力

▲ 圖 3-5　文字段落儘量以 3-7 行為限，避免使用星級或進度條來代表能力

## 3.1.4　現代版電子履歷範本

「電子履歷」也是新一代流行的曝光方式，現在的求職市場也非常流行將履歷上傳到 Notion 或 LinkedIn 等平台，可以增加你的曝光度。電子履歷是一種非常好的求職方式，但是相對的，有一些隱私資訊可能會被曝光在網路上，針對個人隱私方面，需要自己做一些斟酌。

 小叮嚀　Notion 電子履歷網址：URL https://heyurl.cc/t4nA5。

我們提供的電子履歷範本可以幫助你完成屬於你的履歷。電子履歷的好處在於你可以隨時更新，只要分享一個網址，大家就可以直接查看你的所有資訊，在講求資訊流通快速的時代中非常方便，隨著時代進步，公司招募者和求職者的觀念也在改變。

需要注意的一點是，有些國家非常重視隱私，不允許在求職個人履歷上放照片或標註性別，如果你的履歷會公開，記得不要放太多個人隱私資訊，如此既可以提高曝光度和便於快速線上修訂履歷，也可以防止暴露過多的個人隱私或聯絡訊息，以避免被騷擾。

## Notion 電子履歷

Notion 的履歷範本非常值得大家參考，以下提供幾種免費的線上履歷範本，來幫助你快速完成履歷。

- **Resume Template**：參見圖 3-6。

- **Resume Builder Template**：我建議的履歷範本，參見圖 3-7。

- **Sweet Resume Template**：參見圖 3-8。

- **Online Resume Template**：參見圖 3-9。

如果你覺得這些範本非常棒，也可以選擇付費支持。我個人比較喜歡的履歷範本是 Resume Builder Template，因為它的結構清楚，頁面滑動距離較短，可以在一個頁面內看到所有內容，但是青菜蘿蔔各有所好，每個人喜好不同，所以你可以挑選最喜歡的範本，然後專注於強化履歷內容。

> 小叮嚀　有人會針對格式調整半天，記住要把時間花在調整履歷內容，格式只要看起來清楚即可。

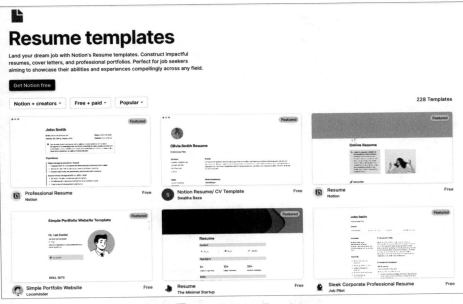

▲ 圖 3-6　Resume Template

※ 資料來源：https://www.notion.so/templates/resume

▲ 圖 3-7　Resume Builder Template

※ 資料來源：https://notsuusuu.notion.site/1956d33288a84691aa358d2996906eb4

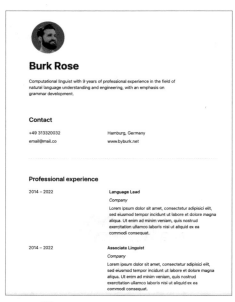

▲ 圖 3-8　Sweet Resume Template

※ 資料來源：https://notsuusuu.notion.site/1956d33288a84691aa358d2996906eb4

▲ 圖 3-9　Online Resume Template

※ 資料來源：https://notion-templates.notion.site/Online-Resume-9faf7ffcf59c482884785f92295ef84d

# LinkedIn 社交網路履歷

LinkedIn 也是非常受歡迎的平台，我們強烈建議你一定要更新 LinkedIn 的社交網路履歷。註冊一個帳號不到 10 分鐘，更新你的履歷也只要半小時左右，因為 LinkedIn 提供了一個公版範本，只需按照需求來填上學經歷和工作經驗，就可以很快完成了，參見圖 3-10。

▲ 圖 3-10　LinkedIn 個人履歷

為何我強烈建議你使用 LinkedIn 作為求職履歷之一，除了 LinkedIn 的填寫相對容易，許多面試官也會查看你的 LinkedIn 資料，因為我在面試時其實也會去查看面試者有沒有 LinkedIn，面試官真的會去查核面試者的資料。整體流程上，建議先填寫好 LinkedIn 的相關資料，如果有空再來製作客製化的履歷，參見圖 3-11。

▲ 圖 3-11　LinkedIn 履歷加分：資格認證

除此之外，許多獵頭和招聘人員也會使用 LinkedIn 來尋找合適的人才，他們會主動加入你的社交網路並私訊你，提供可能的面試機會，這也是一個非常好的曝光自己與求職平台，因此非常建議你有意求職時，在 LinkedIn 更新目前的工作經歷與專業技能，可以提升被看到的機會。

## 3.2　掌握五個履歷的基本原則

**POINT** 求職人不可不知的履歷基本原則，千萬別踩雷。

　　履歷是一張面試的入場券，要抓住面試官與人資的眼球，大概有五個要點，依重要性排序如下：①個人資料與形象照、②工作經驗、③專業技能與證照、④學歷、⑤簡歷與自傳。履歷入場券應該控制在一張 A4 紙的範圍，不要把你的全部生平經歷、家庭戶口都寫上去，面試官其實不想要接收這麼多資訊。

　　面試官關心的是什麼呢？他們需要的是能完成這份工作的人，你的履歷應該傳達你具有完成這份工作的能力，因此記得要抓住重點，履歷內容要花在強調你的工作經驗、技術能力、個人特質和團隊合作能力等。接下來，我們來針對每個部分進行深入剖析。

### 3.2.1　個人資料與形象照

#### ▌個人資料的內容重點

　　讓人能夠連結到你，並記住你的名字，這是個人資料的用途，這部分只有 10 秒鐘的時間來引起注意，因此只需要寫最重要的內容。個人資料應包括名字、電話、電子郵件等聯絡資訊，也可以根據你的工作型態增加個人網站、社群連

結、Github 等，甚至可以連結到你的電子履歷。記住精簡履歷內容，而不要寫多餘的內容，詳細個人資料可以參見圖 3-12 與圖 3-13。

▲ 圖 3-12　聯絡資料

▲ 圖 3-13　社群連結

## 形象照的拍攝要點

形象照方面，建議剛畢業時使用學士照，但如果已經工作了 3 年以上，可以考慮拍形象照，給人專業的印象，有助於履歷加分，但要記得避免使用生活照或過度修圖，這會給人前後不一的感覺。以下把握兩個重點：

- **商務人士形象照**：對於業務相關職業，建議穿全套西裝，可以考慮拍攝全身或半身照。

- **專業形象照**：對於研發、行政、財務等相關職業，建議穿著輕鬆一些，可以使用西裝外套內搭純色棉 T，輕鬆而不失氣度。

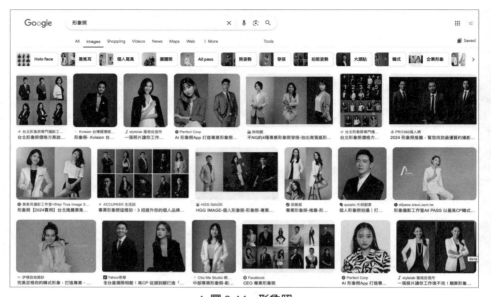

▲ 圖 3-14　形象照

※ 資料來源：取自網路 Google images

　　其實，很多地方都可以拍攝形象照，我個人建議如果預算足夠，可以選擇包含妝髮的服務，化妝後的形象照效果會更好，畢竟誰不想看起來乾淨整潔、漂亮大方。我們可以搜尋家裡附近的攝影工作室，避免舟車勞頓，我選擇的是公館和古亭附近的拍攝地點，你也可以根據自己的需求進行選擇。

## 3.2.2　工作經驗

　　工作經驗是整個履歷中第二重要的部分，建議使用倒序法，條列每份工作的 3-5 個最佳工作成果，並使用 SMART 原則（Specific、Measurable、Achievable、Relevant、Time-bound）來量化呈現每一份工作的成果，這樣面試官才能清楚了解你的具體工作成就。利用這個方式來做數據量化的呈現，往往可以增加 30% 以上的履歷可信度。

## 利用 SMART 原則撰寫工作經驗

### 範例一：雲端和本地服務工作經驗

在雲端和本地服務中，啓用混合雲基礎設施（基礎設施即程式碼和基礎設施）：在 6 個月內，建立 14 個以上的站點基礎設施和服務（使用 Ansible / AWS CodeDeploy），以及基於 AWS 的服務 - ECR/EC2/RDS/MQ（使用 AWS CDK），並使用基於 Docker 的虛擬環境（Kubernetes 和 Docker-Compose）。

範例一的 SMART 原則解析：

- **S（Specific，明確的）**：啓用混合雲基礎設施，整合雲端和本地服務（基礎設施即程式碼和基礎設施）。

- **M（Measurable，可衡量、量化的）**：建立 14 個以上的站點基礎設施和服務。

- **A（Achievable，可達成的）**：使用 Ansible、AWS CodeDeploy、AWS CDK、Kubernetes 和 Docker-Compose 實施。

- **R（Relevant，和組織、策略相關的）**：混合雲基礎設施涵蓋雲端和本地服務，達成服務的部署。

- **T（Time-based，有時效性的）**：在 6 個月內完成。

在這個例子中，我們利用 SMART 原則，清楚且具體說明了職務內容和量化成果。每項工作經驗應點出一個主要項目，符合明確定義（S）；接著提供完成時間和成果，例如：花 6 個月完成 14 個以上的站點，符合可衡量（M）和有時效性（T）的標準；中間部分則說明達成的方法（A），如使用 Ansible、AWS CodeDeploy、AWS CDK、Kubernetes 和 Docker-Compose；最後描述如何完成組織目標（R），如實現混合雲基礎設施，涵蓋雲端和本地服務的部署。這種寫作方式能讓你的工作經驗清楚明瞭，並量化成果，增加履歷的吸引力和可信度。

## 範例二：微服務開發工作經驗

微服務開發：在 3 個月內，在雲端和本地站點開發 5 個微服務，整合自動化測試流程，用於電腦自動化品質測試，提升 20% 的測試效率。

範例二的 SMART 原則解析：

- **S（Specific，明確的）**：微服務開發，整合自動化測試流程。

- **M（Measurable，可衡量、量化的）**：開發 5 個微服務，提升 20% 的測試效率。

- **A（Achievable，可達成的）**：開發微服務和整合自動化測試流程是可行的目標。

- **R（Relevant，和組織、策略相關的）**：用於電腦品質測試，提升測試效率。

- **T（Time-based，有時效性的）**：在 3 個月內完成。

在這個範例中，我們明確地指出工作任務的目標是開發微服務，並整合自動化測試流程，同時在 3 個月內開發 5 個微服務，提升了 20% 的測試效率，而這個目標是可行的、有時效性的，最後這些微服務提升電腦品質測試的效率，達成了組織的要求目的。

在撰寫工作經歷時，務必避免透露敏感訊息，並儘量使用公開資料。例如：你可以提到曾經服務過 HP、Dell 等知名品牌，但不要在履歷中詳述負責的營業額或數量，這些可能涉及商業機密，因此在履歷中不要摻雜這些訊息，這一點非常重要。工作經歷撰寫範例，可參見圖 3-15。

**2019/05 -**
**2022/05 (3Y)**

DevOps Team Leader | XXX Dept. | XXX Co., Ltd, Taipei, Taiwan

1. **微服務開發**：在雲端和本地站點開發5個微服務，以集成自動化測試工作流程，用於計算機測試目的。

2. **在雲端啟用混合雲基礎設施並協作ODM站點**：在6個月內建立6個ODM + 8個XX伺服器基礎設施和服務（ansible / aws codedeploy），以及基於AWS的服務——ECR/EC2/RDS/MQ（aws cdk），並使用基於docker的虛擬環境（EKS和 docker-compose）。

3. **建立敏捷開發流程和DevOps工作流程**：在scrum開發工作流程和CI/CD管道上建立整個開發團隊和DevOps團隊。設 計CI/CD系統（Jenkins, Gitlab CI），包括git版本控制、單元測試（jtest/pytest）、靜態代碼分析、安全檢查和容器部署 （docker / ansible / aws codeploy），以符合組織規範和團隊文化。

4. **建立站點可靠性計劃**：設計和實施99.5%可用性目標，並根據最佳AWS DevOps實踐來操作整個系統，制定系統恢復 的災難恢復（DR）計劃。

5. **DevOps團隊產品負責人和國際領導**：管理5位開發人員，使用JIRA和Azure DevOps軟件管理系統，並操作整個系統 的可用性和持久性。

▲ 圖 3-15　DevOps Team Leader 工作經歷

# 3.2.3　專業技能、證照（專案或作品集）

　　在專業技能和證照方面，大部分面試官會關注你過往的專案和作品集，在履歷中展示你取得的所有雲端證照（如 AWS、GCP 或 Azure）可有效加分，讓面試官認為你具備紮實的雲端基礎能力，從而提升進入第二階段面試的機會。

## ▋履歷敘述簡潔，避免流水帳

　　在敘述技能時，我們要避免使用進度條或星星標示，只需簡單表達精通、普通等程度即可。重點應放在展示具體的專案，這樣更容易量化你的能力，例如：你可以說自己擁有三張雲端相關證照，包括一張 GCP 的專業級雲端架構師 Professional Cloud Architect Certification - PCA 證照和二張 Kubernetes 的 CKA 及 CKAD 證照。

　　接著，簡單介紹你精通的程式語言，例如：精通 Python、C++、Shell、Linux 等，不需要列舉過多，因為面試官更關注你在專案中解決問題的能力，這些細節通常會在面試中深入詢問。

　　要記住「履歷是通往面試的入場券」，我們應該要敘述簡潔，避免流水帳，作品集部分儘量提供 GitHub 連結，不需詳細寫在履歷中。例如：可簡單提到

你有四個關於前端網頁設計的業餘專案（Side Project），並在履歷中提供連結即可，這樣有興趣的面試官會在面試中詢問業餘專案的相關內容。在這一部份的履歷，只需簡短用 4-5 句話完成介紹，不要拖泥帶水，也不要過度渲染自己，專注於取得面試機會；證照的部分，建議可以使用 Credly 來提升信任度。

　　Credly 是一個負責認證你的數位簽章的平台，例如：當你透過一個雲端證照考試後，會頒發給你一個 Credly 對應的數位簽章，這個簽章會顯示在你的 Credly 帳號上，這樣能夠更直觀展示你的專業認證，增加你的信任度與專業形象，參見圖 3-16。

▲ 圖 3-16　4x 雲端證照 / 鐵人賽 30 天佳作 / Udemy Instructor

## 3.2.4　學歷

　　在學歷部分，簡單說明大學和研究所學歷即可，不需要提及小學或國中的部分。一般來說，都只會提供最高學歷和次高學歷，並在履歷中標明主要科系，同時也要確保時間軸對應正確，很多面試官都會用時間軸來確認是否有延畢或兵役問題；如果有就讀博士班，則建議將大學及研究所的學位都放上去。

若是在校期間獲得了優異獎項，例如：最佳論文獎或書卷獎，也可以在學歷部分簡單註明，學歷通常代表了一個階段的總成就，醜媳婦總要見公婆，勇敢並誠實地寫上去。

## 學歷千萬不要造假

人資通常會要求附上畢業證書，記得第一次申請後可以掃描電子檔，之後可以方便求職時使用。另外，學歷千萬不要造假，否則很有可能在入職調查時被發現；如果就職後一段時間被發現的話，會被公司立刻解僱，並發布聲明，這會對個人名譽造成嚴重損害，也會讓其他公司避而遠之，參見圖 3-17。

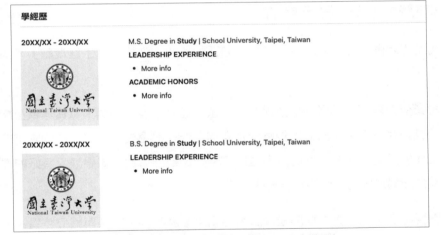

▲ 圖 3-17　學經歷（建議放大學和研究所學歷）

小叮嚀　大型公司或是較高職位的候選人，公司通常會委託第三方公司進行「背景調查」，除了調查學歷真實性外，他們還會根據你的工作經歷聯繫過去的公司，電話詢問你過去的職務情況，更進一步會詢問認識的內部人員進行調查。

## 3.2.5 簡歷與自傳

在簡歷和自傳部分，面試官最關心的是你為什麼選擇這份工作、你的應徵動機和生涯規劃目標，通常95%的面試官希望找到一個符合工作要求與能長期穩定工作的人。為了滿足這些條件，你需要展示以下三點：

- **行為正常**：溝通無異常，可以正常工作。

- **專業能力匹配**：具備足夠能力勝任職務。

- **職務符合生涯規劃**：工作職務與職涯規劃吻合。

### ▌簡歷和自傳的展示目的

簡歷和自傳通常用來展示「專業能力匹配」和「職務符合生涯規劃」等兩個方面。

- **專業能力匹配**：不僅包括技術能力，還涵蓋合作能力和個人特質等軟技能。個性好相處與否，對於需要團隊合作的工作是很重要的，難相處的隊友會讓工作協調變得很累。此外，有些職位需要跨部門溝通，如果缺乏良好的溝通能力或過於內向，可能無法勝任工作。

- **職務符合生涯規劃**：指的是面試者的職業發展方向，如果與職位差異太大，面試官通常會認為你是在亂槍打鳥，不是真的適合這份工作，你必須展現出轉職的決心，否則差異過大的轉換，通常會在履歷環節被淘汰。

### ▌簡歷的要素

簡歷大概會分成三個部分：

- **簡單介紹**：先說明你在這個行業中擁有多少年的經驗和工作年資。

- **專業技能**：介紹你擅長的技能、專注的領域，以及所取得的工作貢獻或專業證照。
- **工作經歷**：列出 3-5 項主要的工作項目，簡單介紹你做過的事情，最後說明你可以推動哪些類型的工作進行。



## 簡歷撰寫範例

擁有超過 8 年的軟體開發經驗和超過 6 年的 DevOps 工程管理實務。我專注於雲端系統設計、基礎設施即程式碼（IAC）雲端系統建置、容器化 Kubernetes 管理以及資安防護等領域，獲得 4x 雲端證照肯定。在過去 10 年的雲端行業經驗中，我領導並貢獻於以下工作：

1. 使用 Jira 進行敏捷開發流程，帶領開發團隊在 GitOps 上的工作流程。
2. 推行開放思維的團隊文化，使用 DevOps 最佳實踐進行 CI/CD 管道。
3. 帶領 SRE 團隊全球範圍內全天候執行線上系統，達到 99.5% 的 SLA，且無任何停機時間。
4. 帶領 IT 團隊管理全公司的 IT 設施，並全面負責資訊系統的管理與稽核。

我的專業背景和領導經驗，使我能夠有效地推動技術創新和團隊協作，確保高效穩定的系統執行。

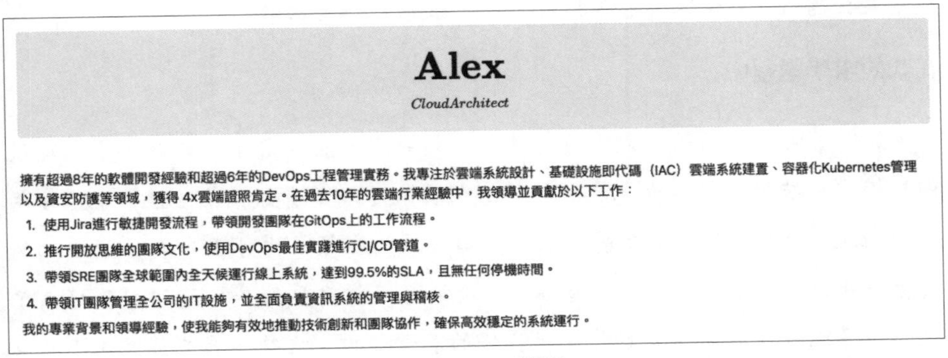

Alex

CloudArchitect

擁有超過8年的軟體開發經驗和超過6年的DevOps工程管理實務。我專注於雲端系統設計、基礎設施即代碼（IAC）雲端系統建置、容器化Kubernetes管理以及資安防護等領域，獲得 4x雲端證照肯定。在過去10年的雲端行業經驗中，我領導並貢獻於以下工作：

1. 使用Jira進行敏捷開發流程，帶領開發團隊在GitOps上的工作流程。
2. 推行開放思維的團隊文化，使用DevOps最佳實踐進行CI/CD管道。
3. 帶領SRE團隊全球範圍內全天候運行線上系統，達到99.5%的SLA，且無任何停機時間。
4. 帶領IT團隊管理全公司的IT設施，並全面負責資訊系統的管理與稽核。

我的專業背景和領導經驗，使我能夠有效地推動技術創新和團隊協作，確保高效穩定的系統運行。

▲ 圖 3-18　簡歷

## ▍自傳的要素

自傳大概會分成四個部分：

- **簡單介紹**：說明你的畢業學校和大概居住地，引用名人的名言，讓面試官將你與這位名人聯繫起來，會對你有初步的認識。

- **求學過程**：簡要介紹你的求學經歷、學到了什麼，以及這些價值觀如何應用到你的未來生活和工作中。有些小技巧，社團活動的領導經歷可以展示你的領導力，而學術論文或是比賽的成就可以展示了你的專業能力。

- **職業生涯**：簡要列出最近兩份工作的職務內容和做出的貢獻，同時強調你的生涯規劃，例如：短期、中期和長期的目標，這會讓面試官感覺你對自己的職業發展有明確的方向和負責任的態度。

- **興趣愛好**：興趣愛好可以讓面試官了解到你的另一面，也許還能找到共同話題，增進面試中的交流，話題也不會這麼乾。

### 自傳撰寫範例

史蒂夫‧賈伯斯（1955-2011）曾說過：「求知若飢，虛心若愚」，我一直銘記在心，並在學校生活和工作時間裡保持對任何新技術的渴望。首先，簡單介紹一下自己。我叫 Alex，來自台灣，我的背景是機電整合、機器人和自動控制。我畢業於國立 XX 大學，本科和碩士學位都是 XXXX 工程。

**在我的求學過程中**

我強化了兩個方面的技能：技術技能和領導力，並制定了一個計畫來實現這個目標。在技術技能方面，我和我的夥伴發表了一篇會議論文，並在 20XX 年 IEEE 國際 XXXX 研討會上獲得了最佳論文獎。在領導力方面，我帶領我們的團隊在 4 場比賽中贏得了 2 次冠軍和 1 次銅牌。最重要的是，這些經驗提高了我的領導能力、溝通、專案管理和良好的表達能力。之後，我完成了 1 年的軍

事服務，擔任ＸＸＸ的少尉，我從軍事生活中學會了責任感與領導統御，我認爲這些經驗也培養了勝任這個職業的關鍵能力。

## 在我的職業生涯中

我知道在我的職業生涯中，我想要的是與人互動並克服挑戰，我會感到滿足與成就感。我的第一份工作是在某公司擔任FAE，我已經支援了超過500個案件，參與了超過10個客戶專案，並在物聯網和自動化應用中進行了7次在線產品培訓。

接下來，我在另一家公司擔任演算法團隊領導，帶領兩名團隊成員。該公司專注於磁感測器，例如：指南針、電流感測器和角度感測器。我們的團隊開發了感測器融合演算法，如姿態估計、感測器校準、車輛檢測以及針對特定應用（如智慧鎖、無人機、手機）的定制算法。如何管理開發進度、資源、與其他部門和上司的溝通，現在對我來說是一個有趣的挑戰。

## 爲了消除工作壓力

我經常游泳、慢跑、潛水和打籃球。此外，我還獲得了救生員和開放水域潛水的證照。這些興趣使我在面對母親因胃癌去世的挫折時，得以抒發壓力而振作起來。從那時起，我總是以積極的態度面對任何挑戰和困難，因爲沒有比你無法緩解父母因病痛帶來的痛苦，或是看著他們去世的無力感之外，還要艱難的情況。

---

**自傳**

史蒂夫·賈伯斯（1955-2011）曾說過："求知若飢，虛心若愚。"我一直銘記在心，並在學校生活和工作時間裡保持對任何新技術的渴望。首先，簡單介紹一下自己。我叫Alex，來自台灣，我的背景是機電一體化、機器人和自動控制。我畢業於國立XX大學，本科和碩士學位都是XXXX工程。

**在我的求學過程中**
我強化了兩個方面的技能：技術技能和領導力，並制定了一個計劃來實現這個目標。在技術技能方面，我和我的夥伴發表了一篇會議論文，並在20XX年IEEE國際XXXX研討會上獲得了最佳論文獎。在領導力方面，我帶領我們的團隊在4場比賽中贏得了2次冠軍和1次銅牌。最重要的是，這些經驗提高了我的領導能力以及溝通、項目管理和演講的技能。之後，我完成了一年的軍事服務，擔任ＸＸＸ的少尉。我從軍事生活中學會了責任感。此外，我認為這些技能是勝任這個職業的關鍵角色。

**在我的職業生涯中**
我知道我在職業生涯中想要的是與人互動並克服挑戰，因為在與隊友解決困難問題後，我會感到滿足。我的第一份工作是在某公司擔任FAE，我已經支持了超過500個案件，參與了超過10個客戶項目，並在物聯網和自動化應用中進行了7次在線產品培訓。
接下來，我在另一家公司擔任演算法團隊領導，帶領兩名團隊成員。該公司專注於磁傳感器，例如指南針、電流傳感器和角度傳感器。我們的團隊開發了傳感器融合算法，如姿態估計、傳感器校準、車輛檢測以及針對特定應用（如智能鎖、無人機、手機）的定制算法。如何管理開發進度、資源、與其他部門和上司的溝通，現在對我來說是一個有趣的挑戰。

**爲了消除工作壓力**
我經常游泳、慢跑、潛水和打籃球。此外，我還獲得了救生員和開放水域潛水的證照。這種方式使我在面對母親因胃癌去世的挫折時得以振作。從那時起，我總是以積極的態度面對任何挑戰和困難，因為沒有比你無法緩解父母因病痛帶來的痛苦，或是看著他們去世的無力感之外，還要艱難的情況。

▲ 圖 3-19 自傳

以下五個履歷的基本原則都非常重要。再想一下，如果你是面試官，你還會想要在履歷上看到哪些吸引人的亮點呢？參見表 3-2。

▼ 表 3-2　面試官在看履歷最關注的五個部分

| 項目 | 說明 |
|------|------|
| ①相關經驗 | • 面試官希望看到你的工作經歷和應聘職位的相關性，是否有類似的工作經驗。這一點非常重要，因為相關的工作經驗可以直接展示你在該職位上的適應能力和熟練度。<br>• 例如：如果你應聘的是雲端工程師職位，面試官會特別關注你是否有過雲端系統開發或管理的經驗。<br>• 不過，這個通常都是需要運氣，因為你還沒進去之前，不知道裡面的工作內容，面試官基本上會取有 30% 相關工作內容的履歷，作為第二階段的面試者。<br>• 我們能做的就是在履歷上按照前面的方法，寫上你的相關工作經驗即可。 |
| ②具體成果 | • 描述你在過去工作中取得的具體成果和成就，而不是僅僅列出職責，這些成果可以是如何提高工作效率、完成重要專案或是解決關鍵問題。<br>• 具體的數據和例子，能讓面試官清楚了解你的能力和貢獻，例如：描述你如何透過自動化部署，將系統部署時間縮短 30%。<br>• 我們能做的就是在履歷上按照 SMART 原則，寫上清楚且可量化的工作具體成果。 |
| ③技能匹配度 | • 你的技能是否符合公司和職位的要求，特別是關鍵技術與技能，例如：這是使用 PHP 的公司，就不會找只會 Python 的工程師來。<br>• 面試官會查看履歷上列出的技能，評估這些技能是否能夠幫助你在這個新工作中迅速上手和發揮作用。<br>• 你要確保你的履歷中列出與應聘職位相關的技能，例如：精通 AWS 或 GCP 平台的操作、熟悉 CI/CD 管道設計等。<br>• 我們能做的就是在履歷上列出你會的工作經驗、專業技能與證照等。 |

| 項目 | 說明 |
|---|---|
| ④職業穩定性 | • 工作經歷是否穩定，頻繁跳槽可能會讓面試官擔憂你不能穩定發揮。穩定的工作經歷，顯示你有能力在一個公司長期發展，能夠適應公司的文化和工作環境；相反的，頻繁跳槽可能讓面試官擔心你是否能夠長期留任並有效融入團隊。<br><br>• 一般來說，台灣的公司會希望求職者「在 30 歲前有一份工作至少做超過 3 年」，如果履歷上是 1 年換一家公司，看不出具體理由，通常面試官都會殘忍放生。如果你以前都不知道這件事，恭喜你現在看到這本書知道了。 |
| ⑤清楚的結構 | • 履歷的結構是否清晰有序、易於閱讀。版面設計應該簡潔明暸，讓重要訊息一目了然。<br><br>• 使用標題、項目符號和適當的空白，讓履歷看起來不會過於擁擠，這樣可以讓面試官迅速抓住重點，提升履歷的可讀性和專業性。<br><br>• 這裡的訴求是一個概念，要看起來感覺乾乾淨淨、清清楚楚，如果你的感覺不準，就拜託朋友看看你的履歷。 |

# 3.3　寫好履歷後的四個準備工作

**POINT** 你以為寫完履歷，就可以交出去了嗎？讓你比別人更強的準備工作。

　　我們完成一份精心撰寫的履歷後，其實還有一些關鍵的準備工作需要完成，以確保我們的履歷在面試過程中，能夠發揮最大效果。這些準備工作可以進一步完善履歷，增加面試成功的機會。

### 3.3.1 請朋友看看履歷，內容表達清不清楚

首先，找幾個可信任的朋友或前輩幫你看看履歷，檢查內容是否清楚易懂，外人的視角往往能夠發現一些自己忽略的細節和錯誤。他們可以給你提供有洞見的反饋，讓你了解履歷中的哪些部分需要修改和加強，這一步驟非常重要，因為清楚的文字表達，可讓面試官迅速理解你的經歷和能力。

### 3.3.2 印出紙本履歷，確認格式無誤

確認履歷內容完成後，將履歷用印表機印出來，仔細檢查格式是否無誤。雖然大多數公司使用電子版履歷，但仍有部分面試官會喜歡把面試者的履歷印出來閱讀。檢查實際印出的版本，也是非常重要的一件事，可以幫助你發現螢幕上不容易察覺的格式問題，例如：段落對齊、字體一致性等。

確保你的履歷在紙本與電子版上，都同樣表達清楚且格式正確，這可給面試官留下良好的第一印象。我有一位朋友就曾遇到印出的履歷格式錯亂，頁面被攔腰斬斷成兩半的情況，面試官拿著破碎的履歷進行面試，場面十分尷尬。

### 3.3.3 對著鏡子唸三遍，文字內容不卡卡

對著鏡子唸三遍自己的履歷，可以快速檢查文句和內容是否流暢，並幫助自己能熟練地講述履歷中的亮點，如果你發現不能順利講述，那就表示你的文字和文句需要進一步的潤飾和調整。

這個步驟不僅是為了熟悉履歷內容，更是為了在面試時能夠自信且流利地回答，當你能自然地講述自己的經歷和成就時，面試官會更容易被你的專業和自信所打動。你想想看，如果你是面試官，你會錄取一個在講述自己履歷時支支吾吾的面試者嗎？你反而會對他的履歷產生懷疑。

### 3.3.4 將履歷轉化為面試用簡報

這個步驟的主要目的是為面試做準備，因為在面試中逐字逐句地講述履歷內容，其實並不現實。人們天生需要用簡報來吸引對方的注意力，因此將履歷轉化為面試用的簡報，不僅可以使履歷更加生動，還能更好地歸納重點，在面試中幫助面試官抓住關鍵點，以確保你每次面試都能穩定發揮。另外，如果是遠端面試，利用簡報進行自我介紹的效果更佳。

在後面的內容中，我們將詳細說明如何準備面試用的簡報，這裡你只要先將履歷中的五個部分加以分門別類放入簡報中，即可完成「將履歷轉化為簡報」的步驟。在這個過程中，會幫助你發現文字履歷中的更多問題，我們需要做的就是這個修正的過程，以提升你的文字履歷的威力。記住，如果你沒有通過履歷這一關，面試用的簡報也會無法發揮作用。

以上四個準備工作看似簡單，但對於提升你的整體履歷品質和面試表現卻非常重要。透過①請朋友幫忙檢查、②印出紙本履歷確認格式、③對著鏡子唸三遍來熟悉履歷亮點、④面試簡報，四個額外動作可以幫助你能更加展示自己的優勢，來增加獲得理想工作的機會。

## 3.4 不同工作階段的履歷準備方向

POINT 面試官對於不同年資的面試者要求不一樣，履歷準備方向也需要隨之調整。

在職場的不同階段中，履歷的撰寫戰略方向會有所不同，針對不同的工作經驗和背景，我們提供一些具體的建議，來幫助你在每個階段都能寫出一份出色的履歷。

### 3.4.1 新鮮人的履歷如何準備

對於剛出社會的職場新鮮人來說，撰寫履歷的核心在於展示「潛力和學習能力」。具體建議如下：

- **先求有再求好**：確保你的履歷能夠展示你具備基本的工作能力和職業素養，強調你的教育背景、實習經歷、社團領導經驗和參加過的競賽與專案，這些經歷能夠體現你的學習能力和團隊合作精神。

- **強調軟技能**：由於工作經驗有限，新鮮人可以強調自己的軟技能，例如：溝通能力、問題解決能力和創新精神。最常見的方法是參加社團活動，例如：如果你曾擔任系學會會長，可以具體說明你帶領了多少人、組織過哪些活動、活動的規模如何等，這些都可以展示你的領導組織能力和成就。

- **展示學習熱情**：強調你對雲端行業的熱愛和學習熱情，這可以透過列舉你參加的相關課程、培訓或獲得的證書來體現。例如：考取 AWS 的助理級證照，或是參加過 Google Submit 的實作工作坊，實作了相關的專題。

### 3.4.2 年資 3-5 年工作經驗的履歷如何準備

擁有 3-5 年工作經驗的人，履歷的重點應該放在展示「職業生涯初期取得的工作成就與具體技能」的打磨上。具體建議如下：

- **突出職業成就**：詳細描述你在過去工作中取得的具體成果和貢獻，使用具體數據和例子來展示你的工作成效，例如：成功提高銷售額 20% 或參與設計和實作排程管理系統，縮短了生產時間 30%。

- **技能專長**：強調你在工作中掌握的專業技能，並列舉相關的專案經驗，這些技能應該與你應聘的職位密切相關。在這個部分，履歷中的展現大部分會集中在你的工作經驗和專案展示。例如：使用 Pyhton 實作網頁爬蟲，爬取 104

銀行職缺數據作為分析。面試官在面試時，會詳細詢問這些內容，因此要確保你能清楚、具體地描述自己的經歷和成就。

- **持續學習**：展示你在工作之外的學習和成長，例如：參加專業培訓、獲得進階證書等，表明你有持續提升自我的意願和能力。

## 3.4.3　年資 5-10 年工作經驗的履歷如何準備

擁有 5-10 年工作經驗的人，履歷的重點應該放在展示「職業成長期的專業技能與專案管理能力」。具體建議如下：

- **專案管理經驗**：如果你有管理專案與團隊的經驗，這是一個重要的加分項目，可描述你是如何帶領團隊達成目標、解決問題以及提升團隊績效。

- **專案領導力**：強調你在大型專案中的領導角色，展示你在計畫、協調和執行方面的能力，例如：領導一個 10 人的團隊完成公司的數位化轉型專案。

- **專業深度**：強調你在某一專業領域的深度知識和經驗，並展示你是如何應用這些知識來解決複雜問題。例如：導入 Kubernetes 與 Argo CD 到產品專案中，使用 GitOps 進行部署，提升部署效率 30% 以上。

在以上三個部分中，履歷的展示大部分會集中在你的工作經驗和專案展示，簡潔扼要地撰寫專案內容，吸引面試官在面試時進一步詢問，從而展現你的專案管理能力，這樣可以有效的說服面試官，你擁有足夠的能力勝任該職位。

## 3.4.4　年資 10+ 年工作經驗的履歷如何準備

擁有 10 年以上工作經驗的人，履歷的重點應該放在展示你的「戰略思維和全局觀」。具體建議如下：

- **戰略成就**：描述你在部門管理中的成就，強調你是如何影響公司的戰略方向、業務發展與跨部門合作。例如：制定並執行了一項 3 年部門發展計畫，使公司營收增長 50%。

- **跨部門合作**：展示你在跨部門合作中的經驗，強調你是如何協調不同部門的資源來達成公司的整體目標。

- **行業影響力**：強調你在行業內的影響力，例如：參加行業會議、發表專業文章或擔任技術社群職務等，例如：AWS User Group 社群管理員，或是 Google Submit 議程主講人（Keynote Speaker）。

在以上三個部分中，履歷的重點主要集中在你的「工作經驗和專案展示」。對於有 10 年經驗的面試者，如果在該行業深耕多年，通常會有許多的人脈關係，履歷只需要簡短扼要，結果導向來呈現即可。到這個階段，大多數公司的評估都是基於你的管理技能、工作事蹟與行業影響力，最終的勝負往往決定於面試關卡。

無論你是處於職業生涯的哪個階段，撰寫履歷的關鍵在於「清楚展示你的價值和潛力」，希望這些建議能夠幫助你在求職過程中脫穎而出，順利找到理想的工作。

# 3.5 參考資料

- 第一次寫履歷就有方向，職涯諮詢師親授五招一次就做對的應徵技巧分享

  URL https://www.1111.com.tw/1000w/fanshome/discussTopic.asp?cat=FANS&id=335674

- Canva 履歷參考

  `URL` https://www.canva.com/resumes/templates/

- Microsoft 365 履歷參考

  `URL` https://create.microsoft.com/en-us/templates/resumes

- Cakeresume 履歷參考

  `URL` https://www.cakeresume.com/resumes

- Notion - resume template

  `URL` https://www.notion.so/templates/resume

- Notion - online resume template

  `URL` https://notion-templates.notion.site/Online-Resume-9faf7ffcf59c48288478
  5f92295ef84d

- Notion - sweet resume template

  `URL` https://byburk.notion.site/Burk-Rose-ed9342b7471947e78e212bb44f3
  2f506

- Notion - resume builder template

  `URL` https://notsuusuu.notion.site/1956d33288a84691aa358d2996906eb4

- LinkedIn

  `URL` https://www.linkedin.com

- 一份好的履歷怎麼寫？教你10分鐘完成人資最愛看的履歷（附履歷健康檢查表）

  `URL` https://www.yourator.co/articles/152

- 改過千份履歷表，他總結出履歷完勝的四個技巧

  `URL` https://blog.104.com.tw/4-ways-to-improve-your-resume/

- 刻在 HR 心底的履歷：五關鍵四禁忌三加分，換位思考才能出奇制勝

  URL https://hahow.in/contents/articles/62c553a34d62de000792574f

CHAPTER

**4**

# 面試技巧：
# 展現最好的自己

俗話說：「男怕入錯行，女怕嫁錯郎」，履歷過關獲得面試機會後，我們的下一步就是「在面試中脫穎而出，獲得理想的工作」。如何在面試的前、中、後階段做好充足的準備，展現最好的自己，是本章要傳遞的重點。

找工作就像買股票，每個人都希望買到飆股，會做各種功課。從長遠的投資角度看，進入一家穩健成長的公司，就像投資台積電一樣，可以獲得穩定長久的收益；反之，如果進入一個發展平平的公司，你的人生也可能陷入不上不下的狀態。

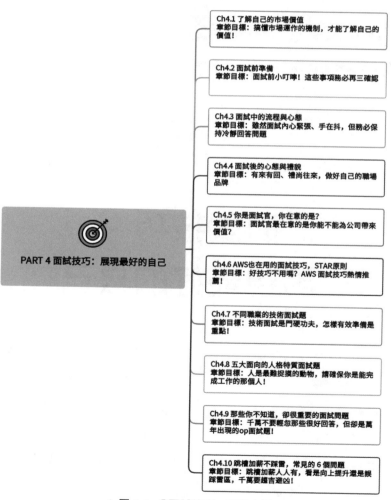

▲ 圖 4-1 「面試技巧」章節大綱

# 4.1 了解自己的市場價值

**POINT** 搞懂市場運作的機制，才能了解自己的價值。

　　在求職過程中，「了解自己的市場價值」是非常重要的一步，這不僅能幫助你設定合理的薪資期望，並了解自己與市場要求的差距，同時也能讓你在面試中更有信心地爭取合理的薪酬。接下來，我們會建議以下五個方向，來幫助大家全面了解自己的市場價值。

## 4.1.1 產業差異：熱門產業就是肯給

　　不同產業的薪資水準差異很大，這與地域性也有關。例如：在台灣就會戰南北，北部的薪資水準通常比南部高，新竹科技園區的薪資水準通常比其他地區高，這與產業聚落和特性有關。同樣的情況也發生在美國，不同州的薪資水準差異很大。美國中部的州薪資水準相對較低，而東岸和西岸的州薪資水準較高，矽谷是整個美國薪資水準的頂峰，相當於台灣的竹科。

　　熱門產業如科技、金融和醫療，通常願意支付更高的薪資，以吸引和留住優秀的人才，例如：台灣半導體產業尤其突出，在護國神山台積電的加持之下，拉高整體半導體產業薪資水準。我們觀察證交所公開資訊觀測站和 104 人力銀行的資料（111 年度資料），參見圖 4-2 與圖 4-3，可以看到三個產業的比較：

- **半導體業**：以平均年薪 229.1 萬台幣穩居榜首，海放第二名 1.6 倍。

- **航運業**：疫情後崛起的產業，以平均年薪 138.7 萬台幣排名第二。

- **電腦及週邊設備業**：以平均年薪 135.1 萬台幣排名第三。

　　這充分顯示台灣作為半導體大國的地位，選擇熱門產業對於薪資水準有很大影響，這也是為什麼大家常說：「選擇比努力更重要」。熱門產業會決定你的薪

資水準，但也不要灰心，產業是會板塊輪動的，現在熱門的產業未必永遠熱門。

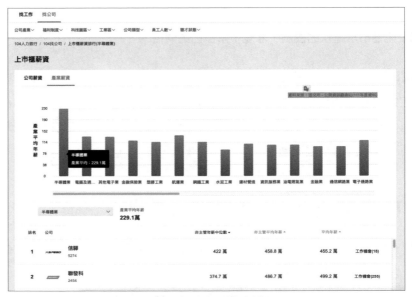

▲ 圖 4-2　上市櫃薪資排行

▲ 圖 4-3　上市櫃薪資 TOP100

※ 資料來源：證交所 - 公開資訊觀測站( 111 年度資料 ) / 104 人力銀行

## 4.1.2 職等差異：資深與管理

一般來說，每家公司的職等評比和薪資級距有所不同，通常我們可以將職等簡單分為四個等級，參見表 4-1。

▼ 表 4-1 職等分級

| 階層 | 技術職 | 管理職 |
|------|--------|--------|
| L1 入門級 | 工程師（Junior） | |
| L2 資深級 | 資深工程師（Senior） | |
| L3 資深級 | 主任工程師（Principle） | Team Lead／副理（組） |
| L4 資深級 | 架構師（Architect） | 部門經理（組／部） |

大多數人剛入職場時，通常屬於入門級，為一般的工程師。而隨著經驗和歷練的增加，會晉升為資深工程師，此時會分成兩個大方向：

- **技術方向**：繼續往「技術」直線上升，成為主任工程師或更高級的架構師。

- **管理方向**：往副理或部門經理的方向發展。管理職位所需的不僅僅是專業能力，還需要能夠向上管理、跨部門溝通、向下管理，並能處理各種複雜的事情，如果你能搞定這些，那麼你非常適合往管理職邁進。

了解不同的職等後，就會明白能力越大，責任越大，薪水也越高的道理。雖然有些公司晉升管理職位後，不一定會立即調薪，但基本上 90% 的公司會隨著職等的提升來調整薪資。

整體來說，資深專業人士和管理層的薪資高於初級職位，因此在職業發展過程中，逐步提升自己的職等和管理能力，可以顯著提高你的市場價值。參與更多的專案、提升領導能力、取得相關證書等，都是提升職等的有效途徑。

### 4.1.3 能力差異：台上十分鐘、台下十年功

如果大家看過《鳳凰專案》，就會看到裡面的主角帶領整個公司從低谷反彈邁向高峰，創造營收奇蹟。像這種能夠扭轉乾坤的人才，公司當然會花大價錢來僱用，因為這種人才是讓公司扭虧為盈的希望。

假設你是老闆，僱用這個人才只需 50 萬美金，但他可以讓你的公司從虧損幾百萬美金轉為正成長幾百萬美金。這樣的投資當然是賺的，因此能力上的差異，會直接影響薪資的差異，這個範圍可以非常大。

另一個例子是專業能力非常高的駭客，大家可以查查「匿名者 64」這個特別的組織。如果一個駭客能夠竊取任意科技公司的資料，他就可能被國安局吸收，並且會有許多公司願意花大價錢僱用他，因此擁有獨特且專業的能力，會極大影響你的薪資報酬，但這往往都是非常獨特的市場，不是一般人可以入門的工種。

而普通人怎麼辦呢？我們需要走踏實的路，慢慢磨練技能，培養自己的軟硬實力。務必要對自己的能力有足夠的了解，並了解市場對於哪些能力的需求最迫切。例如：現在市場對於資安和雲端技術的需求非常高，這就有機會獲得較好的薪資報酬。

「個人的能力和技能」是影響薪資的重要因素，那些在工作中表現出色、擁有獨特技能的人，通常會獲得更高的薪資。無論是技術能力、溝通能力還是領導能力，都需要長時間的累積和磨練，持續學習和提升自己的專業技能，是提高自我市場價值的關鍵。

### 4.1.4 多方詢問，了解市場薪資水準

要全面了解自己的市場價值，除了考慮產業、職等和專業能力，我們還需要透過多種管道來獲取更加全面的薪資情報，「了解市場薪資水準」是一種情報

戰。表 4-2 針對幾種獲取情報的管道，依照獲取難度、所需時間和情報準確度進行分類，大家可以根據自己所擁有的資源來選擇合適的管道收集情報。

▼ 表 4-2　薪資情報來源管道

| 管道 | 獲取難度 | 所需時間 | 情報準確度 |
|---|---|---|---|
| 實際面試 | 高 | 長 | 高 |
| 業內人脈 | 高 | 中 | 高 |
| 獵頭公司 | 中 | 中 | 高 |
| 產業薪資調查報告 | 低 | 短 | 中 |
| 薪資調查網站 | 低 | 短 | 中 |
| 求職網站 | 低 | 短 | 中 |
| 工會和專業組織 | 中 | 中 | 中 |

## 薪資情報來源管道介紹

- **實際面試**：參加面試可以直接了解不同公司的薪資水準和福利待遇，但相對的需要更多時間準備面試，面試後所談的薪資報酬大概就是「你的市場價格 ±20%」，這是最準確的綜合評價。但實際面試也需要大量時間準備，如果沒有進展到後期，可能還無法談及薪資就下課了。

- **業內人脈**：向同一行業工作的朋友詢問，了解他們的薪資情況。找到合適的朋友可能不容易，如果朋友的職位不同，參考價值也有限，但是只要找到合適的人，這是一個快捷且有效的資源，也有機會進行內部推薦。

- **獵頭公司**：透過獵頭公司，可以有效獲取最新的市場薪資訊息和職位機會。經驗豐富的獵頭可以提供市場報價和適合你的職缺，認識幾個好的獵頭，對職業生涯非常重要，但需注意獵頭行業的高陣亡率，很有可能你認識的獵頭，過幾個月就離開這個行業。

- **產業薪資調查報告**：查閱證交所和上市櫃公司的平均年薪排行，了解行業內的薪資水準，這是一個相對容易獲取的情報，但一般只能了解公司的平均薪資中位數，比較難知道具體職位的薪資水準。

- **薪資調查網站**：一些好的薪資調查網站需要付費，才能夠查詢職位的薪資範圍。這些網站依賴面試者或在職者提交的薪資訊息，因此有時需要一些運氣，運氣不好的話，這個職缺可能就沒有資料。

- **求職網站**：如 104 人力銀行、CakeResume 等求職網站，通常會顯示一般職位的薪資範圍。你可以透過關鍵字搜尋，查看搜尋結果 1-3 頁的薪資範圍，大概就可以了解該職位的需求和薪資水準。

- **工會和專業組織**：工會和專業組織有豐富的資源，但不常被利用。工會通常會需要幫助勞工辦理勞健保，會計通常會了解該公會職業的平均薪資和高薪職位，但通常需要親自拜訪工會，才能獲得這些訊息；電話詢問的話，大多不會得到回應，建議使用泡茶聊天的方式來取得薪資情報。

## 4.1.5 百里挑一：篩選最適合自己的職缺

在了解市場價值的同時，你還需要篩選出最適合自己的職缺，這一過程需要結合自己的職業目標、興趣和技能，以確保你選擇的職缺符合自己的長遠職涯發展需求。以下是一些具體的方法：

- **設定職業目標**：明確自己未來想要達成的職業目標，這將有助於你篩選出符合自己發展方向的職缺。相信我！做你不喜歡的事真的很痛苦。

- **分析職缺要求**：仔細閱讀與確認想要職缺的要求，確認自己是否符合其技能和經驗的要求。如果有些要求你尚未達到，可以制定學習計畫，逐步提升自己；更進一步的話，你還可以看下一階段的職缺需要哪些能力，可以提早一步做準備。

- **評估公司文化和發展前景**：除了職位本身，你還需要考慮公司的文化和發展前景。選擇一家與自己價值觀一致且具有良好發展前景的公司，會讓你的職業生涯更加順利。很多人認為只要薪水高就行，卻忽略公司文化的重要性，多年的工作經驗讓我深刻明白了這一點，其實公司願景和使命感對於員工的影響非常深遠。像是特斯拉的願景是讓人類登陸火星，並提供乾淨的能源，這讓特斯拉的員工充滿使命感，覺得自己的工作非常獨特和有意義，從而形成獨特的企業文化。簡單來說，我們公司做的產品超狂酷炫屌炸天，我們有使命必須把它做好做滿。選擇一個有清楚願景和良好發展前景的公司，對你的職業發展其實很重要，但在亞洲的公司，相對會比較不在意公司的願景與任務，會相對在意賺不賺錢、年終發多少。

- **關注福利和待遇**：除了薪資，公司的福利措施和其他待遇也是你需要考慮的重要因素，其中包括員工健康保險、退休計畫、帶薪休假與員工旅遊等隱性福利。

了解自己的市場價值和篩選適合的職缺，是求職過程中不可或缺的步驟。透過多方位的資訊收集和分析，你可以更加了解自己的定位，做出最適合自己的職業選擇。希望這些建議能夠幫助你在求職過程中更有信心，順利找到理想的工作。

# 4.2　面試前準備

**POINT** 面試前的小叮嚀，這些事項務必再三確認。

　　面試通常是充滿未知的戰場，面試官的問題千變萬化。本小節我們將討論面試前的準備工作，強化你的武器庫，確保你能夠在面試中表現得自信而出色，拿到理想的 Offer。最後無論是面對面的現場面試，還是遠距面試，我們都因為提前做好準備，而能夠從容不迫的應對各種情況。

## 4.2.1　面試前的 TODO List

記得在面試前，要根據表 4-3 做好確認與準備，確保你能以最佳狀態上場，這些都是經過無數次實戰經驗和血淚教訓濃縮而成的面試精華。

▼ 表 4-3　面試 TODO List

| 準備內容 | 類型 | 目標 |
|---|---|---|
| ①熟讀履歷中的內容 | 履歷研究 | 確保熟悉並正確理解履歷中的所有資訊，並有條有理地表達出來。 |
| ②準備中英文自我介紹 | 自我介紹 | 能在 3-5 分鐘內，簡潔、有條理地介紹自己的背景、學歷、工作經驗和能力。 |
| ③研究面試公司背景 | 企業職位背景研究 | 了解公司產業、產品及背景資訊，展示對公司的興趣與了解。 |
| ④熟悉職位要求 | 企業職位背景研究 | 準備符合職位要求的能力展示，並提出相關問題。 |
| ⑤攜帶五份自己的紙本履歷 | 提高面試品質 | 確保面試官能快速了解你的經歷，並利用多的履歷引導介紹自己。 |
| ⑥證件與筆記本 | 提高面試品質 | 確認身分、記錄面試內容及面試官建議，提升專業形象。 |
| ⑦面試的時間地點 | 提高面試品質 | 避免因疏忽導致錯誤，確保準時出席面試。 |

## 面試實戰的準備方向

### ①熟讀履歷內容

面試官會問的問題是未知的，但你的履歷內容是已知的，務必要確保你熟悉履歷上的所有資訊，並確保這些資訊正確無誤，以及確認履歷中所寫的都是你

實際做過的工作內容，而不是一知半解的經歷。大多數面試官會深入詢問履歷中的細節，因此充分準備是非常必要的。

## ②準備中英文自我介紹

「自我介紹」是讓面試官快速了解你的重要環節。每次面試通常都從自我介紹開始，自我介紹應儘量控制在 3-5 分鐘內，讓面試官快速了解你的背景、學歷、工作經驗和個人能力。建議將內容分成 5-6 個區塊，每個區塊大約 30-90 秒，這樣可以讓開場更順暢。

首先，準備好你的中文自我介紹，然後可以使用 GPT 將其翻譯成英文，但需注意的是直接翻譯的內容可能會有一些語句較為艱澀，最好用自己的方式再講一遍，使用簡單的英文來解釋你所做的事情，這樣在臨場時不會因為緊張而忘詞，可以用自己最擅長或熟悉的方式再解釋一遍。

另外，建議先練習自我介紹，並反覆練習三遍，確保沒有問題後，再嘗試背下來，但不是要逐字背誦，只需掌握重點即可。將內容分成 5-6 個區塊，這些區塊是你背誦的重點，中間的內容可以用自己的話再講一遍，即使與原稿有些出入也沒有關係，記住重點是「讓面試官快速了解你」。

自我介紹的準備重點：

- **時間**：控制在 3-5 分鐘。

- **內容**：內容分成 5-6 個區塊，每個區塊大約 30-90 秒。

- **準備方式**：念三遍後根據重點區塊背誦。

## ③研究面試公司背景

相信大家都有買過股票，朋友與親友會推薦你買哪支股票，例如：現在最厲害的台積電護國神山，相信沒有人不知道台積電是做什麼的，它是台灣、甚至世界最厲害的半導體代工廠。就像買股票時，會先了解公司的營運情況，面試

前更需要研究你將來可能工作的公司，我們了解公司的產業、產品和背景資訊，是面試成功的重要步驟。

以下三個方面需要特別研究：

- **公司產業和產品**：了解公司所屬的產業及其主要產品，以及這些產品在市場上的地位；如果有可能的話，也可以了解一下公司的競爭對手。舉例來說，台灣日常使用的 LINE，實際上是一家韓國公司 Naver 設立的，但總部設在東京，主要針對日本市場，卻意外地在台灣取得了極高的市場占有率。

- **個人興趣與公司產品相關**：思考你為什麼對這家公司感興趣，並準備好相關的答案，如果你的興趣與公司產品高度相關，這會是面試中的一個加分項。例如：公司是做 SEO 相關產品，而你對在網路上發表文章，並增加社群影響力感興趣，這就是一個很好的相關性，能在面試中展示你的熱情和投入。

- **避免陷阱問題**：如果你對公司完全不了解，面試官可能會認為你不夠重視這次機會。若是沒有做好公司產品和背景的功課，回答面試中的相關問題會相對吃力，容易牛頭不對馬嘴，因為面試官詢問你對公司的了解程度，這實際上是一項關鍵測試。如果你沒有事先做功課，很可能會直接被刷掉，這顯示你沒有用心準備，甚至可能無法勝任這個職位，因此提前做好研究，展示出你對公司的熱情和了解，這將大大提升你的面試成功機會。

### ④熟悉職位要求

針對職位要求做好充足的準備，可以增加面試 30% 通過率。在我過去的面試經驗中，很多面試者其實並沒有仔細閱讀職位需求，只是接受邀請就來面試，這會影響你在面試中的表現和應答能力，建議大家做以下幾個事項來充分準備：

- **展示能力**：仔細閱讀職位描述，了解所需的技能和經驗，並準備相關事例來展示你如何滿足這些要求。

- **詢問細節**：根據你的能力，針對職位描述提出疑問，了解公司如何實現這些要求或如何達成目標。

- **確認虛實**：有些公司可能會對職位要求過高但薪水卻不匹配，例如：上面要求十八般武藝，但只能給新人起步價或是請猴子的價格，因此也可以藉由「職位要求」看出一些警訊，從而減少不必要的時間浪費。

千萬不要輕視熟悉職位要求的重要性，這部分的充分準備能顯示你對這份工作的認真態度和能力匹配。這對面試官來說是一個積極的信號，表明你已經做好準備並非常渴望得到這份工作，這絕對會為你加分，並提高面試 30% 以上通過率。

## ⑤攜帶五份自己的紙本履歷

帶備用的紙本履歷不僅是給面試官看的，也是給自己作為提示用的，有時面試中因為緊張而忘詞，看著自己帶的這份履歷，這能幫助你提示下一部分的介紹。建議多帶幾份紙本履歷，尤其當面試官人數較多時，這樣可以避免只有一份履歷在面試官間傳遞，確保每位面試官都能夠充分了解你。攜帶足夠的紙本履歷，可以幫助你更自信地應對面試，並給面試官留下深刻的印象。

準備多份履歷的好處：

- **避免緊張**：利用履歷內容來提示自己，減少緊張情況。

- **提升面試品質**：提供多份履歷，讓所有面試官快速了解你，提升面試品質。

- **展示個人特色**：獨特的紙本履歷能有效展示你的個人特色，讓你在眾多候選人中脫穎而出。

## ⑥證件與筆記本

負責招募的 HR 通常會認為攜帶證件和筆記本是基本事項，不會特別提醒你，請務必自行準備好這些物品，以避免意外。證件的用途：

- **身分查驗**：面試時記得帶上身分證等必要證件，以便確認身分。

- **公司門禁**：有些公司的門禁較嚴，需要在一樓換證，才能進入樓上的辦公室面試，千萬避免「面試時間到了，卻被卡在門口」的窘境。

- **身分確認**：有些人資會確認你的身分，避免冒名頂替的情況發生。曾有過面試者盜用他人身分面試，冒充他是頂級學校畢業生的情況。

筆記本的用途（記錄面試官的問題與建議，同時加深面試官對你的好印象）：

- **記錄面試官的問題**：展示你對面試的重視，同時幫助你在回答問題時，針對重點進行回應。畢竟在面試的過程中難免會忘記，筆記就可以很好地幫助你記憶。

- **記錄面試官的建議**：面試時記錄面試官的建議，這對於後續的面試非常有幫助。面試時，通常會因緊張而忘記當下面試的內容，記錄下來有助於事後反思和改進。

- **提升面試好感度**：當你記錄面試官的話時，會讓對方感覺被重視，這是一種心理暗示，其實有助於提升面試官對你的好感。

準備好必要的證件和筆記本，不僅能夠避免意外情況，還能提升你在面試中的專業形象和面試官的好感度。

### ⑦面試的時間地點

面試的時間和地點需要再三確認，避免因疏忽導致錯誤，例如：發錯名字、時間或會議室。你能想到的出錯情況都可能遇到，最終吃虧的只有自己。

我就曾遇到過 HR 因懶惰，把上一個面試者的信寄給我，上面還寫著上一個面試者的名字，重點是我還認識那個人。這實在是非常不謹慎的作法，這個面試邀請還是來自一家非常大的固態硬碟公司。

下面的注意事項步驟可以幫助你確保面試安排的準確性，避免不必要的錯誤和麻煩：

- **確認時間和地點**：收到面試通知後，記得在自己的行事曆上記錄時間和地點，提醒自己要按時赴約。

- **抓預備時間**：建議提前 30 分鐘預備，並在面試前 15 分鐘到達公司，向櫃檯報到，確保不會因時間或地點的錯誤而影響面試表現。

- **建議的面試安排時間**：儘量安排在早上 10 點半後或下午四點之前的時間，以避開上下班時間的車潮，減少意外發生的機會。

- **小技巧**：面試前一天，根據面試安排的電子郵件，回信詢問人資明天的面試安排時間和地點是否相同或是否有變動。藉由再次確認面試地點和時間的動作，可以有效減少因失誤或疏忽產生的問題。

面試是一場需要充分準備的戰鬥，做好這些基本確認工作，能夠大大提升你在面試中的表現和成功機會。用心準備、保持自信，絕對可以面試順利，找到理想的工作。

## 4.2.2 面試不可不知的禮儀

在社會上走跳，無非是人情世故。在職場上同樣存在許多禮儀和倫理，這些往往是學校和家庭不會教的事情，但卻在我們日常工作中無處不在，以下是在面試時要特別注重的禮儀。

## ▌服裝儀容與氣味

在面試中，服裝儀容與氣味都是不可錯過的一環，人要衣裝佛要金裝，記得出發前確認以下的注意事項：

- **業務類工作衣著**：建議在服裝上打安全牌，穿西裝打領帶，表示對於職業的尊重。

- **研發或行政類工作衣著**：可以選擇半休閒但是略正式的服裝，例如：硬挺襯衫或素色Ｔ恤搭配西裝外套，千萬不要穿拖鞋。

- **調整生活作息**：面試前幾天要早睡，保持良好狀態，避免長痘痘或是臉色發黑，有的面試官甚至會在意你的面相是不是好相處。

- **面試前服裝儀容檢查**：面試前到廁所檢查一下服裝儀容，例如：是否有鼻毛外露或是牙齒卡菜渣等細節，確保整體看起來乾淨整潔。這些小地方看起來不起眼，但確實會讓人感到尷尬，也都是確實會發生的情況。

- **氣味方面**：保持清新整潔，可以考慮噴一點淡香水在手腕兩側，但記得不要使用氣味過於強烈的香水，否則可能會讓女性面試官產生不好的印象。這樣不只可以讓自己保持最佳狀態，也可以給面試官留下良好的印象。

- **不要滿身大汗**：面試最忌諱滿身大汗地出現在面試場合，這是非常不得體的行為，面試官也會滿臉問號，這個應徵者到底發生什麼事？如果面試地點在搭乘大眾交通工具到達後，還需要走很遠的路，強烈建議你搭乘計程車，避免滿身大汗地進行面試，身體狀況不在線上也會影響你的發揮。

## ▌座位的學問：面試時該怎麼坐？

把握一個大原則，在面試的空間中，面試官是主位，而你是客位。面試官作為主人的角色，應該坐在主位，而你作為面試者，應該坐在客位，下面我們會教你如何區分主位和客位。

### 有投影幕的會議室

- **主位**：通常是從遠處可以清楚看到投影幕的位置。

- **客位**：你應該選擇坐在主位的對面（注意客位不要直接坐在投影幕的下方）。

## 沒有投影幕的會議室

- **主位**：通常是面對門的座位。

- **客位**：你應該選擇坐在主位的對面。

　　取巧的方法是在帶你進來的 HR 或面試官面前，直接詢問他們哪個位置比較適合面試者坐，通常他們會為你安排一個適當的位置，如果坐錯也可以說：「不好意思，剛剛帶位的人請我坐這邊，我再調整一下」。大原則就是坐在主位的對面，而不是面對門的位置，參見圖 4-4 與圖 4-5。

▲ 圖 4-4　會議室主客位示意圖

▲ 圖 4-5　會議室主客位模擬圖

面試就像去別人家拜訪，不可以喧賓奪主地坐在主人的位子上，主人當下可能不會表現出來，但私下可能會對你的印象扣分。如果是面試比較高階的職位，人情世故更為重要，高階主管通常非常在意座位的次序，千萬不要被扣到印象分數，這其實是非常重要的。我發現很多人並不知道這一點，這是學校不會教的事，希望大家學習把握住這個分寸。

## ▌語氣禮貌且和善

得體的穿著和良好的禮儀是給面試官留下良好第一印象的關鍵。無論是對前台接待還是面試官，都要保持禮貌，先說出自己的名字進行自我介紹，並說明今天來公司的目的。微笑打招呼，使用禮貌用語，展現你的專業素養。

以下是針對前台和人資的兩種範例：

向前台詢問：你好，我是今天幾點幾分預約的面試者，我叫王小明。可以麻煩你通知一下主考官和人資嗎？（並展示手機中的面試電子郵件）

向面試官介紹：面試官您好，我是王小明，來參加今天貴公司安排的面試。

不禮貌的範例：

向前台詢問：那個，你們今天公司安排我來面試，幫我通知一下。

向面試官介紹：那個，你是今天安排的面試官嗎？我要來面試的。

如何在面試中保持禮貌和專業的態度非常重要，可以參考以下三個要訣：

● **先介紹自己**：我是王小明。

● **說明目的**：今天有被安排到貴公司面試。

● **使用禮貌稱呼**：使用「麻煩你」、「請你」，絕對不要使用「這個」、「那個」。

如果發現自己平常並沒有這樣的習慣，記得可以從現在開始練習，永遠不嫌晚。保持禮貌和專業，不僅能提升面試表現，還能給面試官留下深刻的好印象。

## ▎現場面試請單獨赴約

　　有些人在面試時會感到緊張，想有人陪同，但請確保這些陪同者在公司附近的咖啡廳等候，而不要在公司樓下等待，這會非常影響主考官對你的看法。如果主管知道你的媽媽陪你來，可能會認為你是「媽寶」；如果朋友陪你來且在旁邊等待，可能會被認為你無法單獨處理事情，需要他人的幫助，而讓面試官對你的獨立工作能力產生疑問。

　　從面試官的角度來看，絕對是希望招募一名能夠獨立作業的人員，而不是需要其他人陪同才能完成工作的員工。如果你需要他人陪同參加面試，這在某種程度上，會讓你被認為是整個團隊的不安定因素。或許有些人會覺得這沒什麼，但面試官通常需要從管理整個團隊的角度來考量。

　　面試官希望確保每個團隊成員都能獨立、高效地完成工作，因此從面試官的角度來看，能夠獨立應對挑戰、任務與團隊合作是優先考量。記住面試是展示你獨立性和專業能力的機會，不要讓陪同者影響面試官對你的評價，避免給人留下「媽寶」或「朋友寶」的印象，以免在面試前就被淘汰。

## 4.2.3　現場面試技巧

　　在現場面試中，良好的表現能力能夠幫助你脫穎而出。其實面試的技巧並不難，重點是怎麼樣練習表現出來，這裡我們會先介紹一下最佳的現場面試技巧有哪些，再來我會介紹我的獨門祕訣，如何練習最佳的現場面試技巧。

# 最佳現場面試技巧

## ①基本禮儀

- **保持自信和微笑**：直視對方眼睛，禮貌地向面試官打招呼。

- **進入面試室的姿態**：保持站立姿勢，待對方邀請時才坐下。

- **坐姿端正**：雙腳平放，雙手不要交叉放在胸前。

- **面試結束時**：禮貌地向面試官說「謝謝」和「再見」。

## ②眼神交流

- **保持適當的眼神交流**：與面試官保持眼神交流，顯示出你的自信和誠意。

- **避免眼神四處亂望**：這可能讓面試官覺得你沒有禮貌和不被尊重。

## ③言語和肢體語言

- **控制肢體語言**：保持自然、開放的肢體語言，避免緊張和不安的動作。

- **清楚表達並使用具體例子**：說話要清楚、有條理，回答問題時要簡明扼要，提供具體的例子來支持你的回答。參考後續章節「AWS 也在用的面試技巧：STAR 原則」。

- **回答問題時**：正面目視面試官，聲線與語氣保持柔和和鎮定。

- **避免小動作和誇張肢體動作**：不要經常撥弄頭髮或做其他小動作，避免過份誇張的動作，這會讓對方覺得你緊張和焦慮。

## ④提問和專心聆聽

- **準備深度問題**：在面試結束時，準備一些有深度的問題向面試官提問，顯示你對公司的興趣，並進一步了解公司的情況。例如：「如果有機會加入這個職

位，請問我應該先準備哪些相關知識？有什麼我可以在入職前先準備學習的嗎？」

- **專心聆聽面試官的問題**：確保正確回答問題，並減少緊張情緒。

## 現場面試技巧的練習方式

我建議大家可以分三個階段進行面試練習，這樣能有效幫助你在現場面試中表現流暢。這部分的練習可能比較耗費時間，因此建議你安排約 2-5 個小時進行，如果你對面試完全沒有問題，可以選擇跳過這部分的練習。

### 階段一：影子練習

影子的意思就是跟著影片中的自己練習，先拍攝一組最佳的練習影片，然後看著練習。在這個階段中，先掌握「一次只練習一個基本技巧」，每個技巧練習三次，實際練習內容先從「自我介紹」部分開始。

- **基本禮儀練習**：利用手機拍攝一間會議室或你家的客廳，模擬進入面試場所時的基本禮儀。拍攝過程中，觀察自己是否符合上述章節的禮儀要求，接著選擇你做得最好的一次拍攝，不斷跟著影片中的自己練習，像影子一樣模仿和改進。

- **眼神交流練習**：對著手機簡單講 3 分鐘的自我介紹，觀察自己是否保持眼神交流、是否有眼神飄移的情況。

- **言語和肢體語言練習**：同樣對著手機進行 3 分鐘的自我介紹，觀察自己的言語是否清楚、肢體語言是否自然，避免過於誇張。

影子練習的關鍵在於，一次只掌握一個技巧，每個技巧練習多次後，再進行下一個技巧的練習，這就是所謂的「刻意練習」方法。透過手機的回放，你可以清楚看到自己的不足並加以改進，這種方法適用於大部分面試情況，能有效提升你的面試表現。

## 階段二：組合練習

在這個階段，練習的關鍵在於「整合所有面試流程」。使用手機拍攝，模擬一個完整的面試情境，進行約 15 分鐘的練習。

練習內容包括自我介紹和工作經歷介紹，基本上就是將前一階段的影子練習技巧全部組合起來，進行一次完整的練習，這樣可以幫助你熟悉面試的整體流程，確保各個環節無縫銜接。

## 階段三：真人模擬

在這個階段，建議你直接找一個真人來模擬面試，可以是你的父母或朋友，請他們聽聽你的面試流程和練習方式，這樣可以確保自己掌握能控制的面試部分，例如：自我介紹和回答常見問題。而在模擬面試中不可預測的部分，如面試官的提問和突發狀況，則利用以下面試流程的技巧來進行練習。

- **安排面試次序**：如果你安排了五家公司面試，可以把最不感興趣的公司放在最前面，把它當成練習的一部分，這樣即使面試結果不理想，也不會對你有太大影響。

- **獲取反饋**：每次面試後請面試官提供意見和建議，回去後進行思考和改進，準備下一次的面試內容。

- **逐步提升**：透過多次面試實戰，不斷提高自己的面試技能和信心。經過多次實戰後，你會對面試流程更加熟練並駕輕就熟，也會減少緊張情緒。

這樣的整套練習方法能夠幫助你全面準備，確保在真正的面試中能夠應對自如，展現最佳狀態，同時也藉由實戰練習來改進自己。

## 4.2.4　遠距面試技巧

　　疫情時代過去後，越來越多的公司選擇混合辦公，面試方式也變得更加多元。隨著大家對遠距工作模式的接受度上升，遠距面試也變得越來越常見。以下整理了一些遠距面試的技巧，幫助你提升面試成功率。

- **面試環境準備**：提前測試你的網路連接、攝影機和麥克風，確保它們工作正常。記得在面試前 15 分鐘，必須再次確認一切設備正常。

- **準時進入會議室**：建議在約定時間的前 5 分鐘進入會議室，不要等到整點才進入，這樣可以給面試官留下良好的印象，同時避免手忙腳亂，並確保有足夠的時間處理突發狀況。

- **選擇安靜的面試環境**：挑選安靜的地方進行面試，例如：會議室或安靜的房間，避免選擇咖啡廳或樓梯間，這些地方會有吵雜的背景音和干擾，會降低遠端面試的品質。咖啡廳的背景音可能會干擾面試官的提問或影響你回答問題的音質，導致你的回答不易被聽清，這樣反而得不償失。

- **背景整潔**：確保你的背景簡潔、整潔，不要有雜亂或分散注意力的物品。你也可以使用虛擬背景功能，將背景變成圖片，讓畫面更乾淨，這也是一個好方法。切記這些功能都要提前設定，確保面試時不會有問題。

- **注視鏡頭**：在回答問題時看著攝影機，而不是螢幕，這樣能夠讓面試官感覺你在與他們直接交流。

- **保持專業**：即使在家進行遠距面試，也要穿著正式，保持專業的姿態和禮儀。避免穿著睡衣進行面試，這樣會顯得非常不得體。

　　「面試前的準備工作」是成功的關鍵。透過詳細的基礎檢核、得體的穿搭、良好的現場和遠距面試技巧，你可以在面試中展現出最好的自己。希望這些建議能夠幫助你在求職過程中脫穎而出，順利實現職業目標。

# 4.3 面試中的流程與心態

**POINT** 雖然面試內心緊張、手在抖，但務必保持冷靜回答問題。

　　面試是一個充滿挑戰的過程，無論你準備得多麼充分，面試時難免會感到緊張。我的方法是把對方想像成一個西瓜，這樣與西瓜對話時，你就不會感到緊張，這是一種精神勝利法。雖然聽起來好笑但是有用，以下內容也將幫助你了解面試中的流程和心態調整，讓你能夠更好地應對面試中的各種情況，保持冷靜並自信地回答問題。

## 4.3.1 自我介紹

　　自我介紹是面試的開端，通常也是面試官對你的第一印象，主要掌握兩個大重點：

- **時間控制**：把時間控制在 3-5 分鐘，並簡潔、有條理地介紹自己的背景、學歷、工作經驗和能力。

- **區塊控制**：將內容分成 5-6 個區塊，每個區塊約 30-90 秒，讓開場更順暢。

## ▌個人介紹（30-90 秒）

　　簡要介紹你的背景訊息，通常我會把它拆成以下四個部分，各 10-15 秒，再根據你的經歷來介紹，如果沒有相關經歷，你可以直接省略該部分。

### 個人介紹內容

- **基本資料**：名字、教育背景、居住地。

- **工作產業**：簡單介紹過去工作的產業，是否擁有產業相關證照。

- **進階經歷**：公開演講經歷、媒體訪問、出書、線上課程等。

- **個人興趣**：如潛水、登山等，可在此簡述（最多 30 秒）；若時間不夠，可放在後面討論。

## 個人介紹範例

　　你好，我叫王小明，畢業於 XX 大學 xx 研究所，碩士畢業，畢業的論文有寫成研討會論文，獲得該屆研討會最佳論文獎。目前主要居住在台北。有超過 8 年的軟體開發經驗和超過 6 年的 DevOps 工程管理實務，過去主要都在電腦相關產業負責雲端服務的維運與建置部分，待過 AA、BB、CC 等公司，擁有 4x AWS/GCP/Kubernetes 相關雲端證照認證，在 Udemy 上開設五門關於雲端技術的課程，這些準備的經歷都可以增加我的雲端知識，能幫助我更好地完成工作。個人興趣主要喜歡潛水和籃球，有拿到 AWO 進階潛水員證照和救生員的證照，這些興趣主要是抒發壓力、讓我更好的專注在喜愛的事物上。

# 工作經歷簡介（3-5 分鐘）

　　詳細介紹你的工作經歷、主要成就和職業目標，這部分應突出你的專業技能和過去工作中的亮點，讓面試官對你的能力和經驗有清楚的了解。主要介紹過去的 2-3 份工作，每份工作約花 30-60 秒介紹，並根據 SMART 原則進行闡述。與面試官的互動中，可以根據對方的提問進行深入討論，後續也可以使用提前準備的紙本履歷或面試簡報進行介紹。

## 工作經歷內容（倒敘法）

- **背景介紹（10-20 秒）**：簡述工作的產業特性和你的工作內容。

- **亮點展示（30 秒）**：每份工作介紹三個主要亮點，每個亮點大約 10 秒。

- **總結（10 秒）**：總結你的主要貢獻和成就。

## 工作經歷介紹範例

### 背景介紹：

在 XX 公司，屬於個人電腦事業處，主要負責專案是自動化測試系統的雲端系統設計和地端系統維運，這套系統能將雲端測試中心的任務派發到地端環境，利用地端服務控制不同筆電進行測試。作為 Team Leader 帶領 DevOps 團隊，並管理 4 名成員。

### 亮點展示：

1. 在 12 個月內完成了 14 個地端基礎設施建設，主要使用 Ansible 和 AWS CodeDeploy 進行自動化部署，提升了測試系統的穩定性和安全性。確保每兩週開發的新功能，能夠同步部署到全球 14 個地端測試站點。

2. 開發了 5 個微服務，負責管理地端機器的設定與資源管理。這些機器註冊到地端資源中心後，可以藉由地端自動上傳系統資訊和測試結果至雲端測試中心，有效幫助管理測試資源。

3. 幫助團隊建立敏捷開發和 DevOps 工作流程，包括使用 CI/CD pipeline 和 Jira、Confluence 來確保技術文件和產品規格的準確性，並調整組織文化，以實現 DevOps 精神在跨國開發團隊中的落地。

### 總結：

在這段經歷中，我的主要貢獻是帶領團隊建立初代測試系統與測試中心，並展示給高層確立雲端自動化測試中心 POC 的概念。從無到有的經驗十分寶貴，我也深入理解了大型專案的切分邊界及如何達成跨國團隊的高效溝通與開發。

我嘗試將 DevOps 精神融入團隊，確保我們具備良好的溝通和默契，成功推行 DevOps 在專案中的應用，一起參與並貢獻這個有趣且有意義的專案。

在自我介紹時，保持放鬆的心態非常重要，按照你事先準備的回答進行應對即可，有時主考官可能會跳過某些部分，不用害怕被打亂，保持平常心應對即可。

## 4.3.2  技術面試

「技術面試」是評估你專業技能和解決問題能力的重要環節,但也是最難準備的部分。大部分面試官會根據自家的系統設計和相關技術,來詢問你的技術能力。由於每家公司面臨的商業邏輯不同,選用的架構也會有所調整,因此這部分的準備確實具有挑戰性,基本上這方面的問題都只能硬著頭皮上。

從另一方面來說,面對這樣的面試,你可以回顧並總結過去的工作經驗,思考為何使用當時的系統架構,如果重新設計會如何改進,如此你就能逆向利用你的優勢,向面試官解釋當初的設計思考,讓他們進入你的領域,進而認為你具備相應的思維水準。

這種準備能夠展示你的知識優勢和思維能力,即使面試官的問題涉及不同的商業邏輯,你也可以透過這些真實案例(real case)進行討論,展示你的技術水準和解決問題的能力。

## ▍技術面試的內容

雲端產業的技術面試內容,可能因每個公司使用的技術不同而有所變化,但通常集中在以下幾個方面:

- 雲端網路設計。

- 雲端運算資源設計。

- 雲端容器化操作。

- 雲端儲存資源設計。

- 無伺服器服務。

- 系統設計。

- Leetcode 演算法。

# ▍技術面試的準備方向

技術面試的準備可能比較困難，這裡我們建議從以下三個方向來進行準備，能有效提高面試成功率。

## ①回顧並總結過去的工作經驗

- 思考你在過去專案中使用的系統架構和技術，為何選擇這些技術。

- 如果重新設計，你會如何改進這些技術和架構。

- 這樣的準備能展示你的知識優勢和思維能力，讓面試官了解你的設計思考和技術水準。

## ②熟悉常見技術面試題

- 準備好常見的面試問題，並結合過去的工作經驗進行練習。

- 訓練自己如何清晰且有條理地回答問題，並提供具體的例子支持你的回答。

- 參考後面章節的技術面試準備題。

## ③LeetCode 練習

- 部分公司會考慮 LeetCode 上的題目，比例大約在 20% 左右。

- 建議刷簡單級別的題目，因為部分的面試可能會有上機考試的環節。

- 如果時間有限，這個部分的練習可以放推，因為其實刷完蠻容易忘記的，Leetcode 的重點是練習演算法的思維。

## ▋技術面試的回答策略

在技術面試中，保持冷靜和有條理地回答問題是最關鍵的，絕對不能慌張或講話會抖。這邊可以遵守兩個基本原則，幫助你面試時展示自己的能力和經驗。

### ①展示你的技術能力與思考流程

當面試官提出技術問題時，清楚地解釋你的思考流程和解決方案。如果遇到不確定的問題，可以詢問主考官更多問題，根據提示進一步設計，並誠實地說出你的理解，展示你如何進行思考和解決。重點必須放在互動過程中，針對面試考題解釋為何你選擇這樣的系統設計，因為這就是日常工作的型態。

### ②使用具體案例說明

儘量使用你在實際工作中遇到的例子來說明你的能力，這不僅能展示你的豐富經驗，還能讓面試官更加理解你的解決方案。重點在於高效傳達具體的作法，解釋設計的原因和考量，並且分析設計的優缺點（pros and cons）。

## ▋技術面試的心態

最重要的是不要被主考官的問題問到手忙腳亂、六神無主，嘗試問主考官更多的資訊來完成對應的技術討論。對於沒有做過或不了解的技術，要誠實地說「沒有」，但可以補充說明你做過的類似技術架構。保持冷靜、自信，專注於展示你的能力和解決問題的思維，這樣才能在技術面試中脫穎而出。

## 4.3.3 人格特質、團隊合作面試

除了技術能力，面試官還會關注你的個人特質和團隊合作能力，目的是「確保你有足夠的能力完成工作的目標與要求」。在後面的章節中，我們會提供相關的面試考題，但這裡我們先專注於準備的方法與心態。

# █ 人格特質面試

　　面試官通常會透過一些問題來了解你的性格和價值觀，例如：「你如何處理壓力」或「你最喜歡的工作方式是什麼」。回答這些問題時，要真誠且具體展示你如何應對挑戰和壓力。

　　作為面試官時，我最喜歡問的問題就是「請你舉出過去工作中壓力最大的事情，以及你是如何解決和後續的改善方案」，這其實是一個涵蓋三個層面的問題。

## 第一層面：確認壓力源

　　面試官會根據你舉的例子來判斷這件事情是否真的是壓力源，還是只是一般的工作挑戰，這有助於面試官了解你能否承受該職位的壓力。例如：有些人只要有充足的時間能夠慢慢做，就可以做得很好，但一旦有時間壓力，就會把事情推給他人。有些工作就是需要在時間壓力下完成，因此這是面試官的第一個評判標準。

## 第二層面：解決方法

　　面試官會觀察你是如何解決這些有壓力的事情。根據你的例子，面試官可以判斷你是壓力內化者還是壓力外放者，或者你是否完全不想承受壓力。在對談過程中，如果你能有效承擔壓力，這表明你是一個負責任且願意承擔的人，但如果聽起來像是將壓力推給他人，就會被認為不適合處理高壓工作。

## 第三層面：改善方案

　　面試官還會關注你是否有後續的改善方案，確保下次能更有效地處理類似問題。如果你能提出優化和自動化的方案，這顯示出你有長遠的思考和改進工作的能力，這絕對是讓你在面試中脫穎而出的加分項。

這裡的準備方法是選擇一個你在工作中處理過的壓力事件，按照上述三個層次來準備。你可以適當修飾你的例子，但不要過度美化，美圖修到都變形了，這就不是原意。這是為了避免進入職位後無法適應實際情況，不同個性的人適合不同的崗位，所以準備時要真實反映你的工作風格和處理方式，才是最恰當的。

## ▌團隊合作面試

許多公司非常重視團隊合作，面試官會詢問你在團隊中的角色和貢獻，並在這樣的互動中了解，過去你如何與團隊成員合作共同完成目標的經驗，以及你在團隊中的協作精神與是否具備領導能力。

團隊合作的面試中，面試官一般會從以下三個方面來評估候選人：

### 第一層面：合作經驗

面試官確認你是否有與他人合作的經驗，還是習慣單兵作戰，如果你習慣單兵作戰，但能力不足，可能會拖累團隊進度或導致專案延誤。而更進一步，面試官會特別關注你過去的合作經驗中，有沒有跨部門溝通的經驗，因為跨部門溝通是最困難的。如果你有相關經驗，這將證明你能夠有效地與他人合作。

### 第二層面：角色與貢獻

面試官會考察你在團隊中的角色是主導者還是被領導者。了解你的角色和職責，並確認你是否能夠勝任並完成相關工作。你的團隊定位決定了在面試官管理的團隊中，你可以扮演怎麼樣的角色，為團隊付出與貢獻。

### 第三層面：團隊合作態度

面試官會觀察你在團隊合作中的態度，是主動溝通並提出解決方案，還是被動完成任務。「主動合作」和「主動溝通」通常是加分項，因為這顯示你有積極解決問題的能力和意願。被動完成任務但能夠完成得非常好，這也是一個難

能可貴的特質，這取決於團隊當下所需要的角色。展示你能靈活適應不同角色的能力，將有助於面試官了解你在團隊中的價值。

這裡的準備方法是在回答人格特質問題時，保持真誠並適當美化不太好的特質，突出你的優點。準備時可以考慮以下幾點：

- **回顧實際案例**：選擇一個過去的實際案例，描述當時的專案合作背景，包括哪些部門參與協同合作。

- **描述角色和貢獻**：說明你在團隊中所扮演的角色以及你所做的貢獻。強調你是主動組織團隊的領導者，還是能夠很好完成任務的貢獻者。

- **展現改善思維**：真誠地描述你未來如何改進和提升，這顯示你有長遠的思考和改進工作的能力。

## █ 人格特質、團隊合作面試的心態

在面試中，保持真誠、健康和自然的回答方式，避免過度美化個人特質，專注在突出你的優點。準備時思考實際案例，描述當時的專案合作背景和個人貢獻，展示你的團隊合作和問題解決能力，這樣的準備能讓面試官對你有全面的了解和良好的評價。

在人格特質和團隊合作方面，每個人的特質都會自然地展現在工作中。我們並不需要為了工作而去改變性格，而是要找到適合自己性格的工作內容和職位。這也是管理層進行人才管理時的重要考量，選擇最適合你性格的職位，能夠讓你在工作中發揮出最大的潛力和價值。

## 4.4.4　詢問面試官的問題

當面試進入到面試官問你是否有問題的環節時，通常已經接近尾聲，這時候向面試官提問是展示你對職位和公司興趣的好機會。

# ▋詢問主考官問題

　　這裡提供三個主要詢問方向,這些不僅是面試官最在意的問題,獲得的情報可以幫助你更好地了解公司和職位,並根據得到的資訊判斷這是否為理想的工作,還是疑似有雷。

## 詢問方向一:公司文化與部門工作方式

　　了解公司的文化和部門的工作方式,這可以幫助你判斷自己是否適合這個工作環境。如果面試官對這些問題回答不太清楚或是含糊其詞,可能表示公司在這方面沒有清楚的方向與規劃。另外,也要確認自己是否適應公司文化和工作方式,例如:會計相關公司經常需要在特定報稅季節加班,你需要考慮自己是否能接受這樣的工作型態。

**問題範例:**

1. 請問公司的組織文化是什麼樣的,有哪些需要特別注意的?

2. 部門的日常運作方式是怎樣進行的,想要知道如何融入這個環境?

3. 團隊平時如何協作?是專案編組還是各自獨立作業,有哪些需要注意的部分?

4. 開發流程是怎樣進行?使用瀑布式開發(waterfall)還是敏捷式開發(agile)?

## 詢問方向二:職業專業問題

　　當面試進入到面試官問你是否有問題的環節時,通常已經接近尾聲,這時候你可以詢問面試官:「目前在這個職位上,我需要增進哪些工作能力」。如果面試官回答模糊或說你有很大的進步空間,這可能意味著他們對你不夠滿意,但如果他能具體說明你需要強化的技能,例如:網路設計概念或 VPN 的工作原理與設計,則表示公司重視這些能力並且會在工作中經常使用,同時你也獲得了來自業界的寶貴建議。

**問題範例：**

1. 在這個職位上，你認爲我應該先重點增強哪些技能以更好的完成工作？（針對個別面試者）

2. 你認爲在這個角色中，哪些專業技能是最關鍵需要掌握的？（針對這個職位）

3. 工作使用的雲端服務，使用 GCP or AWS 的雲端服務？

4. 工作使用的技術框架與語言：

   • 使用 Golang、Python、C#、Nodejs 哪些語言？

   • 前後端使用哪些框架？ Vue 或 React。

   • 使用哪些 SQL 或是 NoSQL 的資料庫？ MongoDB、PostgreSQL、MySQL。

## 詢問方向三：職缺工作內容

如果在職位描述（Job Description）與面試官的解釋中，你對於該職位的工作內容還有疑問，可以在這裡補充詢問。這不僅能幫助你更清楚了解職位，也能看出這個職缺是否有清楚的職責和規劃，還是一個三不管地帶都要撿起來做的角色。

**問題範例：**

1. 這個職位的日常工作內容，除了職位描述上寫的，還有包括其他的內容嗎？

2. 入職 1-3 個月內，希望新人要完成哪些目標？

3. 未來 3-6 個月內，這個職位的重點工作任務有哪些是最爲重要的？

4. 這個職位要到哪種程度的貢獻與產出，才會算是超出預期的表現？

## ▌詢問主考官問題的心態

記住面試是雙向選擇的過程，你提問的目的是了解這個職缺是否適合自己，而不是爲難面試官。透過提問能更加了解團隊運作方式和公司文化，這是爲了

確保這個職位能夠幫助你提升未來的職業發展。保持禮貌和專業，展示你的興趣和求知慾，同時也能讓面試官看到你對於面試職位的重視和準備。

面試中的流程和心態調整是成功的關鍵。透過詳細的自我介紹、技術面試的冷靜應對、人格特質和團隊合作的展示，以及保持平穩的心態，你可以在面試中展現出最好的自己。希望這些建議能夠幫助你在求職過程中脫穎而出，順利實現職業目標。

# 4.4 面試後的心態與禮貌

**POINT** 有來有回、禮尚往來，做好自己的職場品牌。

面試後的跟進和禮貌同樣重要，這不僅能展示你的專業素養，也能幫助你建立良好的職場品牌。我有一個親身經歷可以分享給大家，以說明這一點的重要性。

我現在所工作的公司 A，其實是透過公司 B 的 HR 介紹機會而得到的，當時我正在等待另一家公司 C 的面試和 Offer 結果。我明確告知公司 B 的 HR，我也正在等待公司 C 的結果，我也願意進行公司 B 的第二輪面試，但我不想浪費他們的時間與人力，看怎樣進行對公司 B 是最妥當的安排。公司 B 的 HR 表示理解，也願意等待。

大約過了三個星期，公司 C 告知我未被錄取，於是我重新聯繫公司 B 的 HR，詢問是否可以繼續面試流程。但這時候公司 B 的團隊人數已經招滿了，所以也沒有後續面試機會。人生就是這樣，關了兩扇門開了另外一扇門，大約一個禮拜後，公司 B 的 HR 推薦了我去公司 A 面試。

我對公司 A 的面試印象非常好，特別是對主管的風格非常欣賞。經過三輪面試，我順利地加入了這家公司，並開始了新的工作旅程。

在這邊跟大家分享這個故事，因為人生往往充滿意外和機會，所以我們千萬要保持良好的職場禮儀，與 HR 保持良好的溝通和態度，可能會為你帶來更多、更好的機會和際遇。

產業圈子其實很小，保持禮貌非常重要，各個產業的人資都會互相交流訊息、互相引薦人才，所以務必做好自己的個人品牌。

## 面試後的應對進退

以下是一些具體的建議，幫助你在面試後保持良好的心態和禮貌，做好面試後的應對進退。在這裡，我們列舉出一些不可不知的潛規則，避免踩到雷區而喪失理想的工作。

### 面試後的跟進

- **感謝信**：面試結束後，及時給面試官發一封感謝信，感謝他們的時間和機會，重申你對該職位的興趣。這不僅顯示你的禮貌，也能讓面試官對你留下深刻印象。

- **後續跟進**：如果在面試後的一週內沒有收到回應，可以發送一封跟進郵件，詢問招聘進展，這顯示你對該職位的重視和熱情，但注意語氣要有禮貌，不要顯得過於急躁。

### 保持積極心態

- **接受結果**：面試結果可能不如預期，但不要氣餒。每次面試都是一個學習的機會，積極吸取經驗教訓，為下一次面試做好準備。

- **持續學習**：不斷提升自己的技能和知識，保持競爭力。無論結果如何，持續的自我提升都是職場成功的關鍵。

### 建立和維護人脈

- **保持聯絡**：即使未能獲得該職位，也要與面試官和人資保持聯絡，這有助於未來的職場發展。

- **參加行業活動**：積極參加行業內的各種活動，擴大自己的人脈圈，這將有助於你了解行業動態，並獲得更多的職業機會。

### 注意潛規則

- **謹慎發言**：無論是面試過程中還是面試結束後，謹慎對待自己的言行，避免在行業內留下不良的印象。

- **尊重他人**：對所有參與面試過程的人保持尊重，這包括前台接待、人力資源及面試官。尊重他人是職場禮儀的基本要求，請務必不要把輕鬆當隨便。

## 4.4.1　保持謙遜、不要待價而沽

　　保持謙遜和不待價而沽的態度，對於職場生涯非常重要。有些面試者在拿到多個 Offer 後，會嫌某個職缺薪水不夠高，甚至覺得這個職位連猴子都不會應徵。提升薪資是合理的要求，但要提供對公司有意義的理由，讓 HR 或主管能夠幫你爭取到更好的條件，千萬不要大頭症發作。

## ▍超越市場價格薪資的理由

- **特殊的市場開發經驗**：你擁有光通訊特定市場的管道與經驗。

- **難以取代的專業技能**：具備特別技能或稀有的技術。

- **提供超越年薪的價值**：你可以對公司產生超越你年薪 5 倍以上的價值。

你需要知道的是，除非你非常出色，不然 HR 通常會以你上一份工作的薪資為基準，最多增加 20%，除了特別的情況才可能出現例外。一般來說，每個職缺都有其薪資上限，因此如果想要提高薪資，你需要對公司展示出更高的價值。

## 謙遜態度打造職場品牌

面試結束後，保持謙遜的態度至關重要，即使你對自己的表現感到滿意，也不要表現得過於自信或自滿。謙遜的態度能讓人覺得你是一個值得合作的人。此外，即使你手上有多個 Offer，也要以尊重和誠懇的態度對待每一個機會。

要記住去感謝每一位給你 Offer 的人，即使你最終沒有選擇那家公司，也務必要回信感謝面試官和 HR 的時間。職場圈子其實很小，你可能會在不同的公司再次遇到相同的面試官，保持良好和謙遜的態度，不僅有助於你在職場中建立良好的人脈，也能提升你的職場品牌和競爭力。有人的地方就有江湖，青山不改、綠水長流！

**Offer 婉拒信的範本**

Dear [ 面試官姓名 or 面試公司 ]：

感謝貴公司在 [ 面試日期 ] 給予我面試的機會以及隨後的錄用通知。經過深思熟慮後，我遺憾地通知您，我決定婉拒此次的錄用機會。

這是一個非常艱難的決定，因為我對貴公司及其團隊有著非常良好的印象，但是經過全面考量我的職業規劃和個人發展，我認為目前這個決定是對我最適合的選擇。

非常感謝您和貴公司給予我的這次機會，並在整個招聘過程中所展現出的專業態度。希望未來能有合作的機會。

再次感謝！

Best Regard, [ 你的姓名 ]

[ 你的聯繫方式 ]

## 4.4.2 何時適合詢問進度

面試完成後，專業的 HR 通常會在 3-5 天内透過電話或電子郵件通知你後續的流程和時間。如果超過一週還沒有收到回應，可以發送一封簡短的電子郵件，表達對這次面試的感謝，並詢問招聘進度。這封郵件應該簡潔明瞭，禮貌得體，不要讓對方覺得你過於急躁。

我之前的經驗中，曾遇到面試者非常急切地要求在 3 天內得到答覆，這通常是不太現實的，因為公司內部需要時間進行審核和評估。建議以 1 週為單位進行詢問，這樣更能體現你的耐心和專業度。

**詢問進度信的範本**

Dear [ 面試官姓名 or 面試公司 ]：

感謝您在 [ 面試日期 ] 給予我面試的機會，我對貴公司和這次面試經驗感到非常愉快和充實。

目前已經過去一週，我希望能了解此次面試的進度和結果。非常期待能有機會加入貴公司，為貴公司貢獻我的專業知識和經驗。

感謝您的協助，期待您的回覆！

Best Regard, [ 你的姓名 ]

[ 你的聯繫方式 ]

### 4.4.3 無聲卡的最佳處理方法

面試後的等待期可能會出現「無聲卡」的情況，沒有任何關於面試進度回應。這時你需要保持耐心和理智，不要過於焦慮，以下是處理這種情況的建議：

- **保持耐心**：如果你在面試兩週後，依然沒有收到回應，可以再次發送一封跟進郵件。這封郵件應該簡潔明瞭，重申你對該職位的興趣，並詢問招聘進度。

- **轉移注意力**：如果仍然沒有消息，可以考慮將注意力轉向其他機會。繼續積極尋找和申請其他職位，不要因為等待一個回應而浪費時間和機會。

理解無聲卡的原因：

- **職缺已填補**：有時公司已經找到合適的人選，但面試的人可能不會收到不錄取通知，而是不了了之。這是一些不專業的人資或獵頭的作法，不用太在意，趕緊繼續向下個職缺邁進。

- **組織調整**：開職缺的公司可能因為公司政策進行組織調整，導致該職缺被取消或人事凍結。在這種情況下，人資可能就會選擇不回應信件，或是直接發感謝函。

「面試被拒絕」是求職過程中常見的經歷，不用因此而感到挫折。就像找房子一樣，有時候只是緣分未到，不必過於在意，下一個機會可能會更好。保持積極健康的求職心態才是王道，不斷提升自己的能力和素養，下一次的機會可能就在眼前。

### 4.4.4 何時應該告知人資目前面試的行程

如果你同時在面試多家公司，並且已經收到一些 Offer，在面試過程中如果被詢問是否還有其他面試，到底應不應該誠實回答呢？我們的建議是，你應該誠

實地告知面試官，你有在進行其他面試以及對應的時程安排，這不僅是對他們的尊重，也展示了你的誠實和透明度。

　　最重要的是在正確的時機說明，建議基本上都在二面以後或是人資主動詢問時告知，不然就容易會有挾天子以令諸侯的嫌疑。適當的溝通有助於建立良好的職場形象，但切記不要利用多個工作面試，來脅迫你面試的公司提供更高的薪資或更快的答覆。記住！人際關係如同江湖，彼此尊重才能長久共處。

　　另一個技巧是同時控制面試的公司數量在 3-5 家之間，有些公司的面試流程較長，可能需要 6 次以上，而有些公司則可能只需要 2 次。這些流程可以在一開始詢問對方人資，以便做出合理安排。所有面試流程結束後，最好能夠獲得 2-3 家的 Offer 來比較，並從中做出最好的選擇。

　　如果已經拿到 Offer，但還有一家非常心儀的公司想要面試完，在等待 3-5 天後建議你利用下面的信件範本來請對方的人資加速作業。

## 告知人資目前面試行程的範本

Dear [ 面試官姓名 or 面試公司 ]：

您好！

感謝您提供面試機會給我。我目前正在與幾家公司進行面試，並已經收到一些 Offer。希望能了解貴公司的招募進度，因為我對 [ 貴公司 / 職位名稱 ] 非常感興趣，期待能夠有進一步的合作機會。

感謝您的協助，期待您的回覆！

Best Regard, [ 你的姓名 ]

[ 你的聯繫方式 ]

## 4.4.5 Competitor Offer

如果你收到來自多家心儀公司的 Offer，可以考慮告知目前面試的心儀公司，這樣做的目的是給予對方一個回應的機會，同時也展示你的市場價值。這需要非常謹慎和有策略地進行，避免給人造成壓力或不良印象。

我的建議是將第一和第二想去的公司進行排序，確保最想去的公司是否能夠提供更高的薪資，這樣你有兩個方向：

- **第一順位**：最想去的公司提供了相同或更高的薪資，那麼這是理想的情況，錢到位且生涯規劃也更符合你的期望。但這邊要特別注意，如果你已經談妥薪資並到最後階段，這時便不適合用 Competitor Offer 的方式來提高薪水，可能會造成反效果。

- **第二順位**：最想去的公司可能無法提供相對更高的薪水。如果差距超過 15%，建議選擇薪水較高的公司，畢竟錢也是重要因素；相對的，這可能會有一些風險，因為規劃和發展上可能不如另一家公司理想。

**Competitor Offer 的薪資爭取範本**

> Dear [ 面試官姓名 or 面試公司 ]：
>
> 您好！
>
> 首先感謝您給我提供的 [ 貴公司 / 職位名稱 ] 面試機會！近期我收到了來自 [ 其他公司名稱 ] 的 Offer，薪資待遇方面較為豐厚，年薪為 [Offer 薪資 ]。
>
> 我對於貴公司的企業文化和發展前景非常看好，希望能夠在貴公司發揮我的專長。但其他公司的 Offer 在薪資待遇上具有吸引力，因此希望貴公司是否能考慮調整薪資水準，以達成雙方都滿意的待遇。
>
> 感謝您的協助，期待您的回覆！

```
Best Regard, [ 你的姓名 ]

[ 你的聯繫方式 ]
```

「面試後的心態與禮貌」是成功求職的重要一環。透過保持謙遜、適時詢問進度、處理「無聲卡」的情況、誠實告知時程安排以及適當告知競爭對手的 Offer，你可以展示自己的專業素養和職業道德，進一步增強自己的職場品牌。希望這些建議能夠幫助你在求職過程中順利達成目標，找到理想的工作。

# 4.5　若你是面試官，在意的是什麼

**POINT** 面試官最在意的是你能不能為公司帶來價值。

面試絕對要嘗試換位思考，你的受眾面試官最在意的到底是什麼？作為求職者，我們要思考如何展現自己的能力和特質，讓面試官相信我們能夠為公司帶來價值。但要做到這一點，首先我們必須了解面試官在面試過程中究竟在意什麼，才能達成良好的溝通體驗，讓面試官感到滿意。

## 4.5.1　面試官的種類

在面試中，你可能會遇到不同類型的面試官。他們各自有不同的關注點和評判標準。了解這些不同的面試官類型，能夠幫助你更有針對性地準備面試。

### 類型一：工作同仁（Co-work Interviewer）

這類面試官通常是未來的同事。

- **關注點**：他們會關注你是否能夠融入團隊，能否與他們愉快地合作。他們重視的是你的合作精神和溝通能力，同時觀察你是不是好隊友。

- **面試出現時機**：通常會出現在第一次正式面試。

## 類型二：人資（HR）

- **關注點**：人資主要負責評估你是否與公司的文化和價值觀相符合，他們會關注你的職業道德、個人動機和長期目標。人資面試官常會問一些開放性問題來了解你的背景和求職意圖，並希望確保你在這個職位上能夠長期發展。講白話就是確定「你是不是個正常人」與「是否要推進面試」。

- **面試出現時機**：通常會出現在第一次正式面試或是電話面試邀約。

## 類型三：技術專業面試（Technical Interview）

這類面試官通常是技術領域的專家。

- **關注點**：他們會仔細檢視你的技術能力，評估你是否具備解決問題的能力。他們重視你的技術專業能力和責任心，同時觀察面試時彼此共同解決問題的互動。

- **面試出現時機**：通常會出現在第一次或第二次正式面試。

## 類型四：團隊主管（Tead Lead or Manager）

這類面試官通常是你的直屬主管，也有可能會跟技術專業面試的面試官重複。

- **關注點**：他們會關注你是否能夠獨立工作、是否能在團隊適應良好，並按時完成交辦任務。講白話就是確定你能不能被管理、能不能為團隊帶來產值、還是豬隊友。

- **面試出現時機**：通常會出現在第一次或第二次正式面試。

## 類型五：高層面試官（High Level Manager Interviewer）

這類面試官通常是公司的高層管理人員，例如：處長或是總經理。

- **關注點**：他們會關注你是否能夠為公司帶來長遠的價值，重視你的整體素質以及是否有發展潛力與良好的生涯規劃，包括誠信、積極態度和壓力管理能力。比起技術，這類面試官更在意的是你這個人有沒有發展性與積極性。

- **面試出現時機**：通常會出現在第二次正式面試之後。

# 4.5.2 面試官在意的四個專業能力關鍵錄取點

無論是哪一類型的面試官，他們對於求職者的專業能力都有一定的期待，除了實際的技術內容，這邊我們會更進一步探討面試官在意的「專業能力關鍵錄取點」，一定要花時間了解面試官在意的點，才能更好的回答問題，提升面試成功率。

## 錄取點一：技術專業能力（Technical Proficiency）

- 具備相關的專業技能，能夠勝任工作中的技術挑戰。

- 在面試中展示技術項目的經驗，特別是成功案例和技術解決方案，並能夠更進一步回答深入的技術問題。

## 錄取點二：問題解決能力（Problem-solving Skills）

- 能夠在面對困難時迅速找到解決方案，具備邏輯思維和創新能力，每個主管都喜歡能夠幫你解決問題的部屬，而不是製造問題的部屬。

- 在面試中描述解決問題的思維過程，並提供具體的實例，展示如何應對突發問題。

### 錄取點三：專案管理能力（Project Management Skills）

- 能夠有效地規劃和管理專案或是完成自己的工作內容，確保按時並有品質完成，千萬不要交差了事。

- 在面試中闡述自己管理過的專案，重點說明如何分配資源、管理時間和協調團隊。

### 錄取點四：持續學習能力（Continuous Learning Ability）

- 願意不斷學習和成長，能夠快速適應新的環境和挑戰，這是一個資訊爆炸的時代，現在的工作不太可能一成不變、20 年不改變。

- 在面試中展示過去參與的訓練、進修課程或學習新技能的經歷，並說明如何應用到工作中達成創新。

## 4.5.3 面試官在意的四個人格特質關鍵錄取點

除了專業能力外，面試官對於求職者的人格特質也有對應的要求，這些特質往往決定一個人能否在工作中取得長期的成功，所以了解面試官在意的「人格特質關鍵錄取點」，不只能更好的回答面試問題，也可以很好地提升職涯長度，讓我們把握以下四個關鍵原則：

### 錄取點一：誠信（Integrity）

- 在工作中保持誠實和正直，獲得同事和上司的信任。每個人在職場上都有一個信任存摺，你要是提光了所有的信任，那你在這家公司也走不遠，務必保持大家對你的信任。

- 在面試中提供誠實的回答，不誇大過去的經驗，並能舉例說明在過去的工作中如何堅持誠信原則。

## 錄取點二：學習能力（Willingness to Learn）

- 願意不斷學習和成長，能夠快速適應新的環境和挑戰，活到老學到老的道理在職場也一樣，切記要擁抱變化。

- 在面試中展示過去主動參與的培訓、進修課程或學習新技能的經歷，並說明如何應用到工作中，最好能夠舉具體的例子。

## 錄取點三：適應力（Adaptability）

- 能夠在變化、有壓力的環境中保持冷靜，迅速調整自己的工作方式。最經典的狀況就是職場救火，在面對這些劣勢情境的時候，你是如何保持你的心態，將情況處理到最好的結果。

- 在面試中描述面對變化或壓力的經歷，說明如何快速適應新情況，並保持高效工作。

## 錄取點四：積極態度（Positive Attitude）

- 保持積極向上的心態，能夠激勵自己和周圍的人。遇到事情的第一反應是如何解決問題，而不是丟下一切逃避。

- 在面試中分享過去的挑戰和困難，展示如何透過積極的態度克服困難，並激勵團隊共同前進。這邊也可以適當利用一些救火的例子來說服面試官。

## 4.5.4　面試官在意的五個團隊合作關鍵錄取點

除了專業能力、人格特質外，某些職位還需要很好的團隊合作及跨部門溝通能力，面試官對於求職者的團隊合作能力也會有對應的要求，這些關鍵錄取點往往決定了一個人能否在團隊中有很好的兼容度。大家會希望團隊裡面都是神隊友，而不是豬隊友；管理者的心態也是希望你是來解決問題，而不是來製造

問題的，因此都會花心力了解面試者在團隊合作上是否積極合作，還是只為了自己的利益消極合作。

## 錄取點一：合作精神（Teamwork）

- 能夠與他人良好合作，分享資訊，共同達成目標。最大的重點是完成團隊的共同目標，而不是只完成自己的目標，合作精神看的是一個整體。

- 在面試時描述自己在團隊中的角色，提供具體的例子展示如何與他人合作完成專案，並說明自己在其中的貢獻。

## 錄取點二：溝通能力（Communication Skills）

- 能夠清楚、有效地表達自己的想法，並理解他人的觀點。這邊還有一個更重要的是要有雅量，可以容納不同意見的表達，並且達成整個團體的共識。

- 在面試時提供過去工作中的例子，展示你如何通過有效溝通解決問題或避免誤解，並說明溝通對於團隊成功的重要性，並利用溝通使整個團隊達成共識。

## 錄取點三：壓力管理（Stress Management）

- 在高壓環境中保持冷靜，能夠有效地管理自己的情緒和壓力。大家都可以容許在高壓的環境中出錯，但重要的是怎麼樣把事情有條有理地完成。

- 在面試時描述高壓情境下的工作經歷，展示自己如何保持冷靜、合理安排工作，並與團隊成員一起克服挑戰。

## 錄取點四：包容多樣性（Diversity）

- 尊重和包容團隊中的多樣性，並善於發掘和利用不同成員的優勢，是許多外商和大公司非常重視的素質。這些公司往往擁有來自世界各地、不同種族、膚色和文化背景的職員，因此需要每個成員都能擁有包容性和適應性，才能更好的團體合作。

- 在面試中提供一些具體例子，來說明你如何在多樣化的團隊中工作，展示你如何尊重不同的觀點和背景，並促進團隊的和諧與高效運作。例如：你可以描述一次你在國際團隊中協作的經歷，強調你如何運用團隊成員的不同優勢來達成共同目標。這不僅展示了你的包容性，也能突出你的協作和領導能力。

## 錄取點五：貢獻與支援（Contribution and Support）

- 在團隊中主動貢獻，並支援同事是非常重要的素質。這種支援就像魚幫水、水幫魚，在 DevOps 的必讀書籍《鳳凰專案》中提到的「水蜘蛛」角色，正是這種連結的典範。這個角色所做的事情就是「連結」，事情在他手上，每個部門都會建立起連結，這是非常抽象的概念，但是這條線就真的切切實實的存在，可以確保團隊協作順暢。

- 在面試中分享你如何在過去的工作中主動提供幫助，展示你願意為團隊的成功付出額外努力的例子，你可以描述一些不是你職責範圍內，但你仍然主動去做的事情，這樣可以更好地讓面試官看到你的貢獻精神和團隊合作態度。例如：你可以講述一次你在忙碌時主動幫助同事解決問題，或是在團隊遇到困難時提供支持和爭取外部資源的經歷。這些具體的例子能讓面試官更清楚了解你如何在實際工作中體現貢獻與支援的精神。

「團隊合作」是任何一個成功團隊不可或缺的要素，很多面試官會特別關注你在這方面的表現。

面試時，要換位思考，理解面試官最在意的是什麼？作為求職者，我們必須展現自己的能力和特質，讓面試官相信我們能為公司帶來價值。首先需了解不同類型面試官的關注點，像是工作同仁注重團隊合作和溝通能力、人資關心文化契合和職業道德、技術專家重視技術能力和解決問題的能力、團隊主管看重獨立工作能力和產值貢獻、高層關注長遠價值和發展潛力。

更進一步，面試官在意的專業能力包括技術專業能力、問題解決能力、專案管理能力和持續學習能力；人格特質方面則重視誠信、學習能力、適應力和積

極態度；在團隊合作方面，面試官看重合作精神、溝通能力、壓力管理、包容多樣性和貢獻與支持。了解這些重點，並在面試中針對性展示相關經驗和特質，能夠有效提升面試成功率。

## 4.6　AWS 也在用的面試技巧：STAR 原則

**POINT** 好技巧不用嗎？ AWS 面試技巧熱情推薦。

AWS 在人員招聘上非常注重候選人的人格特質。傑夫・貝佐斯（Jeff Bezos）強調，AWS 的員工必須具備以下的「14 條領導力原則」（*URL* https://www.amazon.jobs/content/en/our-workplace/leadership-principles），這是因為 AWS 的 CEO 希望所有員工擁有相同的願景、價值觀和努力目標，讓 AWS 成為地表上最強大的公司，打造出最頂尖的產品，每一個亞馬遜人（Amazones）都要擁有這 14 條領導力原則在 DNA 中。

▲ 圖 4-6　AWS 的 14 條領導力原則

AWS 的人資會要求每位面試者根據「14 條領導力原則」，準備過去職業生涯中的具體例子，並使用 STAR 原則進行描述，這種面試方式在科技業中非常獨特，只要經歷過亞馬遜面試的人，對此都會印象深刻，這也是業界面試所說的「行為問題測試」（Behavior Testing）。

在 AWS 面試過程中，面試官可能會問你很多情境問題，這些問題通常涵蓋多個領導力原則，考察你是否符合公司的價值觀和文化。這些問題的核心在於了解你如何應對不同的情境，並從中展示你的領導能力和價值觀，並讓 AWS 深入瞭解你是否適合 AWS 的企業精神。

我們非常建議大家學習並運用「STAR 原則」來描述過去的工作經驗，這不僅能夠有效地闡述你的工作成果，還能使你的表述更加清楚有力。強烈建議大家嘗試這種原則來進行面試對談，讓我們來了解一下什麼是 STAR 原則與流程。

## 4.6.1　STAR 原則

STAR 原則是 Situation（情境）、Task（任務）、Action（行動）和 Result（結果）。

- **Situation（情境）**：描述你面臨的具體情況或挑戰，提供足夠的背景訊息來讓面試官了解情況。

- **Task（任務）**：解釋你在這個情境中需要達成的目標或要解決的問題。

- **Action（行動）**：詳細說明你採取的具體行動，包括你如何做出決策、具體行動項目以及面對困難與風險的應對措施。

- **Result（結果）**：描述你行動的結果，強調你的努力對於達成目標或解決問題所產生的影響和貢獻。

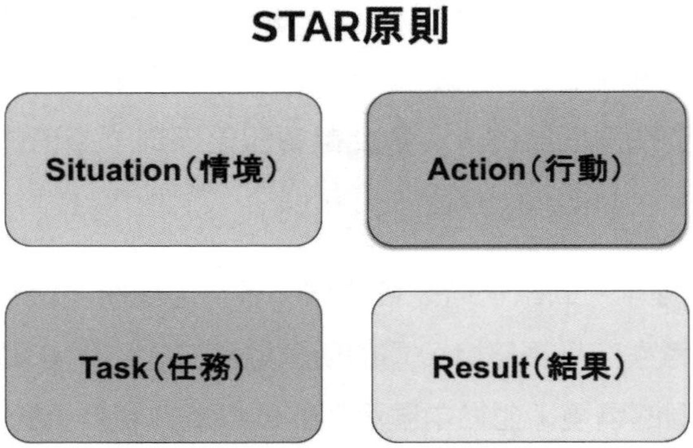

## STAR原則

▲ 圖 4-7　STAR 原則

# 4.6.2　STAR 實際範例

讓我們來看看一個實際的範例，幫助你更加理解如何運用 STAR 原則。

假設你在過去的工作中曾經面臨一個挑戰，需要在緊急情況下領導團隊完成一個重要專案。

1. Situation：公司接到了一個大客戶的緊急訂單，要求在兩週內交付一個複雜的軟體解決方案，並部署到 GCP 雲端完成上線。這對於我們的團隊來說是一個極大的挑戰，因爲通常需要至少 1 個月的時間來完成這樣的專案。

2. Task：作爲專案經理，我的任務是確保團隊在短時間內完成這個專案，並且保證產品品質不受到影響。最重要的是確保所有成員理解現狀，並能夠按時交付專案進度。

3. Action：

   ● 首先，我與團隊成員進行了緊急 kick-off 會議，重新分配資源和工作任務。

   ● 制定了三個階段的驗收考核點，將非必要的專案排在後續，確保所有工作都是爲了按時上線這個目標。

● 設立每日進度會議來監控專案進展，協調與客戶的溝通，確保能及時獲得所有必要的資訊。

4. Result：最終，我們的團隊在兩週內成功交付了高品質的軟體解決方案，並與客戶溝通將部分收尾工作放到後續專案中陸續進行並驗收。客戶對我們的工作非常滿意，順利的完成了該次的任務交付。

這次的專案對我來說是一個相當大的挑戰，要在兩週內完成 80% 的任務量，這原本需要 1 個月的時間。我必須快速識別哪些任務可以省略，以更有效率地執行專案，哪些任務可以延後進行，以及哪些任務可能成為我們專案的效率瓶頸。根據這次的實際經驗，我提出了一些可行的改善方案，並條列清楚地提交給我們的上級長官。

## 4.6.3 呼應 AWS 的領導力原則

在這次的專案範例中，呼應的是 AWS 領導力原則中的「顧客至上」（Customer Obsession），有時客戶需求會因為時間的壓力而不得不提前完成，而我們需要在確保任務能夠完成的前提下，做出適當的規劃並完成任務，這代表你擁有 AWS 希望具備的領導力原則之一：「顧客至上」（Customer Obsession）。

AWS 的 14 條領導力原則是公司文化的核心，也是面試過程中評估候選人的標準。在實際的面試中，你不一定需要明確呼應這些領導力原則，但我們建議你可以遵循 STAR 原則來描述你的工作經驗。

記住 STAR 原則是描述事情的方法，關鍵在於面試時是否能夠順暢溝通，工作任務的結果是否良好，中間的過程可以簡略帶過。如果面試官對一個結果良好的專案或工作成果感興趣，他們會進一步詢問你中間的細節。這樣的準備方式可以讓面試官清楚理解你過去的工作經驗，並認為你是一個有邏輯、結果導向且實事求是的人，能夠可靠完成交辦的任務。

利用 STAR 原則，不僅能幫助你在面試中更好地表達自己，也能讓面試官清楚看到你的能力和價值觀是否符合公司的需求。這個方法能幫助你在未來的面試中取得成功，找到理想的工作。

## 4.7 不同職業的技術面試題

**POINT** 技術面試是門硬功夫，怎樣有效準備是重點。

技術面試通常涵蓋多個方面，從基礎知識到系統設計，再到具體的情境題。理解每個類別的問題並做好準備，能夠幫助你在面試中脫穎而出。本章的前半部分將介紹技術面試的分類與範圍，幫助你了解面試官通常會如何提問；在後半部分，我們將針對不同的職業提供面試範例，幫助你準備技術面試的流程及所需掌握的知識體系。

## 4.7.1 技術面試問題的分類

在技術面試中，主考官的問題通常包羅萬象，但都可以分類為四個具體項目。通常面試官會從入門問題開始，逐步深入到系統設計，接著是各種故障排除情境題，最後可能會提出目前公司實際遇到的問題來檢驗你的解決方案。如果你能提供可行的解決方案，面試成功的機會將大大增加。以下是四種循序漸進的分類：

- **基礎知識**：這類問題通常涉及公司的使用技術或雲端架構基礎知識，不同公司問的內容會有所不同。例如：某些公司可能會問關於特定語言 Python 的問題，而另一些公司則可能專注於雲端服務的知識，可能是 GCP 或 AWS。

- **系統設計**：這類問題評估你在大型系統架構方面的能力，通常沒有唯一的正確答案，更注重你的思考過程和設計邏輯。例如：設計一個跨區域的 Web 應用程式，確保客戶使用服務時的體感延遲度最低，你會怎麼著手？

- **情境題－各種故障排除問題**：這類問題評估你在面對實際問題時的分析和解決能力，面試官會給你一個具體的情境，要求你說明如何解決。例如：當系統遇到效能瓶頸時，你會怎麼做？重點是看你解決問題的能力，不是為了考倒你。

- **情境題－現在公司實際問題**：這類問題基於你所應聘公司實際面臨的技術挑戰。面試官會給出一個具體問題情境，讓你提出解決方案。例如：如何優化現有的資料處理流程來提升效率，目前的瓶頸為何？如何提升？

## ▌面試問題分類

### ①基礎知識

    基礎知識是技術面試的根基，這部分通常考察你對公司目前使用技術的基本了解。由於每個公司的技術架構不同，考察的內容也會有所差異。一般來說，這部分會涉及計算機科學的基本概念，如資料結構、演算法、網路原理、操作系統，以及 GCP、AWS 等各種雲端系統的問題。

    面試官可能會問你以下問題：

- **雲端系統**：什麼是 S3？如何使用 S3？

- **容器化方案**：你是否使用過 Docker 或 Kubernetes？如何部署和管理容器？

- **無伺服器服務**：你有使用過 AWS Lambda 或 Google Cloud Functions 嗎？這些服務的優缺點是什麼？

    大約 15% 的公司會考 LeetCode 類型的演算法題，但如果是偏向基礎架構的職位，通常會以系統設計與情境題為主。面試官透過這些問題來確定你是否具備處理公司實際技術挑戰的能力。

這裡建議大家的準備方式，可以幫助你在技術面試中更具優勢：

- **分配時間**：花 80% 的時間準備基礎知識，再花 20% 的時間刷 LeetCode。因為基礎知識部分，涵蓋的範圍廣且適用性強，而考 LeetCode 的公司相對較少。

- **準備基礎知識**：先專注於一個雲端技術平台的證照準備，全面了解雲端技術的架構，這樣你能應對大部分雲端系統的問題，並能進一步了解一些簡單的系統設計，例如：如何在雲端上建立一個簡單的 Web 服務，到更進一步的自動擴展。

- **刷 LeetCode**：利用閒暇時間，用你擅長的程式語言刷 LeetCode 中簡單的題目，讓你更了解不同情境下的演算法應用。

我們提供一些雲端服務的常見基礎知識問題來讓大家參考，這些問題有助於了解基本概念，並展示如何在面試中進行相關的詢問和回答，但我們需要先專注於「不同雲端資源的基礎知識點」，同時你的回答可以基於自己的經驗和知識進行補充。基礎知識問題，可以參考表 4-4 到表 4-7。

▼ 表 4-4　運算資源－基礎知識問題

| 類別 | 問題 | 解答 |
| --- | --- | --- |
| VM<br>（虛擬機） | 如何選擇適合應用程式的 VM 配置？ | 根據應用程式的 CPU、記憶體和儲存需求來選擇適當配置，並考慮負載擴展。 |
| | 如何設計一個高效的負載均衡架構？ | 使用多個 VM 後端，透過負載均衡器分配流量，實現自動擴展和故障轉移。 |
| | 如何保證高可用性和安全性？ | 設置多區域部署和備份，設置防火牆規則和身分驗證。 |
| Container<br>（容器） | 如何利用容器實現應用程式的快速部署和擴展？ | 使用 Docker 等技術，透過 CI/CD 工具自動化部署流程，並利用 AWS ECS / GCP Cloud Run 的自動擴展功能來實現水平擴展。 |

| 類別 | 問題 | 解答 |
|------|------|------|
| Container<br>（容器） | 如何設計一個容器化的微服務架構？ | 每個服務執行在獨立容器中，透過 API 溝通，並確認容器內部是無狀態化（Stateless）。 |
| Kubernetes | 如何利用 Kubernetes 管理和調度容器？ | 使用 Deployment 或 Pods 的 yaml 檔案進行設置，並透過 kubectl 執行容器，透過 Kubernetes 服務部署進行管理和調度。 |
| | 如何設計高可用的 Kubernetes 集群？ | 部署多個節點，使用備份和恢復策略，並使用區域型集群（Regional Kubernetes Cluster）。 |
| | Kubernetes 內部機制如何處理故障恢復？ | Deployment Controller 會透過監控和自動重啟失敗的 Pods 來實現。 |
| Serverless | 如何設計一個無伺服器應用程式？ | 以事件驅動架構為核心，利用無伺服器功能執行業務邏輯。例如：前方使用 api gateway 或是訊息佇列作（AWS SQS or GCP pub/sub）為觸發點。 |
| | 如何利用 AWS Lambda 或 Google Cloud Functions 實現自動擴展？ | 基於事件和負載自動擴展，處理高併發請求，減少維運成本，同時根據事件種類來設定自動擴展的指標 metric，例如：CPU 或請求量。 |
| | 如何控制 Lambda 成本？ | 設置適當的執行時間和記憶體限制，監控資源使用情況，同時設定執行次數預算上限。 |

▼ 表 4-5　運算資源－網路

▼ 表 4-5　運算資源－網路

| 類別 | 問題 | 解答 |
|------|------|------|
| VPC<br>（虛擬私有雲） | 如何設計一個安全的 VPC 架構？ | 包括多個子網 subent，用於隔離不同工作負載，設置適當的路由和安全組規則。 |
| | 如何配置子網和路由表？ | 根據應用程式需求設置適當的 IP 範圍和路由策略，例如：使用 AWS NACL 或是 GCP Cloud Router 功能。 |

| 類別 | 問題 | 解答 |
|------|------|------|
| VPC<br>（虛擬私有雲） | 如何保護網路免受未經授權的訪問？ | 設定防火牆規則和私有網段限制未經授權網段的存取行為，例如：10.0.0.0/16 的 ip 網段才允許存取。 |
| Firewall<br>（防火牆） | 如何設置和管理防火牆規則？ | 基於最小權限原則，僅允許必要的流量透過，定期審查和更新規則。 |
| | 如何應對不同的安全威脅？ | 使用入侵檢測系統和防火牆相結合，監控和阻止可疑活動。 |
| | 如何使用防火牆保護應用程式和資料？ | 設置適當的規則控制進出流量，啟用加密通訊。 |
| IAM<br>（身分和訪問管理） | 如何設計和管理 IAM 策略？ | 根據用戶角色和職責分配權限，定期審查和更新策略。 |
| | 如何實現最小權限原則？ | 確保用戶僅具有完成其工作所需的最低權限。 |
| | 如何處理多因素驗證（MFA）？ | 啟用 MFA 設備增加安全層，防止未經授權的訪問。 |

▼ 表 4-6　儲存資源 – 基礎知識問題

| 類別 | 問題 | 解答 |
|------|------|------|
| NFS<br>（網路檔案系統） | 如何設置和管理 NFS 服務？ | 根據需求配置服務器和客戶端，設置適當的訪問控制，例如：使用雲端代管服務 AWS EFS / GCP Filestore。 |
| | 如何處理資料的一致性和效能問題？ | 透過優化配置和使用高效網路連接來實現。 |
| Disk<br>（磁碟儲存） | 如何選擇和配置不同類型的磁碟（如 SSD 和 HDD）？ | 根據應用程式的 I/O 需求選擇，SSD 適合高效能應用程式，HDD 適合大容量儲存。例如：大量的影片檔案，適合使用 HDD，需要及時的資料庫資料，則適合使用 SSD。 |

| 類別 | 問題 | 解答 |
|------|------|------|
| Disk<br>（磁碟儲存） | 如何管理磁碟效能和容量？ | 使用監控工具和自動擴展策略，例如：設定監控確定硬碟的容量達到 85% 時，進行擴增容量，或是使用排程工具來清理磁碟空間。 |
| 物件儲存<br>（如 S3/GCS） | 如何設計和管理物件儲存桶？ | 考慮資料分類和命名規則，利用 bucket 與 object URL 來分類。 |
| | 如何控制訪問權限？ | 使用不同儲存桶（bucket）策略和 IAM 策略。 |
| | 如何利用版本控制和生命周期策略管理資料？ | 開啟版本控制，能夠確保多種版本資料存在，可以利用生命週期自動管理資料儲存和過期資料，例如：開啟後 7 天刪除減少容量。 |

▼ 表 4-7　資料庫－基礎知識問題

| 類別 | 問題 | 解答 |
|------|------|------|
| SQL | 如何設計和優化資料庫模式？ | 考慮資料結構設計、資料表正規化和索引策略。 |
| | 如何編寫高效的 SQL 查詢？ | 透過優化 SQL 查詢計畫和使用適當的索引。 |
| | 如何處理資料庫的備份和恢復？ | 使用定期備份和恢復策略來保障資料安全，雲端服務通常都具備自動備份功能。 |
| NoSQL | 如何選擇適合的 NoSQL 資料庫？ | 考慮資料類型和應用程式需求，適合用在情境為流量高並要求低延遲或是 schema 不固定的資料。 |
| | 如何處理資料的一致性和可用性？ | 使用分片（shard）和複製策略，可參考 mongoDB 的資料庫儲存策略。 |
| Key-Value 儲存<br>/ Cache（如<br>Redis） | 如何設計和使用快取記憶體來提高應用程式效能？ | 考慮資料的讀寫頻率和一致性需求，設計對應的到期時間 TTL，一般來說，預設設定為 1 小時，需要根據應用類型而定。 |

| 類別 | 問題 | 解答 |
|------|------|------|
| Key-Value 儲存 / Cache（如 Redis） | 如何管理快取記憶體過期和淘汰策略？ | 快取記憶體過期策略可以使用定時或定期進行刪除，淘汰策略則可以使用 LRU 或 LFU 演算法來實現。<br><br>• LRU（Least Recently Used）：最近最少使用，即優先保留最近時間被存取的快取資料，並剔除最舊沒被存取的資料來緩解壓力（時間考量）。此策略適合處理那些使用頻率較高但有時效性的資料。<br><br>• LFU（Least Frequently Used）：最近最不常用，優先保留最近存取次數相對多的快取資料，並剔除最少被存取的資料來緩解壓力（存取次數考量）。此策略適合於對訪問頻率有較高要求的場景。 |

## ②系統設計

系統設計面試問題旨在「評估你在大型系統架構方面的設計能力」。這類問題通常沒有唯一的正確答案，更注重你的思考過程和設計思路。由於系統設計問題範圍廣泛，準備起來確實有些困難，特別是對於沒有足夠開發經驗的人，確實是個大魔王。

建議你先從雲端架構的常見解決方案入手，熟悉雲端技術在各種情境下的應用。當你掌握了雲端架構的基本原理和應用後，再進一步研讀系統設計相關的書籍，了解如何針對不同情境設計高可用的應用系統。例如：如果要設計一個簡化版的 YouTube，我應該怎麼進行第一步的分析？

系統設計中，常見的面試官問題：

● **雲端 HA 高可用系統**：如何設計一個高效的負載均衡架構，保證應用程式在多個 VM 之間均衡執行。

- **網路系統設計**：AWS Public / private / isolated 網路系統的設計與應用情境。

- **應用系統設計**：請使用無伺服器服務來設計一個縮短網址的服務。

這裡建議大家的準備方式，可以幫助你在系統設計的面試中更具優勢：

- **分配時間**：花 80% 的時間準備專家級雲端架構師相關的證照。先從雲端架構中已解決的大部分問題入手，理解系統設計。雲端服務提供的解決方案和白皮書涵蓋了大部分應用系統的使用和部署架構，這樣準備會相對輕鬆。剩下的 20% 時間用來研讀系統設計的書籍或材料。我推薦「ByteByteGo Cloud Services Cheat Sheet」（ *URL* https://blog.bytebytego.com/p/ep70-cloud-services-cheat-sheet ），它涵蓋了從快取記憶體到高可用設計，甚至資料庫的異地同步等硬核技術，非常有料。

- **雲端架構師證照**：先專注於一個雲端技術平台的專家級架構師證照準備，全面了解雲端技術的架構設計。在準備的過程中，你可以瞭解到很多系統設計的相關知識，更進一步可以研讀架構相關的技術文件，例如：「AWS Architecture Center」（ *URL* https://aws.amazon.com/architecture/ ）或「GCP Cloud Architecture Center」（ *URL* https://cloud.google.com/architecture ）。

- **系統架構設計**：在準備系統設計面試時，可以利用剩下的 20% 時間研讀系統設計相關的書籍。系統設計書籍通常會提供從零到百萬使用者規模的系統設計方法，也有如何設計網路限速器、通知系統以及聊天系統等高階系統設計的理論方法與實際實作。由於這些內容較為複雜，建議先專注於基礎部分，再逐步深入學習高階系統設計，這邊大家可以參閱《内行人才知道的系統設計面試指南》這本系統設計書籍（ *URL* https://www.books.com.tw/products/0010903454 ）。

### ③情境題－各種故障排除問題

故障排除問題是面試官用來「評估你在面對實際問題時的分析和解決能力」。這類問題通常基於真實的產品環境（Production Environment），考察你如何排查和解決效能瓶頸、網路故障和資料庫問題等。面試官也可能會詢問你過去遇到的故障排除案例，請你詳細描述問題並解釋你的解決方案。透過這些問題，面試官可以了解你的技術能力、問題分析能力和解決方案的有效性。

情境題－故障排除中，面試官可能會問你以下的問題：

● 如何處理應用程式在高峰期間的效能瓶頸？

● 當你的應用程式無法連接到資料庫時，你會如何排查問題？

● 當網路連接出現問題時，你會如何診斷和解決？

故障排除問題包羅萬象，可能涵蓋任何你能想到的問題。由於這類情境題通常基於真實的產品環境（Production Environment），完全依賴你的技術經驗和實際工作經驗，我們建議不要花過多時間專門準備這部分。這裡提供一些建議來幫助你應對這類問題：

● **過去經驗累積**：故障排除問題主要考察你的實際工作經驗，如果你有足夠的經驗或曾遇到類似的情境，通常能夠完美地回答問題。

● **詢問細節**：在面試中遇到不熟悉的問題時，可以詢問面試官更多的細節，了解他們所描述的情境，這有助於你更準確地理解問題，並提出解決方案。

● **坦誠應對**：如果面對完全不熟悉的情境，不要逞強，可以坦誠告訴面試官你沒有遇過這樣的情境，但可以描述你過去是如何解決類似問題的，或是展示你的問題分析和可能的想法。最後，真的不會就說不會，千萬不要逞強。有經驗的面試官都知道你在硬撐，這也暗示未來工作如果遇到難題，你也會打死不說問題，直到最後一刻爆炸。這種狀況下，坦承相對是最好的方法。

- **展示思考過程**：面試官關注的不只是你能不能解決問題，更關注你是如何分析和處理問題的。展示你的思考過程，讓面試官看到你解決問題的邏輯和方法才是重點。

換個角度來看，即使是面試官也未必能回答你過去遇到的所有問題，因此故障排除問題的重點在於，展示你的分析能力和解決問題的思路，而不是必須回答出鉅細靡遺的解決方案。

## ④情境題－現在公司實際問題

這類問題通常基於你所應聘公司實際面臨的技術挑戰。面試官會給出具體的問題情境，讓你提出解決方案。這些情境題與前面不同的是，它們通常是真實存在的問題，如果能提出有效的解決方案，會有加分效果。通常這類問題也比較進階，因為它們較難處理。

面試官可能會問你：

- **多雲端環境遷移**：如果公司需要從單一雲端供應商遷移到多雲端環境，你會如何設計和實施這個過程？目前已經使用了 VPN 打通網路環境，但部分網路有問題。

- **流量尖峰管理**：當服務遇到突發的流量尖峰，你會如何確保系統的穩定性和高可用性？已經確認 VM 會自動擴展，但還是發生問題。

- **地端到雲端遷移**：如果公司需要在短時間內擴展其應用基礎設施，要從地端上雲端遷移，你會提出哪些建議和策略，地端有大概 200PB 的資料？

準備方式其實與前面的「準備故障排除問題的建議」準備方式相似，建議大家花時間在系統設計和實際問題的分析上。具體建議如下：

- **實際案例分析**：研究並理解常見的技術挑戰和解決方案。如果你有遇過類似的問題，提供你過去的解決方案會有幫助。

- **詢問細節**：在面試中，如果遇到不熟悉的情境，詢問面試官更多的細節，了解他們所描述的情境，這有助於你更準確地提出解決方案。

透過這些方法，你可以更好地準備應對情境題，展示你的分析能力和解決問題的思路。即使不能完全解決問題，展示你的思考過程和邏輯也是非常重要的。

## 4.7.2 System Admin 系統管理員 / MIS 資訊系統工程師考題範例

作為一名 System Admin 或 MIS，你需要擁有資訊系統與網路的基礎知識以及實踐經驗。以下是這個職位要求的核心能力，並附上三個技術面試的參考題目供你準備。

- **熟悉操作系統**：能夠操作和管理 Linux、Windows、macOS 的作業系統。

- **雲端服務知識**：使用過至少一個雲端服務（如 AWS、GCP、Azure）的管理控制台，對大部分的服務有基本的認識。

- **權限與安全控制**：針對企業中的資訊系統，能夠實施權限與安全控制，以滿足合規要求。

- **系統監控與故障排除**：監控、記錄和排除系統故障，範圍涵蓋雲端與地端伺服器。

- **網路概念應用**：掌握 DNS、TCP/IP、防火牆等網路概念，管理企業內部的網路架構。

- **高效能架構設置**：協助設置高可用性、效能和容量要求的高效能架構。

- **業務連續性與災難恢復**：執行業務連續性和災難恢復程序，確保資料和服務的持續性和可恢復性，以及定期的軟體更新。

- **資訊事件管理**：識別、分類和修復突發資訊事件，以及防護可能的資訊安全問題。

## Q1.【基礎知識】請簡述網路架構中 OSI 七層的差異。

- **主考官的目的**：測試你對網路概念的基本理解，因為這是此職位的核心能力之一。

- **準備方式**：基礎知識的準備考驗你對工作的理解，建議重點複習計算機概論中的網路部分，這是此職位的必要知識。

- **參考標準**：依據網路運作方式，OSI 模型分為七層，每層在網路傳輸中都有不同的功能和作用。理解這些層次之間的差異，可以幫助你更好地設計和管理網路，請參見表 4-8 的說明。

OSI 模型層級算是蠻基本的計算機概論考題，但主考官會用更活的方式來確認你是不是懂網路，例如：「延伸問題一：請問 Gmail 是哪一層網路架構？」

更進一步可能會考 VPN、SNMP 或是 FQDN 等其他專業的網路名詞，確保你的基礎知識水平，是否能勝任現有工作。

▼ 表 4-8　OSI 模型層級說明

| 層級 | 說明 |
|---|---|
| 1- 物理層<br>（Physical Layer） | ・功能：負責資料的物理傳輸，包括電纜、光纖和無線傳輸介質。<br>・範例：纜線、開關、光纖。確保 1 和 0 的訊號在兩個裝置間正確傳輸。 |
| 2- 資料連結層<br>（Data Link Layer） | ・功能：提供介質訪問控制和鏈路管理，確保資料的正確傳輸。<br>・範例：MAC 位址、交換機。將資料包分解為框架，並在同一網路上的裝置間傳輸。 |

| 層級 | 說明 |
|---|---|
| 3- 網路層<br>（Network Layer） | • 功能：負責資料的路由選擇和轉發，確保資料到達目的地。<br>• 範例：路由器、IP 位址。路由傳送資料，例如：使用 ICMP 協定進行 ping 測試。 |
| 4- 傳輸層<br>（Transport Layer） | • 功能：提供端到端的通訊服務，包括可靠的資料傳輸和錯誤檢測。<br>• 範例：TCP、UDP 協定。TCP 確保資料完整傳輸，UDP 用於視頻影音等不需要三方交握確認的應用程式。 |
| 5- 工作階段層<br>（Session Layer） | • 功能：管理和控制應用程式之間的通訊會話，確保資料的有序傳輸。<br>• 範例：NetBIOS、RPC。建立、管理和終止應用程式之間的會話。 |
| 6- 表示層<br>（Presentation Layer） | • 功能：負責資料的格式化和加密解密，確保資料的兼容性和安全性。<br>• 範例：加密、壓縮、轉碼。SSL/TLS 協定負責資料加密，以保護傳輸安全。 |
| 7- 應用層<br>（Application Layer） | • 功能：提供應用程式間的通訊服務，包括郵件、檔案傳輸和遠程登錄等。<br>• 範例：HTTP、SMTP、FTP。用戶端軟體（如網頁瀏覽器）依靠 HTTP 協定進行通訊。 |

## 延伸問題一：請問 Gmail 是哪一層網路架構？

- **參考回答**：Gmail 主要運作在 L7 應用層，因為它是一個應用程式，提供電子郵件服務。

## 延伸問題二：請問 TCP/UDP 是哪一層網路架構？

- **參考回答**：TCP 和 UDP 是 L4 傳輸層的協定，負責端到端的通訊服務。TCP 提供可靠的資料傳輸，而 UDP 則是不可靠的傳輸協定。

## Q2.【系統設計】如何設計地端機房以及雲端機房的網路連線？並且做好安全防護？

- **主考官的目的**：測試你對企業網路配置與系統連結的理解，並提供對應的解決方案，這是一道較具挑戰性的考題。

- **準備方式**：系統設計考題較難準備，建議整理過往工作經驗中複雜系統的實例，列出當時如何執行的方式作為參考。

- **參考標準**：設計地端機房和雲端機房的網路連線，最常見的方法是使用 site-to-site VPN 來建立安全連線。回答到 S2S VPN，即可顯示你對雲端與地端網路連線的理解，如果能進一步提及防火牆等安全防護措施，會使回答更全面。

表 4-9 是更詳細的常見可行方案，一般來說，不需要記得這麼詳細，關鍵是知道在哪裡找到相關資源來解決問題，詳細資料可以參考：「GCP HA VPN topologies 設計參考」（ URL https://cloud.google.com/network-connectivity/docs/vpn/concepts/topologies）、「GCP 核心架構基礎知識」（ URL https://www.cloudskillsboost.google/course_templates/60）、「AWS 站對站 VPN 設置」（ URL https://docs.aws.amazon.com/vpn/latest/s2svpn/VPC_VPN.html）。

▼ 表 4-9　設計地端機房和雲端機房的詳細方案

| 項目 | 方案 |
|------|------|
| 網路連線設計 | ・**專線連接**：使用虛擬私人網路（VPN）或專用雲地端連接（interconnect），確保地端機房與雲端機房之間的資料傳輸穩定且快速。<br>・**冗餘網路**：設計冗餘網路，避免單點故障，確保網路高可用性，如設定 HA VPN 連線。 |
| 安全防護 | ・**防火牆**：設置雲端與地端防火牆，控制進出流量，防止未經授權的訪問。 |

| 項目 | 方案 |
|------|------|
| 安全防護 | ・**入侵檢測與防禦系統（IDS/IPS）**：監控並防禦潛在攻擊，保護系統安全，通常設置在地端防火牆上，如 Fortinet 的防火牆，雲端則看各家公有雲網路安全防護方案。<br>・**資料加密**：對傳輸資料進行加密，確保資料機密性與完整性，避免使用未加密連線，務必使用 TLS1.2 以上與 SSL 加密。<br>・**身分驗證與訪問控制**：實施 IAM 身分驗證機制，確保僅授權使用者可訪問系統資源，並針對不同用戶群組設定不同權限。 |

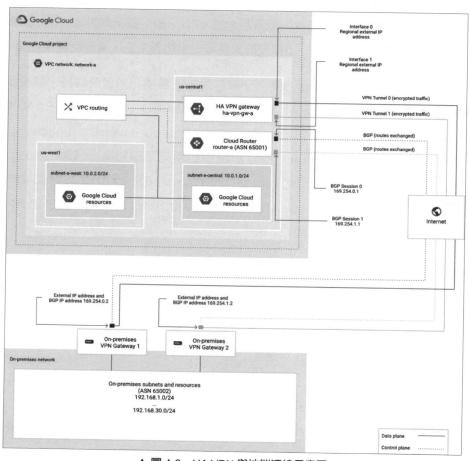

▲ 圖 4-8　HA VPN 與地端連線示意圖

※ 資料來源：https://cloud.google.com/network-connectivity/docs/vpn/concepts/topologies

圖 4-8 是 HA VPN 與地端連線的示意圖（一般不會考這麼難，但可以增強自己技能）。這張架構圖展示了在 Google Cloud 上設定高可用性（HA）VPN，說明如何將內部的本地端網路（On-premises network）透過高可用性的 VPN 閘道連接到 Google Cloud 的虛擬私有雲（VPC），確保連線的穩定性與安全性。

　架構說明：

- **高可用性 VPN 連線**：此架構透過兩個 VPN 通道（VPN tunnel）來實現高可用性，確保即使其中一個 VPN 通道失效，另一個通道仍可保持連接，從而提供冗餘的網路連接。

- **雙向動態路由**：使用 BGP（Border Gateway Protocol）進行路由交換，以便本地端與 Google Cloud 之間動態更新路由資訊，讓兩邊的子網路（Subnet）可以相互通訊。

- **跨區域網路**：連接不同的 GCP 區域（us-west1 和 us-central1）中設有子網路，這個架構可以支持多區域部署，並且各區域資源都可以透過 VPN 進行連接。

- **安全加密通道**：VPN 通道（VPN tunnel）會加密兩端網際網路的傳輸流量，確保本地端網路與 Google Cloud 之間的資料安全。

- **Cloud Router**：動態管理和交換路由資訊，分配流量在子網路與 VPC 之間的溝通。是典型的混合雲網路設計，用來將本地基礎設施與雲端網路無縫連接。

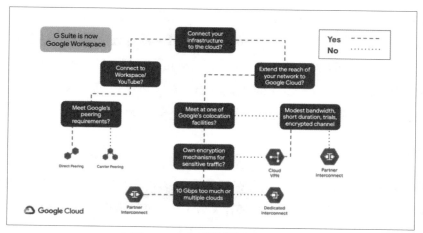

▲ 圖 4-9　GCP 與地端網路連接方式

※ 資料來源：https://www.cloudskillsboost.google/course_templates/60

　　圖 4-9 是 GCP 與地端網路連接方式（一般不會考這麼難，但可以增強自己技能），屬於進階的架構設計，幫助挑選對應的雲端基礎設施連接。

　　架構圖展示在 Google Cloud 中如何選擇適當的網路連接方式，依據使用場景與需求來判斷使用 Direct Peering、Carrier Peering、Cloud VPN、Partner Interconnect 或 Dedicated Interconnect 等解決方案。

　　幫助企業根據自身的需求選擇合適的 Google Cloud 網路連接方案，無論是透過公網加密（VPN）還是專線（Interconnect）來確保高效、安全的雲端基礎設施連接。

　　架構說明 ：

● **雲端基礎設施連接**：主要流程是引導使用者如何將企業的基礎設施連接到 Google Cloud。這包括是否需要直接連接 Google Workspace/YouTube 或是直接擴展至 Google Cloud 的網路。

- 不同的連接方式：

▼ 表 4-10　連接方式

| 連接方式 | 說明 |
|---|---|
| Direct Peering & Carrier Peering | 適合需要連接到 Google 服務（如 Workspace 或 YouTube）的使用者，但要滿足 Google 的 Peering 要求。 |
| Partner Interconnect & Dedicated Interconnect | 如果需要更高頻寬或多朵雲端連接，或者使用者希望在某個 Google 的共用設施中進行對接，這兩種選項會提供高效的連接能力，Partner Interconnect 更適合 10 Gbps 以下的連線需求。 |
| Cloud VPN | 適用於短期、較低頻寬需求，並且希望通過加密通道來保護流量的場景。 |

- **安全性與敏感流量加密**：圖中的一部分探討了對於敏感流量，是否需要自行設計加密機制；如果是的話，則需要進一步考慮進階連接選項。

## Q3.【故障排除】根據以往 Linux / Windows Server 的管理經驗，請問伺服器忽然無法 SSH 連線，應該如何排查問題？

- **主考官的目的**：測試你對 Linux / Windows Server 的管理與故障排除能力，重點在於與主考官討論並排除故障的過程。

- **準備方式**：故障排除的準備考驗你對工作的理解。建議重點複習過去工作中遇到的問題及其故障排除方法，整理並確認自己的排除故障流程。

- **參考回答**：這類型的考題通常以一問一答的方式進行，不會在一開始提供所有資訊，重點是基於現有資訊回應，並詢問主考官更多細節。

主考官：RD 反應突然無法 SSH 連線到 Linux 伺服器，IP 為 192.168.10.111，請問你會如何排錯？

面試者：首先，我會確認網路連接問題和防火牆設置。我會嘗試 SSH 連線，並用 ping 確認是否能夠連接到 Linux 伺服器。如果我能連線而 RD 不能，可能是他的網路有問題。

主考官：確認後發現你也無法連線到伺服器，這時候請到伺服器前使用鍵盤和顯示器直接登入，接下來如何排錯？

面試者：登入後伺服器，我會檢查 SSH 服務狀態。使用 sudo systemctl status sshd 或 sudo service ssh status 確認 SSH 服務是否正在執行。如果未執行，使用 sudo systemctl start sshd 或 sudo service ssh start 啟動。檢查 /etc/ssh/sshd_config 檔案，確保配置正確，例如：PermitRootLogin 和 PasswordAuthentication 設定。

主考官：這個排錯過程非常好，但你發現 SSH 服務和防火牆都正常，帳號密碼也正確，但終端機卡卡的，有時出現 lag，可能是系統資源問題。你會如何檢查 CPU、RAM 和硬碟使用情況？

面試者：我會使用 top 命令查看 CPU 和 RAM 使用情況，並使用 df -h 檢查硬碟空間是否滿了。

主考官：你發現有一個硬碟空間已滿，導致系統無法寫入檔案，接下來會怎麼做？

面試者：我會先刪除臨時檔案，然後檢查被占滿的硬碟區域，刪除不必要的檔案，確保系統能恢復正常運作，再分析哪些檔案導致問題。

主考官：非常好，刪除不必要的檔案後，系統恢復正常，RD 可以正常連線。

　　這樣的回答策略是非常正確的，主考官設計情境題是希望面試者能理解並討論目前狀況，面試者應該提出問題並制定可能的解決方案。情境題面試重點，

不在於找到唯一正確答案，而在於展示你的思考邏輯和故障排除流程，這才是主考官真正想了解的。

> ☕ **小叮嚀** 許多剛畢業的新鮮人或轉職者常常擔心面試中遇到難題，擔心被問到不會的東西。我們給出兩點建議：首先，如果你不會就誠實回答「不會」；其次，如果你對 Linux 系統不熟悉，可以告訴面試官你對 Windows 系統比較熟悉，並請求改問相關問題來考驗你的故障排除能力。
>
> 大部分面試官重視的是你的思考過程，因此通常會接受你的建議，問一些你比較熟悉領域的問題。如果你亂掰答案或逞強，面試官可能會深入追問，這樣反而容易出錯。我們建議如果在不熟悉的領域就誠實回答，你可以嘗試，但切記不要逞強亂編錯。我們建議如果在不熟悉的領域就誠實回答，你可以嘗試，但切記不要逞強亂編答案。這樣的行為會暗示你在工作中遇到不會的問題，你可能會給上司錯誤的答案，導致工作出現問題。「誠實誠信」其實才是最佳策略。
>
> 這裡有個小故事，據說在小 X 百貨（先說這是鄉野傳說）提升員工為店長時，會給一個薪資袋，裡面的薪資明細是 30000 塊，但故意放 31000 塊，這樣做是為了確認這個員工是否會回報多出的 1000 塊。如果他回報了，代表他的誠信沒有問題，企業就會升任他為店長；如果他沒有回報而把 1000 塊拿走了，企業就不會讓他升職，因為他在誠信上不符合企業的期待。這個考驗沒有對錯，只是每個企業對員工價值觀的不同要求，提供給大家參考。

# 4.7.3 Cloud Engineer 雲端工程師考題範例

作為一名 Cloud Engineer，你需要具備雲端技術的基礎知識和實踐經驗。以下是這個職位要求的核心能力，並附上三個技術面試的參考題目供你準備。

- **雲端服務知識**：熟悉至少一個主要雲端服務平台（如 AWS、GCP、Azure）的管理控制台和核心服務（如計算、儲存、網路、資料庫）。

- **操作系統管理**：能夠操作和管理 Linux、Windows 等作業系統，進行雲端虛擬系統的安裝、配置、管理和故障排除。

- **權限與安全控制**：實施並管理雲端環境中的身分和訪問管理（IAM）策略，確保符合安全合規要求。

- **網路概念應用**：掌握 VPC、防火牆的網路基礎知識，設計和管理安全可靠的雲端網路架構。

- **高效能架構設置**：規劃和設置高可用性和高效能的雲端架構，使用負載均衡（Load Balancing）和自動縮放（Auto Scaling）等技術來優化系統效能。

- **業務連續性與災難恢復**：設計並執行業務連續性和災難恢復（BC/DR）計畫，確保資料和服務的持續性和可恢復性。

- **系統監控與故障排除**：使用監控工具監控雲端資源和應用程式的效能和可用性，能夠有效排除和解決系統故障。

- **部署和實施雲端解決方案**：協助部署和管理雲端應用程式，使用自動化工具（如 Terraform、Ansible）進行持續部署和配置管理，確保應用程式的成功執行。

## Q1.【基礎知識】請問 Docker Container 與 Virtual Machine 的差異，請問 AWS 或 GCP 上是哪些服務？

- **主考官的目的**：測試你對容器化服務的核心概念及對應的雲端服務，因為這是此職位的核心能力之一。

- **準備方式**：基礎知識的準備會考驗你對工作的理解，建議重點複習雲端服務裡面所有的服務內容，這是此職位的必要知識。

- **參考標準**：Docker 容器和 VM 虛擬機器都是用來隔離應用程式執行環境的技術，但它們有著不同的運作方式和優缺點，參見表 4-11 與圖 4-10 來深入了解兩者的差異。

後續再了解 AWS 或 GCP 上的雲端服務，對應到哪些 Docker 容器和 VM 虛擬機器服務。這邊會分成四個方向來說明 Docker 容器和 VM 虛擬機器的比較，確定自己理解表 4-11 中的內容，再搭配 Docker 容器和 VM 虛擬機器架構圖服用，效果更佳。

▼ 表 4-11　Docker 容器和 VM 虛擬機器比較表

| 項目 | VM 虛擬機器 | Docker 容器 |
|------|-----------|------------|
| 架構 | 基於虛擬化技術，每個虛擬機器包含完整的操作系統和應用程式，執行在虛擬化層之上。 | 基於容器技術，使用共享的操作系統核心，每個容器執行在其自己的隔離用戶空間中。 |
| 效能 | 啟動速度慢，資源開銷大，因為每個虛擬機器需要獨立的操作系統。 | 啟動速度快，資源開銷低，因為容器共享宿主（Host）操作系統的核心。 |
| 靈活性 | 適合需要完整隔離和多種不同操作系統的場景。 | 更靈活，適合微服務架構和持續交付。 |
| 例子 | 需要使用軟體授權的程序，適用於單體應用程式架構（Monolithic）。 | 應用程式都是無狀態化，在高流量系統中，方便自動擴展（Auto Scaling）。 |

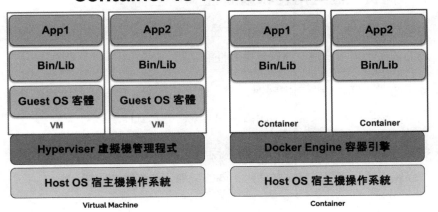

▲ 圖 4-10　Docker 容器和 VM 虛擬機器架構圖

| 雲端平台 | 雲端服務 | 說明 |
|---|---|---|
| AWS | Amazon EC2（Elastic Compute Power） | 提供可調整的虛擬機器服務。 |
| | Amazon ECS（Elastic Container Service） | 提供高度擴展的 Docker 容器管理服務。 |
| | Amazon EKS（Elastic Kubernetes Service） | 用於執行 Kubernetes 的託管服務。 |
| GCP | Google Compute Engine（GCE） | 提供可調整的虛擬機器服務。 |
| | Google Cloud Run | 管理和執行無伺服器容器的完全託管服務。 |
| | Google Kubernetes Engine（GKE） | 用於執行 Kubernetes 的託管服務。 |

這邊介紹 Docker 容器和 VM 虛擬機器對應到雲端的服務，可以看到上表 4-12 有 AWS 或 GCP 上的雲端服務。主要分類有三個，分別是虛擬機器、Docker 容器與 Kubernetes 的託管服務。

## Q2.【系統設計】設計一個簡單的 Web 應用程式架構，說明如何實現高可用性和擴展性。

- **主考官的目的**：測試你對雲端服務設計、配置和系統連結的理解，並提供對應的解決方案，這是一道較具挑戰性的考題。

- **準備方式**：系統設計考題較難準備，建議整理過往工作經驗中複雜系統的實例以及經典的雲端架構，列出當時如何執行的方式作為參考。

- **參考標準**：設計一個簡單的 Web 應用程式架構，可以從單體式架構開始，逐步擴展以實現高可用性，並使用不同的架構元件來達成目標。

## 單體架構

這是最簡單的架構設計，卻是每個雲端設計第一個學習的架構，適合初始服務。架構說明：

- 使用一個虛擬機器來承接流量，內部執行網頁伺服器和資料庫。

- 設定 DNS 與 IP 映射，將流量導向虛擬機器。

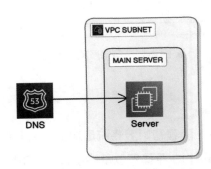

▲ 圖 4-11 單體架構示意圖

## 可擴展架構

這是進階的架構設計，隨著初始服務流量增加，需要提升整體的流量承受能力。我們需要針對服務進行水平擴展以及業務分拆。架構說明：

- **負載均衡器**：使用 AWS 的 Elastic Load Balancing（ELB）分配流量，確保高可用性。

- **Web 伺服器**：部署多個 Amazon EC2 實例執行 Web 應用程式，配置自動擴展（Auto Scaling），以應對流量變化。

- **資料庫**：使用 MySQL 或 PostgreSQL（關聯式資料庫服務）管理資料。

- **快取**：使用 Redis 或 Memcached 來快取資料，減少資料庫壓力。

- **儲存**：使用 Amazon S3 儲存靜態資源，確保高可用性和可擴展性。

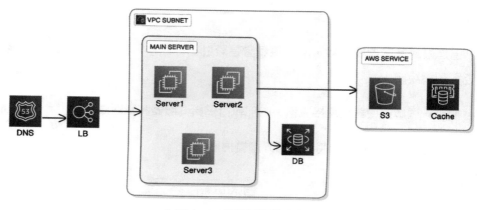

▲ 圖 4-12　可擴展架構示意圖

## 高可用架構

這是進階的架構設計，隨著初始服務流量增加，需要提升整體的流量承受能力。我們需要針對服務進行水平擴展以及業務分拆。架構說明：

- **負載均衡**：ELB 將流量分配到多個可用區域 (AZ) 的 EC2 實例，確保單一 AZ 失效時，流量仍能正常處理。

- **自動擴展**：配置自動擴展策略，根據流量增減虛擬機器實例數量，確保高峰期穩定執行。考慮使用雲端容器化方案。

- **資料庫高可用性**：使用 Amazon RDS 配置主從架構，確保資料高可用性和讀寫分離。

- **水平擴展**：使用自動擴展 (Auto Scaling)，根據流量自動擴展或縮減 Web 伺服器數量。

- **快取使用**：使用 Redis 或 Memcached 快取資料，減少資料庫壓力，設計 TTL 機制與快取資料結構。

- **儲存**：使用 Amazon S3 儲存靜態資源，確保高可用性和可擴展性。

- **CDN**：使用 Amazon CloudFront 作為內容傳遞網路，加速全球用戶訪問速度。

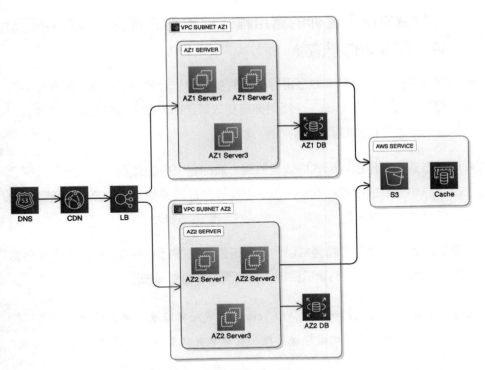

▲ 圖 4-13　高可用架構示意圖

　　不同的應用情況和階段適用於不同的架構設計，重點是向主考官展示你如何思考目前企業的狀況，考量成本和系統可用性的最佳解決方案。切勿一種解決方案套用在所有情況，想要「一招鮮，吃遍天」，這是雲端系統配置與設計中最具挑戰的部分。

　　雲端工程師的技術面試主要是針對在雲端基礎設施的理解與實際使用，確認你的雲端核心能力。建議職涯藉由工作經驗的提升與更多的知識累積，逐漸在往 DevOps/SRE 的進階職涯邁進。

## Q3.【故障排除】當你的應用程式部署到雲端後遇到效能瓶頸時,你會如何排查?

- **主考官的目的**:測試你對應用程式部署到雲端,針對效能瓶頸如何利用監控指標以及任務日誌(log)來證明你擁有故障排除能力,重點在於與主考官討論並優化應用程式的過程。

- **準備方式**:優化應用程式的效能瓶頸考驗你對工作的理解。建議重點複習過去工作中遇到的應用程式優化方法以及其他故障排除方法,整理並確認自己的雲端資源配置流程。

- **參考回答**:這類型考題通常以一問一答的方式進行,不會在一開始提供所有資訊。重點是基於現有資訊回應,並詢問主考官更多細節。

主考官:客戶反映我們的特定 API server 常常沒有回應或反應很慢。該應用程式部署在雲端的虛擬機器後,看起來有效能瓶頸,你會如何排查?

面試者:首先,使用 AWS CloudWatch 或其他監控工具,檢查應用程式和基礎設施的效能指標(如 CPU 使用率、記憶體使用率、磁碟 I/O、網路流量)。同時進行日誌分析,檢查應用程式和伺服器日誌,找出錯誤訊息和效能瓶頸。

主考官:我們發現 CPU 使用率達到 100%,日誌顯示許多 timeout 錯誤,但部分 API 仍能回應。不確定 API server 是否有自動擴展機制,而資料庫資源充足,且直接與 API server 溝通。

面試者:請問是否使用 Redis 快取等機制? API 是否有複雜的業務計算邏輯?

主考官:沒有使用 Redis 快取,API 有複雜的業務計算邏輯,必須計算完後才能回應客戶。

面試者:可能是複雜的業務計算邏輯導致 CPU 飆高,有三個可能的解決方式:

翻轉職涯!雲端 / DevOps / SRE 工程師轉職必殺技

1. 檢查自動擴展策略：確保根據負載自動擴展虛擬機器數量，應對流量高峰。

2. 程式優化：檢查應用程式，找出效能瓶頸進行優化。例如：減少不必要的計算、優化演算法、使用更高效的資料結構。

3. 快取使用：確保應用程式充分利用快取，將計算完的結果回存到 Redis 變成回應資料快取，除了減少計算量加快回應時間，也可以有效減少資料庫的重複讀寫壓力。

主考官：非常好，目前我們確認程式的業務邏輯已經優化、虛擬機器自動擴展並使用快取後，API server 的超時情況下降，但資料庫 CPU 和 RAM 使用率上升。請問在不增加硬體的情況下，有沒有辦法減少資料庫負擔？這是加分題。

面試者：可以考慮檢查資料庫查詢效能，優化慢查詢並使用索引，提高資料庫的讀寫效率。

主考官：這是非常好的優化方向。

## 4.7.4 DevOps/SRE 考題範例

作為一名 DevOps 或 SRE 工程師，你需要具備廣泛的雲端技術知識和實踐經驗，以及強大的團隊溝通能力，並且能夠設計和維運高效的系統。以下是這個職位要求的核心能力，並附上三個技術面試的參考題目供你準備。

- **雲端服務知識**：熟悉至少一個主要雲端服務平台（如 AWS、GCP、Azure）的管理控制台和核心服務（如計算、儲存、網路、資料庫）。除了能夠設置和管理雲端基礎設施，還可以運用更多系統設計概念，確保其高可用性和擴展性。

- **操作系統管理**：熟練操作和管理 Linux 和 Windows 作業系統，能夠進行系統安裝、配置、管理和故障排除。能夠在雲端環境中管理和優化虛擬機和容器。

- **持續交付與自動化**：設計和實施持續交付（CI/CD）流水線（pipeline），確保軟體能夠快速且可靠地部署到生產環境。使用自動化工具（如 Jenkins、GitLab CI、Terraform、Ansible）進行配置管理和基礎設施自動化。

- **安全控制與合規**：實施並自動化安全控制、治理流程和合規驗證，管理雲端環境中的身分和訪問管理（IAM）策略，確保符合安全合規要求。定期進行安全審計和風險評估，確保系統和資料的安全性。

- **系統監控與故障排除**：定義和部署監控、指標和日誌系統（如 Prometheus、Grafana、ELK Stack），監控系統效能和可用性。能夠快速識別和解決系統故障，確保服務的穩定執行。

- **高可用性與可擴展性**：設計和實施高可用性、可擴展和自我修復的系統架構，使用負載均衡（Load Balancing）和自動縮放（Auto Scaling）技術來優化系統效能。確保系統在高負載情況下的穩定性和響應能力。

- **自動化營運流程**：設計、管理和維護自動化部署流程，確保營運效率和系統穩定性。使用自動化工具和腳本（如 Python、Bash）來簡化重複性任務和流程。

- **業務連續性與災難恢復**：設計並執行業務連續性和災難恢復計畫，確保資料和服務的持續性和可恢復性。使用快照、備份和多區域部署等技術來保障業務連續性。

- **網站可靠性工程實踐（SRE）**：將網站可靠性工程實踐應用於服務，實施服務監控策略，優化服務效能，並確保系統的可靠性和可用性。定期進行效能測試和容量規劃，確保系統能夠應對未來的需求增長。

## Q1.【基礎知識】請簡單說明 Kubernetes 中 Control Plane 和 Data Plane 的差異，請問對應到 AWS 或是 GCP 上是哪些服務？

- **主考官的目的**：測試你對容器化服務 kerbernetes 的核心概念以及對應的雲端服務，因為這是此職位的核心能力之一。

- **準備方式**：除了基礎知識的準備，同時也考驗你對工作的理解，建議重點複習雲端服務中所有的服務內容，同時需要理解更多底層知識，這是此職位的必要知識。

- **參考標準**：熟悉現代容器操作平台 Kubernetes 的使用以及底層原理，Control Plane 和 Data Plane 是 Kubernetes 架構的兩個主要部分，也是面試問題的起手式，見表 4-13。

▼ 表 4-13　Kubernetes 架構的兩個主要部分

| 項目 | 說明 |
|------|------|
| 控制平面（Control Plane） | 負責管理和控制集群，維持集群的期望狀態。 |
| 資料平面（Data Plane） | 負責執行應用和處理資料，實際執行容器化的工作負載。 |

　　我們利用圖 4-14 說明了關於 Kubernetes 集群中控制平面（Control Plane）和資料平面（Data Plane）的區別；詳細的 Kubernetes 內部元件，我們則利用表 4-14 來做逐項的說明。

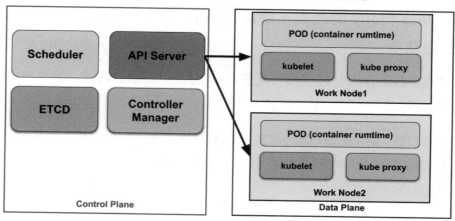

**▲ 圖 4-14　Control Plane 和 Data Plane 階層示意圖**

　　Control Plane 和 Data Plane 在 Kubernetes 中各自扮演不同的角色，表 4-14 比較兩者的差異。

**▼ 表 4-14　Control Plane 和 Data Plane 的差異**

| 項目 | 說明 |
| --- | --- |
| Control Plane （Control Node） | ・**功能**：負責管理和控制集群，維持集群的期望狀態。<br>・**元件**：包括 API Server、Scheduler、Controller Manager 和 etcd。<br>・**API Server**：處理所有的 RESTful API 請求，並提供集群的狀態資訊。<br>・**Scheduler**：根據資源需求和策略將新建立的 Pod 分配到適當的 Node 上。<br>・**Controller Manager**：監控集群狀態，並確保系統部署 Pod 處於所期望的狀態。<br>・**ETCD**：分布式鍵值儲存，用於保存集群的所有資料。 |

| 項目 | 說明 |
|---|---|
| Data Plane<br>（Worker Node pool） | • 功能：負責執行應用程式和處理資料，實際執行容器化的工作負載。<br>• 元件：主要由 Node 上的 kubelet、kube-proxy 和 container runtime（容器執行時）組成。<br>• **kubelet**：執行在每個 Node 上，管理 Pod 的生命週期。<br>• **kube-proxy**：負責網路代理和負載均衡，確保網路正常。<br>• **container rumtime**（容器執行時）：如 Docker、Containerd 和 CRI-O，負責拉取和執行容器。 |

了解 Control Plane 和 Data Plane 在 Kubernetes 的差異後，我們來比較一下 AWS 或 GCP 上的雲端服務差異，詳見表 4-15。

▼ 表 4-15　AWS 或 GCP 上的 Kubernetes 雲端服務

| 雲端平台 | 雲端服務 | 說明 |
|---|---|---|
| AWS | Control Plane | Amazon EKS（Elastic Kubernetes Service）會自動管理 Kubernetes 的 Control Plane。 |
| | Data Plane | 由 Amazon EC2 虛擬機器執行，這些虛擬機器節點作為 Kubernetes 的 Worker Nodes，承載實際的應用程式工作負載。 |
| GCP | Control Plane | Google Kubernetes Engine（GKE）會自動管理 Kubernetes 的 Control Plane。 |
| | Data Plane | 由 GKE 中的 Google Compute Engine（GCE）虛擬機器節點執行，這些虛擬機器節點作為 Kubernetes 的 Worker Nodes，承載實際的應用程式工作負載。 |

## 延伸問題一：請說明 Kubernetes 中的自動擴展功能（Horizontal Pod Autoscaler 和 Cluster Autoscaler）的運作原理及其應用場景。

- **參考回答**：自動擴展是 Kubernetes 中非常重要的核心功能，需要對其多了解，參見表 4-16 的詳細解釋。

▼ 表 4-16　自動擴展功能的運作原理

| 功能 | 說明 |
|------|------|
| Horizontal Pod Autoscaler（HPA） | HPA 根據 CPU/RAM 使用率或其他自定義指標自動調整 Pod 的預期數量，以應對流量變化。例如：當 CPU 使用率高於設定閾值時，HPA 會自動增加 Pod 數量，以分散負載。 |
| Cluster Autoscaler | Cluster Autoscaler 根據集群中未調度的 Pod 需求，自動調整節點（Nodes）的數量，確保集群資源的動態擴展。例如：當某些 Pod 因資源不足無法調度時，Cluster Autoscaler 會自動增加更多的節點。 |

## 延伸問題二：在 Kubernetes 中，如何使用 ConfigMap 和 Secret 來管理應用程式配置和敏感訊息？請提供一個具體的應用場景。

- **參考回答**：ConfigMap 和 Secret 是 Kubernetes 中用來儲存配置資料的功能，詳細了解兩者的差異與使用時機非常重要，見表 4-17。

▼ 表 4-17　ConfigMap 和 Secret 的使用

| 功能 | 說明 |
|------|------|
| ConfigMap | ConfigMap 用於儲存非敏感的配置資料，例如：應用程式的環境變數、設定檔案等，在應用程式啟動時，這些配置資料可以被注入到 Pod 中。另外一個例子為在一個多環境部署的應用程式中，可以使用 ConfigMap 來管理不同環境的配置，根據需要動態載入。 |

| 功能 | 說明 |
|------|------|
| Secret | Secret 用於儲存敏感資料，如密碼、API 密鑰等，這些資料在應用程式執行時，可以安全地注入到 Pod 中。例如：當應用程式需要連接到第三方 API 時，可以使用 Secret 來儲存 API 密鑰，並在 Pod 中安全使用。 |

## Q2.【系統設計】建立從零到百萬人數規模的系統。

- **主考官的目的**：設計一個能夠支持從零到百萬人數規模的系統，是每個 DevOps 或 SRE 工程師都需要掌握的技能，測試你對雲端服務設計、配置的深度理解，這是一道非常具挑戰性的考題。

- **準備方式**：系統設計考題較難準備，建議整理過往工作經驗中複雜系統的實例以及經典的雲端架構，列出當時如何執行的方式作為參考。

- **參考標準**：設計一個能夠支持從零到百萬人數規模的系統，我們應該先切成下列幾個階段來分析：

### 單體架構－單一伺服器的架構設計與配置

千里之行，始於足下。讓我們先從最簡單的開始。在這種架構下，所有的元件包括 Web 伺服器、資料庫和快取都執行在同一個虛擬機器內。這種架構適合在服務剛開發、使用者數量較少的初期階段，以最低的成本達到最高的效益。

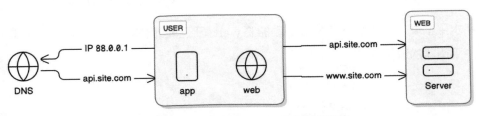

▲ 圖 4-15　單體架構－單一伺服器架構圖

## 單體架構－多台伺服器的架構設計與配置

隨著使用者數量增加，單一伺服器可能無法滿足需求，這時需要擴展為多台伺服器的架構。首先，我們會將一台伺服器作為 Web 伺服器，負責處理 API 流量（Web 層），另一台伺服器則作為資料庫伺服器（資料層）。透過這樣的分層架構，每台伺服器負責不同的功能，後續可以獨立擴展每個層級的伺服器，以應對更高的流量需求。

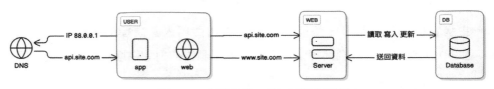

▲ 圖 4-16　單體架構－多台伺服器架構圖

## 高可用架構－ Web 層水平擴展的架構設計與配置

隨著使用者增多，我們可以將原先的單體架構升級為高可用架構（High Available）。首先，為了對 Web 層進行水平擴展，我們會使用負載平衡器（Load Balancer）來分配流量，使多個 Web 伺服器可以動態擴展，以應對不同的流量需求。

關鍵技術：

- **負載平衡器（Load Balancer）**：負載平衡器將進入的網路流量分配到多個後端伺服器上，確保每個伺服器承受的流量均衡，避免單一伺服器過載。

- **水平擴展**：Web 層水平擴展會動態將 web 伺服器數目增加，以應付更多負載平衡器的流量請求。

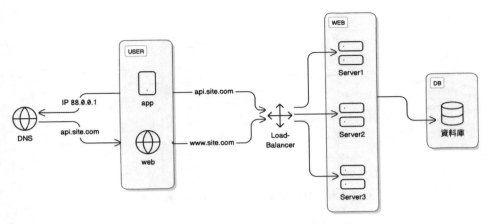

▲ 圖 4-17　高可用架構－Web 層的水平擴展架構圖

## 高可用架構－資料層水平擴展的架構設計與配置

隨著流量增加，單一資料庫可能無法滿足 Web 層的存取需求，因此我們需要對資料層進行水平擴展。我們採用資料庫複寫的主從架構（Master-Slave），寫入和更新操作只寫到主資料庫（Master），然後主資料庫將資料複製到從資料庫（Slave），讀取操作則從從資料庫進行，這樣可以有效地分散讀寫負載，達成資料庫的擴展。

在高流量情況下，可能會有 20 幾個以上的虛擬機器同時對資料庫進行請求。雖然資料庫的垂直擴展可以透過增加 CPU 和記憶體來提升效能，但這種方式最終會達到硬體的極限。此時，我們需要透過水平擴展來增加資料庫的容量，主從架構是其中一種有效的方案。

關鍵技術：

● **資料庫複寫的主從架構**：水平擴展方法，它透過將資料從主資料庫（Master）複製到一個或多個從資料庫（Slave），使資料庫具備讀寫分離的能力。

● **資料庫的垂直擴展**：增加單一伺服器的硬體資源（如增加 CPU、記憶體、硬碟等）來提高資料庫的效能。

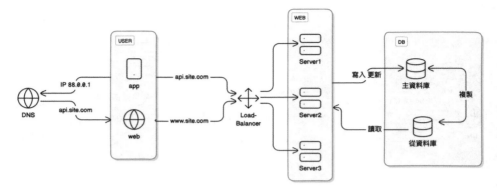

▲ 圖 4-18　高可用架構－資料層的水平擴展架構圖

## 高可用架構－快取與 CDN 的架構設計與配置

　　快取與內容傳遞網路（CDN）是提升回應速度和用戶體驗的常用手段，這兩部分都需要設置資料生命週期（Time To Live，簡稱 TTL）來確保資料及時刷新。在實際應用中，不一定需要按照特定的水平擴展順序導入快取和 CDN，可以根據具體情況，有時可以先引入快取或 CDN 來降低系統負擔和執行成本。最重要的是根據實際需求靈活應用，沒有標準答案。

　　關鍵技術：

- **快取（cache）**：快取是一個臨時的儲存區域，可以暫存高頻存取的資料，減少對資料庫的直接訪問，從而加快後續的處理速度。我們通常使用 Redis 集群作為快取層，減輕資料庫的讀寫負擔，提升系統效能。

- **內容傳遞網路（CDN）**：CDN 是一種分布式的網路，可以在全球各地提供靜態資源，如圖片和影片。使用 CDN 來傳遞不會經常變動的內容，可以降低 Web 伺服器的負擔，並提高全球用戶的訪問速度。

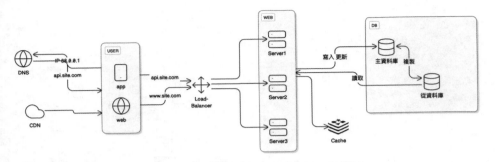

▲ 圖 4-19　高可用架構－快取與 CDN 架構圖

## 高可用架構－多區域資料中心的架構設計與配置

　　這種架構適用於需要服務全球用戶的應用程式。通常我們會在亞洲、美洲和歐洲建立資料中心，確保三大洲的使用者都能獲得最佳體驗。如果某個資料中心發生重大故障，我們會將流量導向可以正常運作的資料中心，以提供備援。

　　在設計高可用架構時，關鍵是確保無狀態的 Web 伺服器層，這樣才能實現水平擴展。GeoDNS 地理路由設計能有效將流量導向多個區域中心，而多區域部署則能確保全球用戶獲得最佳的服務體驗。定期檢查各資料中心的健康狀況，並確保有完善的故障轉移機制，是保持高可用性的核心策略。

　　關鍵技術：

- **無狀態網路層**：確保所有 Web 伺服器都是無狀態的，這樣可以進行水平擴展而不會有狀態的差異。

- **多區域資料中心**：根據不同國家的使用者需求，部署多區域資料中心，確保用戶能夠就近存取資源，降低延遲（latency）。

- **GeoDNS 地理路由**：利用地理路由技術，將不同國家的使用者導向最近的資料中心，進一步降低延遲，提高效能。

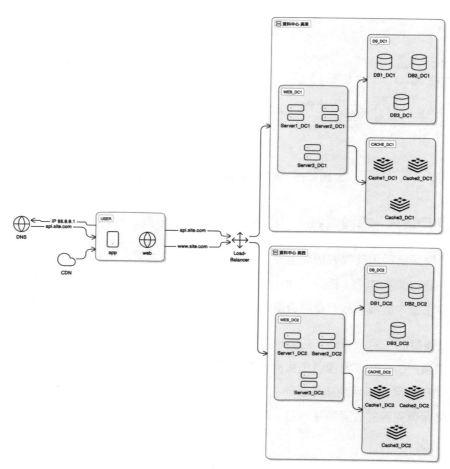

▲ 圖 4-20　高可用架構－多區域資料中心架構圖

應用場景：

　　假設你是麥當勞的 DevOps 工程師，你需要考慮全球各地麥當勞服務的可用性，以及不同時區的尖峰和離峰訂餐需求。高可用性架構需要隨著不同的商業邏輯進行調整，以滿足各地用戶的需求。

## 高可用架構－訊息序列的架構設計與配置

隨著流量不斷增加，我們會遇到大量請求無法即時處理的情況，需要先將請求寫入一個緩衝區，再由對應的工作程序逐步消化。這就像在 Costco 或商店裡，很多客戶同時結帳，但收銀員無法立即服務每個客戶，這時客戶會排隊等待收銀員逐一處理結帳。「訊息序列」（Message Queue）正是扮演這樣的角色，讓請求排隊，然後由工作程序逐漸消化。

● **關鍵技術：訊息序列的應用**

▼ 表 4-18　訊息序列的應用

| 項目 | 說明 |
|------|------|
| 緩衝區 | 訊息序列作為緩衝區，負責發放各種非同步請求。 |
| 生產者 - 消費者模型 | 我們使用生產者 - 消費者模型，生產者將訊息發送到序列中，消費者負責處理這些訊息。這種模型具有解耦的效果，使應用程式更具可擴展性和可靠性。 |

● **關鍵技術：複雜系統的監控與日誌記錄**

在大型系統中，通常會支援日誌記錄、衡量指標的監控和 CI/CD 自動化。這些工具能幫助監控系統效能來提升生產力，並持續整合和確認生產環境的狀況。管理者可以利用各種雲端工具來了解系統的狀態，通常我們會分成兩個層面的監控：

▼ 表 4-19　監控系統的效能

| 項目 | 說明 |
|------|------|
| 系統層級監控 | 監控各種資源的使用情況，如 CPU 和記憶體的使用量是否超過限度。 |
| 應用層級監控 | 監控應用程式的執行狀況，例如：API 的 4xx 錯誤數量是否過多，以檢測應用程式問題。 |

這些設計的最終目標是管理龐大而複雜的系統，維持服務的穩定性與高可用性。

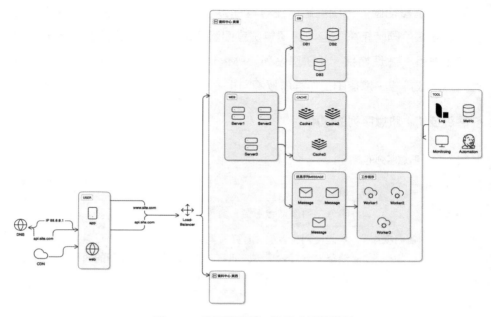

▲ 圖 4-21　高可用架構－訊息序列架構圖

應用場景：

　　假設你管理一個擁有 6 億會員的全球應用程式，這些會員的購物車操作和結帳刷卡等行為，會產生大量請求。為了應對這些請求，我們需要使用訊息序列來建立各個微服務，確保系統的穩定性和可擴展性，並能夠處理大量請求。

　　在這個系統設計的考題中，我們介紹了由淺入深的七種伺服器架構。隨著應用程式使用人數的增加，還可以進行資料庫分片。考題重點在於隨著應用程式複雜度的提升，必須具備足夠的知識來設計更高效、更低成本的系統架構，同時能夠靈活應用在雲端環境中，以應對現實中的各種商業邏輯。

以下是提供一些關鍵點，幫助大家研究如何在高可用性的擴展中進行設計，從而提高複雜系統的可用度：

- **思考百萬級使用者**：設計能夠支持大量同時使用者的系統架構。

- **無狀態 Web 伺服器**：保持 Web 應用程式無狀態，以便於水平擴展。

- **冗餘設計**：在每一層都保留一定的冗餘資源，以防止單點故障。

- **快取**：儘可能多使用快取常用資料，減少對後端系統的壓力。

- **多資料中心**：在多個資料中心區域部署系統，以提高可用性和降低延遲。

- **CDN**：使用 CDN 託管靜態資料，提高全球用戶的訪問速度。

- **資料分片**：利用資料分片技術，擴展資料庫的處理能力。

- **服務拆分**：將各層切分成單獨的微服務，增加靈活性和可維護性。

- **監控與自動化**：監控系統效能，善用自動化工具，以提升效率。

## Q3.【系統設計】AWS Public / Private / Isolated 網路系統的設計與應用情境。

- **主考官的目的**：測試你對雲端架構中 VPC 網路設計的深度理解，VPC 網路設計是每個 DevOps 或 SRE 工程師必須掌握的技能，這是一個難度較高的考題。

- **準備方式**：系統設計考題較難準備，建議整理過往工作經驗中複雜系統的實例以及經典的雲端架構，列出當時如何執行的方式作為參考。

- **參考標準**：設計 AWS 網路系統時，應根據不同的應用情境選擇合適的網路結構。以常見的三層式網路為例，表 4-20 是三種網路的設計和應用情境。

| 網路 | 設計 | 應用情境 |
|---|---|---|
| 公開網路<br>（Public Subnet） | Public Subnet 中的資源可以直接訪問網際網路，通常部署負載均衡器和 Web 伺服器。 | 適用於需要公開訪問的應用程式，如 Web 應用和 API 服務。 |
| 私有網路<br>（Private Subnet） | Private Subnet 中的資源不能直接訪問網際網路，需要透過 NAT Gateway 或 Bastion Host 訪問。 | 適用於需要保護的應用程式，如資料庫伺服器和應用後端。 |
| 隔離網路<br>（Isolated Subnet） | Isolated Subnet 完全隔離，既不能訪問外部網路，也不能被外部訪問，只能從特定的網段進行存取。 | 適用於高度敏感的資料和應用程式，如金融系統和醫療資料庫。 |

在實際操作中，設計網路時通常只會使用公開網路（Public Subnet）和私有網路（Private Subnet）。需要存取內部資源時，會在公開網路（Public Subnet）中建立一個基站（Bastion），先連到這個基站，再進入私有網路（Private Subnet）進行存取。這樣的設計能有效保護內部資源的安全，同時允許必要的訪問。

隔離網路（Isolated Subnet）則用於高度安全的情境，專門存放高敏感度的資料，以滿足合規需求。這類網域完全隔離，既不能訪問外部網路，也不能被外部訪問，只能從特定的網段進行存取，提供最高層級的資料保護。詳細的系統架構可以參考圖 4-22。

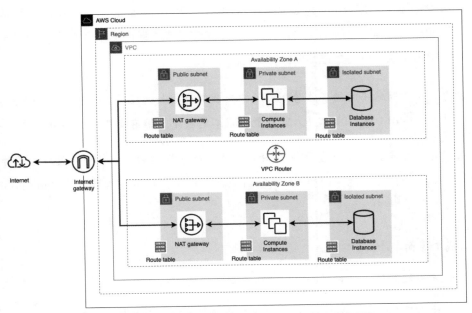

▲ 圖 4-22　AWS Public / Private / Isolated 網路架構圖

※ 資料來源：https://www.verticalrelevance.com/solution-spotlight-network-foundations/

## Q4.【系統設計 / 故障排除】我們應該如何設計 Kubernetes 的 Node Pool？讓 CPU 及 RAM 在最低成本前提下，擁有足夠的服務效能？

- **主考官的目的**：這道考題旨在測試你對 Kubernetes 實際操作和營運服務的深度理解，特別是維持服務的高可用性和降低雲端成本的能力。這是每個 DevOps 或 SRE 工程師必須掌握的重要技能，因此這是一個難度較高的考題。

- **準備方式**：容器化應用程式的營運和雲端成本的考量，考驗你對工作的理解。建議重點複習過去工作中遇到的應用程式優化方法及降低成本的方法。這類問題通常涉及「系統架構設計」和「成本控制」兩個面向，只能從過去的經驗中進行準備。

- **參考標準**：使用 Node Pool 設計和優化 CPU 及 RAM 配置，可以幫助你在效能和成本之間達到最佳平衡。首先要確定你是成本導向還是效能優化導向，然後再決定不同的配置策略。

主考官：請問過去的的工作營運經驗中，我們應該如何設計 Kubernetes 的 Node Pool？讓 CPU 及 RAM 在最低成本前提下，擁有足夠的服務效能？

面試者：首先我們會決定兩種導向第一種是成本導向的 Node Pool 設計，另外一種是效能導向的 Node Pool 設計，在這裡採用成本導向的 Node Pool 設計。

成本導向：

- 使用較低規格的實例，增加節點數量來分散負載。

- 使用自動擴縮（Auto Scaling）來動態調整資源，避免資源浪費。

- 利用預留虛擬機器或競價虛擬機器（Preemptible VM）降低計算成本。

- 使用 100% 現貨的虛擬機器（Spot VM）進行營運，但是強烈要求服務的無狀態化，並考慮高可用性的數目，也就是 Pod 必須開得比較多來保持高可用性。

效能導向：

- 使用高規格實例，確保每個節點有充足的資源應對高峰需求。

- 將高負載應用程式分配到專用的 Node Pool，避免資源爭奪。

- 配置適當的資源配額和限制，確保應用程式穩定執行。

主考官：使用 100% 現貨的虛擬機器進行營運非常有意思，能詳細描述一下該如何使用及注意事項嗎？

面試者：使用 100% 現貨的虛擬機器的最大挑戰是這些機器隨時可能被收回，因此我們需要利用高可用性設計來部署多個 Pod 提供服務，換取較低的成本。我會在不同的區域節點上部署三個 Pod，當某一區域的節點被收回時，其他兩個區域的節點仍然能保持服務執行，避免服務同時中斷。

主考官：如果所有區域的節點都同時被收回，服務不就會下線有問題了嗎？

面試者：的確這種情況下，直到重新部署完成，服務會中斷一下，但這是犧牲部分 SLA 來換取最低成本的策略。為了減少這種情況的發生，我們可以在不同的 Node Pool 中建立不同類型的虛擬機器，降低所有節點同時被收回的風險。在理想情況下，透過多類型 Node Pool 和高可用冗餘的 Pod 設計，可以實現高可用性和低成本。此外還需要配置自動擴展策略與動態調整節點數量，使用 Kubernetes 的水平自動伸縮（Horizontal Pod Autoscaler，HPA）和 Node Pool Autoscaler 來實現。

主考官：這個設計非常有趣，可以知道大概節省了多少成本嗎？

面試者：經過計算，大約可以節省 20% 的 Kubernetes 營運成本。現貨的成本約為原價的 30%，為了降低被收回的風險並提高可用性，我們利用架構設計的方式多開 1-2 顆的 Pod 提高可用性。整體成本為原價的 60%~80%，因此整體可以省下約 30% 的成本，但是架構設計與系統維護也會更複雜一些。

主考官：非常有意思，有哪些雲端服務可以轉移到 Kubernetes 營運，以減少更多成本嗎？

面試者：根據實際測試，我們建議將快取相關的服務轉移到 Kubernetes 營運。快取服務大部分都有失效機制（TTL），所以只要保持高可用性狀態，即使部分節點被收回，依然可以正常執行。例如：Redis 部署集群超

過三個節點，即使兩個 Pod 被收回，依然可以正常提供快取服務，並且比一般雲端快取服務成本更便宜，維護成本也不高。

主考官：有沒有一些雲端服務不建議轉移到 Kubernetes 營運的？

面試者：根據過去經驗，資料庫類型的服務並不適合在 Kubernetes 營運，除非團隊內有熟悉資料庫的 DBA，否則資料庫常因為網路同步失敗，導致在 Kubernetes 執行一段時間後出現許多問題，增加維護的難度。

主考官：非常有趣的經驗，謝謝你的分享。

## 4.7.5　Bonus：SRE 參考資源

看到這裡實在不容易，給自己一個掌聲。以下提供幾個 Google 的免費資源，這些都是非常優秀的參考書籍，對於提升 SRE 技能有很大幫助。建議你點閱查看，提升自己的實力。

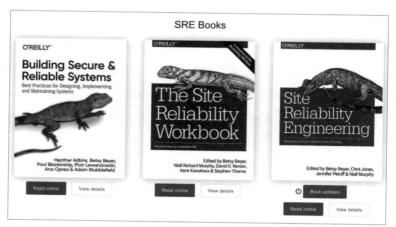

▲ 圖 4-23　Google SRE Book 參考

※ 資料來源：https://sre.google/books/

# 4.8　五大面向的人格特質面試題

**POINT** 人是最難捉摸的動物，請確保你是能完成工作的那個人。

　　人格特質的面試題目多樣性高，我們整理了五大面向的常見面試題，分別是「團隊合作」、「溝通技巧」、「組織規劃」、「抗壓性與壓力排解」、「解決問題與應變能力」等五項。在面試時更會引申到各種實際情境題目，但這些問題的本質在於評估「你這個人的人格特質、工作方式與職缺團隊的適配度」。建議提前準備以下常見的面試問題，並修改成適合自己的回答方式。

　　下面問題涵蓋了大部分面試中可能遇到的情境，讓你能夠觸類旁通、靈活應對，剩下的就靠面試時臨場發揮。

## 4.8.1　團隊合作

### Q1. 請問過去工作中遇到最困難的一件事是什麼？你是怎麼解決這個問題？後續的改善方案？

- **問題背後的想法**：了解你在團隊合作中如何處理衝突和困難，展示你的協作和領導能力，並且是否有思考改善的方式。面試官希望找到一位合適的人才，能夠正視衝突，並以建設性方式處理衝突根源。

- **參考回答**：

　　在過去的一個專案中，我遇到過一次重大挑戰，當時我們團隊需要在兩個禮拜內完成一個重要的軟體開發專案，但在專案初期，團隊內部出現了嚴重的意見分歧，大部分人作壁上觀，導致專案進度嚴重滯後。

最大的挑戰在於如何凝聚團隊共識，除了需要追回已經落後的進度，也要確保專案能夠準時交付給客戶，最大的關鍵是「專案時間管理和風險管理」。

解決方法：

1. 召開緊急會議：召集團隊成員進行緊急會議，明確專案的最終目標，並讓每個人表達自己的意見和建議。

2. 建立共識：透過多次討論，我們找到了各方都能接受的方案，確保每個成員都能理解，並支持專案目標。

3. 重新分配任務：根據新的方案，重新分配工作任務，確保每個成員都能專注於自己的責任區域。

4. 設立里程碑：將專案分為三個階段，設立明確的里程碑和評估標準，讓大家能夠逐步看到專案的進展和成果。

5. 每日進度會議：每天召開進度會議，及時解決問題並調整計畫，確保專案不再出現滯後情況。

結果：

最後我們的團隊成功在預定時間內完成了專案，同時交付品質也滿足達到客戶專案規格要求。這次經歷讓我學會了如何在壓力下有效領導團隊，透過有效的溝通和管理，成功地解決問題並達成目標。這些經驗在後續的工作中幫助我更好地處理團隊合作的挑戰。

後續改善方案：

1. 定期溝通：建立定期的團隊溝通機制，確保每個成員能夠及時交流訊息，避免出現意見分歧。

2. 明確責任分工：在專案初期就明確各成員的責任和分工，減少因責任不清而引發的爭議。

3. 風險預估與管理：在每個專案開始前進行風險預估，並制定相應的應對策略，至少確保專案進行中有計畫 B。

## Q2. 請問過去工作中團隊合作的經驗，最難完成的一件事？你是如何解決這個問題？後續的改善方案？

- **問題背後的想法**：這個問題在了解求職者是否能夠有效協作，還是更傾向獨立作業，面試官會避免團隊有自幹王的出現。優秀的團隊成員不僅能理解自己的責任，還能考慮到自己的行為對他人的影響。團隊合作最困難的部分可能涉及技術挑戰、處理人際衝突與利益分歧等面向。

- **參考回答**：

  在一次專案開發中，我與一位資深同事合作，他習慣獨立完成所有工作，並且不善於與團隊分享資訊或進行有效的溝通。這種工作方式導致團隊內部對他感到不滿和疏離，大家都不喜歡跟他合作，私下叫他難相處的職場老鳥。

  這位同事技術能力其實非常出色，但因為溝通問題和年紀較大，導致他在團隊中難以相處。為了促進專案的順利進行，我被高層指派與他合作，並負責處理與這位棘手同事的協作。

  我思考的解決方法分為以下三個項次：

1. 傾聽和尊重：先採取了傾聽的策略，給予他充分的發言機會，讓他感受到被尊重和重視，避免直接挑戰他在技術領域的權威，讓他感覺到我擁有能夠良好與他溝通的能力與態度。

2. 發揮技術優勢：努力讓他發揮其技術專長，並在專案中展示他的解決方案，讓他感覺備受尊重。而我主要負責溝通的橋梁，確保資訊的有效傳遞和問題的及時解決，所有代辦項目都在良好的進行中。

3. 增進互動：主動安排了非正式的交流機會，可以「私下喬一下」，像是一起喝喝全家咖啡和陪他抽抽菸，增進彼此的了解和信任。「喬一下」是達成良好溝通與互動的關鍵。

最終我們的專案順利進行，並且提前兩週完成。我認為這次成功的關鍵在於有效處理了同事團隊關係和利益衝突。透過了解這位同事的需求和關注點，為他創造一個舒適的工作環境，使他在專案中發揮最大的效能。

對我來說，最困難的部分其實是了解他在意什麼以及他不在意什麼。由於他的聲名在外，初期的合作確實存在一些挑戰。但是隨著我花時間去了解他這個人，摸清楚他在意的點，合作起來一切就變得事半功倍、水到渠成。

## Q3.【人格特質/團隊合作/組織規劃】你如何平衡團隊合作和個人工作目標，有沒有實際的例子可以說明？

- **問題背後的想法**：評估求職者的規劃能力和合作精神，缺乏規劃的求職者通常難以回答這個問題。如果他們的工作流程不系統化，回答時會顯得捉襟見肘，難以提出有意義的觀點。他們可能只會盲目服從，缺乏主動性，並且在遇到問題時，將責任推給他人，這種態度對團隊合作有負面影響，只關心自己工作完成而忽視團隊整體成果，會成為組織中難以處理的不確定因素。具體例子說明，這類人最常見的回答：「這是你叫我這樣做的，所以責任在你。團隊成果與我無關，我只需完成自己的工作即可。」

- **參考回答**：

我的價值觀是希望看到團隊成功，所以我會把團隊的目標視為比個人目標更重要，因為當團隊成功時，我也會隨之一起成功，俗話說：「一個人走得快，一群人走得遠。」

將團隊目標轉化為個人目標，能夠確保我的努力可以促進團隊的成功，而不僅僅是對我自己有益。除了我能從更高的視角來思考和解決問題，更可以配合策略

讓團隊合作與個人目標對齊，避免兩者目標產生衝突。在制定年度績效目標時，我會與主管討論，確保我的目標符合組織的 OKR（目標與關鍵成果）。

例如：公司曾指派我進行整體組織的雲端成本優化，這是一個重要的組織目標。我將其分解爲個人工作目標，設定了年度節省 20% 成本的目標，每季度必須節省 5% 的目標來循序漸進。我採取了自動化措施，例如：使用排程工作每天自動清理刪除未使用的 Docker 鏡像、固定 IP、雲端硬碟等，更進一步利用優化架構來節省雲端服務費用，使用 100% Spot Instances 的 Kubernetes 設計，以及針對未使用的虛擬機器（VM）進行白天開機、晚上關機的操作，以節省費用。

我覺得透過將團隊合作目標轉化爲個人 OKR，就能夠輕鬆平衡兩者的需求，這樣不只省力，還能在推動組織目標的實現過程中，順手完成個人目標。

# 4.8.2 溝通技巧

**Q1. 當團隊中對一件事情有爭議時，你會如何解決？特別是當技術選型沒有對錯，你和另一個人的方案都可行時，如何選出最好的方案？**

- **問題背後的想法**：求職者對問題的答覆，透露出他們對於衝突的認知。他們舉的例子真的是衝突嗎？還是求職者對他人提出的合理要求或回饋反應有所不當？這個問題可以協助評斷求職者的心態成熟度，以及與他人融洽合作的能力好壞。

- **參考回答**：

當時團隊針對某個客戶情境有兩種解決方案，情境需要針對不同電腦的規格進行分類，像是 CPU、GPU、RAM、ROM、Monitor、OS、Language 等不同電腦規格，分類完成後，還希望可以反向利用規格搜尋出適合的電腦組合有哪

些。第一種方案能全面解決問題，類似枚舉法，列出所有可能性來分類；另一種方案則採用正則化方法來搜尋。當時的主要問題是沒有人願意承擔責任作出決定，只希望有人選擇後，直接告訴他們該執行哪個方案，大家不想參與業務邏輯轉化技術的過程。

我的任務是決定使用哪種技術，並預估所需時間以滿足客戶需求，所以採取了以下的行動來幫助團隊作出決定：

1. 列出方案優劣：我先列出了兩種技術方案的優點和缺點（pros and cons）。

2. 團隊投票：請每位同事投票選出最適合目前情況的方案。

3. 會議決議：我在每週會議上提出共識決議，確保團隊成員理解客戶需求、技術選型以及選擇哪個方案來達成共識。

接著我們在下一次的衝刺會議（Sprint Planning Meeting）上進行實作，最終大家都認為這樣的處理方案是有效率的，即使後來遇到其他問題，也認為當時的團隊選擇是最佳解決方案。

當時我處理事情的核心概念是針對事情而非針對人，利用技術優劣的分析來讓大家選擇最適合當下情況的技術方案，不是針對個人作為評判，讓對方感受到我的善意。

## Q2.【溝通技巧】你是否有溝通失敗的經驗？那樣的經驗給了你什麼樣的啟示？

● **問題背後的想法**：對這些溝通問題的觀察重點，是你如何處理人際摩擦和溝通障礙，並希望看到求職者是否能從失敗中學習和改進。面試官關注你對自己溝通技巧的認知，以及如何處理與不同角色和地位的人進行溝通。無法有效溝通的員工可能會讓整個團隊都為他帶來的負面效應而買單，因此這是評估求職者的重要問題。

- **參考回答：**

　　在過去的一個專案中，我曾經有一次非常不好的溝通失敗經驗。當時我與一位同仁在工作認知上有很大的分歧，甚至牽涉到某種程度的政治鬥爭。他寄送了一封不太友善的信件警告我，我隨即與他面對面溝通，但結果並不理想，反而增加了他的不滿。

　　我的任務是確保對方完成資訊安全相關的程式碼，並遵循軟體開發生命週期（SDLC，software development life cycle）的要求，以確保專案能透過公司的資訊安全部門審查。我與該同仁開了一次啟動會議（Kick-Off Meeting），詳細說明了團隊目標、時間規劃和可行解決方案，但對方顯然不願意配合。

　　兩個禮拜過去了，問題依然未解。我最終選擇直言不諱，告訴他過去我曾經成功解決了超過500位客戶的需求，不論國籍或語言都可以搞定。與他同文同種的情況下，溝通卻如此費力，他可能是這五百位客戶中的異類，與正常族群的溝通方式不同。

　　最後我決定內部的矛盾要使用外部力量來解決，最終找來了團隊的主管，說服對方提出解決方案，避免再度陷入困境，滿足高層的專案上線要求。最終的結果是好的，藉由這次的溝通後，我們後續成功的交付資訊安全部門要求的審查改善，完成專案上線要求。

　　在思考這次經驗後，我認識到即便對方是比較難溝通的典型 RD，我或許應該以更溫和的前輩角色來說明，與他對齊團隊目標。給予對方不好的體驗，可能會帶來深遠的影響，因此在後續的溝通中，我儘量以和為貴，除非對方的個人想法阻礙了團隊目標，我才會採取更強硬的措施。

## 4.8.3　組織規劃

### Q1.【人格特質／組織規劃】在工作中難免遇到必須符合時程的情況，你會如何安排工作進度以確保按時完成？如果時間不足，你可以配合加班完成嗎？

- **問題背後的想法**：了解求職者對工作的責任感以及他們的組織能力，在問答中能得知求職者是否能在壓力下高效工作，並在必要時付出額外努力。如果求職者無法適應緊張的工作節奏或不願意協作，可能不適合這類高壓工作，這是屬於職缺匹配性的問題。

- **參考回答**：

　　這邊我可以配合公司所安排的專案時程，目標是完成交付客戶主要的需求任務。我可以全力配合，包括加班完成任務。如果需要加班，公司可以選擇補休、加班費或是其他的方式進行對應的彈性措施。

　　過去我曾經遇到需要配合美國分公司的專案，需要台灣公司調整時差進行展示。當時我要負責在晚上趕工完成展覽所需的系統設定，包括配置 Azure IoT Dashboard，讓客戶能夠了解我們的產業解決方案。

　　在這個過程中，我與美國的同仁迅速完成所有設定，最後透過電子郵件討論所有交接清單，並報告給主管確認整個產品展示（Product Demo）的流程。最後展覽進行得非常成功，客戶對我們的 IoT 方案非常感興趣，後續的專案規劃交給了業務部門來跟進。

## Q2. 你是否有無法如期完成工作的經驗？那樣的經驗帶給你什麼樣的啟示？後來你做了哪些改進？

- **問題背後的想法**：這個問題希望了解求職者是否能按時交付工作，或者是否存在拖延症的傾向，不好的工作紀律可能會導致任務延誤。透過回答這個問題，可以看出求職者是否具備足夠的紀律來完成工作，還是在找藉口推卸責任。

▼ 表 4-21　判斷求職者是否具備紀律

| 求職者 | 說明 |
|---|---|
| 不擅長規劃的求職者 | 這類問題上表現得很吃力。如果他們的工作流程缺乏系統性和結構性，回答規劃方式時會顯得捉襟見肘，講半天都聽不懂在講啥。 |
| 具備規劃技能的求職者 | 面試官希望找到那些能夠正確辨識優先順序，並制定計畫達成專案目標的人。這樣可以篩選掉那些可能在工作中陷入困境，被無意義工作牽制住的人，俗稱「鬼打牆、做白工」的人。 |

- **參考回答**：

在過去沒有如期完成的工作經驗中，我總結了兩個主要原因：

1. 專案時間過於緊迫：有些專案的時間壓力過大，雖然我們可以在截止日期前提供一個初步的結果或概念驗證（POC），但要達到生產環境的標準需要更多時間來完善。

2. 目標超越物理極限：在某些專案中，老闆的要求可能超過了物理計算的極限，但需要經過不斷的驗證和實驗，用資料證明這些目標在現有條件下是不可能達到的。

我針對這兩種狀況的應對策略，最關鍵是不能說你做不到，而是要在嘗試以後提出可行的替代方案來解決問題，才是根本之道。

1. 專案時間緊迫的應對策略：在這種情況下，我們的團隊會先詳細切分專案的各個階段和行動目標，儘量在截止日期前一週內生成初步的分析結果或概念驗證 POC，並在最後階段進行完善。在專案初期開展啟動會議，確保時間分配合理，並在實施過程中進行持續優化，這樣的方式能夠更好地取得團隊共識與解決方案。

2. 目標超越物理極限的應對策略：對於這種情況，我們會在專案初期進行詳細的估算，並透過更多的模擬與實驗來證明這些物理極限。在不同的實驗中，我們會收集資料，分析其常態分布和標準差，確定實際執行中的可達成範圍。這些資料和分析結果將用來與老闆溝通，運用資料來證明我們所面臨的實際限制，並提出可行的替代方案。

這些經驗讓我在工作中更加成熟，能夠更好地完成老闆交付的工作目標，並在未來的專案中應用這些學習到的工作技巧和方法，持續交付良好的工作成果。

## 4.8.4 職場抗壓性與壓力排解

## Q1. 如何面對工作壓力，可以舉具體的例子或者是你抒發的方式？

- **問題背後的想法**：希望了解求職者在面對工作壓力時是否能夠沉著應對、具備解決問題的技巧和保持專注力。面試官希望你能提供在壓力中工作的實例（但壓力並非因你而起），並說明你是如何冷靜因應、分析局勢、採取措施，最終取得成功。

- **參考回答**：

我的職業生涯中，曾經遇到多次高壓情境，所以在面對工作壓力時，我會將壓力來源分解成不同的小塊，並逐步處理每一個部分。這樣可以更有效地減輕整體壓力。以下是我的具體方法：

1. 切階段分而化之：首先分解任務，將壓力來源切成不同的小目標，針對每個小目標制定計畫。例如：如果一個任務非常緊迫，需要在三天內完成，我會在第一天和第二天完成一個最小的可交付成果，第三天則專注於完善和打磨，確保最終不會出現問題。

2. 精神勝利法化解緊張：面對百人以上的演講時，我會將聽眾想像成西瓜，這樣可以減輕緊張情緒。此外在演講前，我會重複練習 3-5 次，確保自己熟練掌握所有的投影片演講內容，讓自己在演講時可以自信地發揮不結巴。

3. 運動消除壓力：我的興趣是打羽球、籃球與健身，除此之外我還有救生員和潛水員的執照。我會利用這些活動來減少壓力，分泌更多的多巴胺，確保在生活與工作中達到平衡。運動真的是非常重要的舒壓方式，每個禮拜適度的運動，可以讓我持續保持身心靈最佳狀態，完成所有任務。

在過去的 10 年工作經驗中，我曾經因壓力過大而崩潰，但這些經驗教會了我如何調整自己，所以現在我能夠在高壓環境下保持冷靜和高效，並確保自己始終處於最佳狀態。

## Q2. 你是否曾經歷過他人的回饋意見不正確或不符合你認定的實情，你當時如何處理這個情況？

- **問題背後的想法**：這個問題要了解求職者如何處理回饋與衝突，尤其是當意見與自己認知不符時。他們是否能坦率接受回饋，承認自身缺點，並從錯誤中學到教訓？還是會將失敗視為災難性的結果？同時，也評估他們給予他人建設性回饋的能力。

- **參考回答**：

在一次專案中，我收到一位同事 A 對我的工作方式和處理方法提出了強烈的意見。我的任務是說服對方並確實了解，他所提到的問題是否存在以及如何改進。

首先我進行了幾個步驟來處理這個問題，我先和我的上司與另外三位同事進行了討論，確認他們對我的工作看法是否與同事 A 的意見一致。我這樣做的目的，是為了避免陷入知識陷阱，因為每個人都有自己看不到的缺失，會需要多方意見來幫助我們客觀地評估自己的工作表現。

1. 同事 A 的回饋：約 30% 是正確的，這些部分確實需要改進。其餘部分則是由於認知上的差異導致的誤解，所以為了解決這個問題，我與同事 A 進行了私下溝通，詳細解釋了我的工作方法，並聽了他的說法與意見。

2. 上司和另外三位同事給予的回饋：大部分是正面的，約 90% 的回饋與我的日常認知一致，因此得出了一個結論，我應該做出關鍵溝通，需要確保我的同事們能正確理解我的工作方法，同時也反省自己是否有效地傳達訊息。

這次經驗教會了我要持續保持開放的態度，願意接受批評和建議，並且要虛心學習。在未來也能保持初心，倒掉手中的那杯水來虛心的學習。同時與同事們進行有效的溝通，不僅能改善我的工作品質，也能促進團隊的協作和理解。

## 4.8.5　解決問題與應變能力

### Q1. 請分享一個自己曾跳脫框架而解決問題的過往經驗。你是怎麼做的？在整體過程中獲得什麼啟示？

- **問題背後的想法**：強大的企業需要具備善於克服難題，並以創意方式解決問題的團隊成員。從求職者的答覆中，面試官希望觀察面試者是否能採取具開創性且有效的方式解決問題，充分運用現有資源，並在重大決定前徵詢不同意見。

- **參考回答**：

在一次專案中，我們的系統為客戶提供了一項功能並收到回饋，團隊內部對於這些回饋的處理方式產生了爭論。許多人認為這需要大量技術與時間投入後，都有可能無法順利解決。

我的任務是解決這個問題，技術或是業務方式都只是方法，所以我們採取下列行動：

1. 重新評估方法：跟團隊溝通，如果不使用技術手段，這個問題能否透過業務流程或客戶支援來解決。因為初步看來，我認為這是一個與人跟流程相關的問題。

2. 成本分析：讓團隊評估現有技術解決方案的成本，並比較是否有更低成本或更有效的方式來處理這個問題，必須列出各種方案的好處、劣勢與成本。

3. 外部參考：最後我們調查了其他企業是否已經有類似的解決方案，因為世界上95%的問題通常已經被解決，只有少部分問題是無法解決的。但後續蠻明顯這是一個內部的系統問題，沒有現成的解決方案。

最終，其實我們是透過業務流程和行為的調整，有效解決這個問題，並且成本比原本想的方案都要來得少。這次經驗讓我們明白，有時候不應該一昧地依賴技術解決方案，而是應該從整體方法和可行性方案出發，跳脫技術框架，尋找更高效的解決途徑。

## Q2. 請分享一個你把事情搞砸了，例如：部屬錯誤的版本到生產環境，當下你該怎麼辦？

- **問題背後的想法**：在工作中犯錯是不可避免的，重點是你如何應對和處理錯誤。面試官想了解你事前的預防措施、事後的補救行動，以及你在危機情況下是否具備冷靜和穩定性，同時能否及時向上級報告情況。

- **參考標準**：每個人都會犯錯，重點在於你面對錯誤的態度以及解決問題的方法，處理方式展示了你面對錯誤的誠實態度、解決問題的能力以及團隊合作的精神，有助於提升你在團隊中的信任和可靠性。表 4-22 是我的處理步驟和建議：

| 處理步驟 | 說明 |
|---|---|
| 坦誠面對，不找藉口 | 千萬不要試圖掩飾或找藉口推卸責任，被主管發現只會更糟。大家關心的是問題何時能解決，絕對不是在找戰犯，重點在於如何滅火，而不是追究責任。 |
| 區分影響範圍 | 如果問題不會立刻影響所有人，可以先找出問題並解決，再對團隊與主管進行回報和解釋。例如：該錯誤只影響開發環境而非生產環境，因為開發環境本來就允許核爆，這樣處理可以減少對整體工作的影響。 |
| 立即識別問題並回報上級 | 找到錯誤的根源，確認問題可能影響到哪些人。如果會影響到生產環境或是客戶，需要立刻回報上級，不要試圖獨自解決，關鍵在於讓相關人員知曉問題狀況，以便共同協助處理。一般來說，生產環境的問題都會開啟 P0 警報與戰情室立刻解決問題。 |
| 制定解決方案並記錄行動 | 找出可能的解決方案，並記錄你所進行的所有行動和時間點，這樣可以讓所有相關人員了解問題的進展和你的處理步驟。例如：某時某分你進行了什麼操作，有助於後續的檢討和改進。 |
| 尋求團隊支援 | 如果自己無法立即修復問題，一定要尋求團隊其他成員的幫助。重點是迅速滅火，確保問題不再擴大，然後才是討論流程、組織或個人造成這個問題的發生。 |

# 4.9　那些你不知道卻很重要的面試問題

**POINT** 千萬不要輕忽那些很好回答，但卻是萬年出現的 OP 面試題。

　　當完成了專業能力、人格特質等重要的面試考題，面試過程中還會出現一些看起來簡易、好像很好回答，但卻處處是陷阱的考題。下面會列出除了專業能

力與人格特質問題以外，面試官會很在意的其他面向。但這些問題的本質在於評估「你是不是能夠穩定輸出，為公司持續做出貢獻」，公司也害怕員工只是把公司當作提款機，學習完就跑了，或者是動不動就跳槽。建議你提前準備以下常見的面試問題，並形成自己的回答思考方式。

# 4.9.1 離職原因

## Q1. 請問為什麼會離開上一份工作？主要的離職原因是什麼？

- **問題背後的想法**：面試官希望了解你離職的真正原因，並判斷你是語帶保留還是真誠回答。你在意的離職因素是不是我們公司也有，那就會影響你的就職意願。

- **參考標準**：在回答這個問題時，我建議誠實作答，不要隱藏真實原因，這樣反而會讓人覺得你另有隱情，對你產生保留。切記不要抱怨前公司，例如：制度差、主管不好等因素，這會讓人覺得你是個愛抱怨的人，因為當你離開這家公司後，它也會變成你的前公司，可能也會成為你抱怨的對象。無論是因為生涯規劃、家庭因素，還是薪資不符合預期各種因素，離職理由通常可以歸納為以下三類，見表 4-23。例如：如果離職的主要原因是薪酬問題，直接說可能會讓人覺得你過於看重錢財，除非是因為薪水多年凍漲且不符合市場水準，才會被視為合理的離職理由。

▼ 表 4-23　合理的離職理由

| 離職理由 | 說明 |
| --- | --- |
| 個人成長空間有限 | 例如：你在這家公司已經工作了 3-5 年，專業上的進步已經達到瓶頸，職場技能也有所限制，想要有所突破。 |
| 家庭因素 | 例如：家人生病需要你找離家近的工作，或者你需要更多時間照顧家人，尋求生活與工作的平衡。 |
| 職場問題 | 例如：公司承諾的事未兌現，或存在不符合勞基法的情況，這些都是合理的離職理由。 |

## Q2. 請舉出你會離開一家公司的三個可能原因。

- **問題背後的想法**：面試官希望根據你的情況，主管應該避免哪些地雷，或者誠實地告訴你公司中可能會發生的情況。沒有一個人和公司是完美的，只能找到兩者的平衡。

- **參考標準**：這個問題與「為什麼會離開上一份工作」相似，但面試官想了解的層次更深。作為面試官的角色，他們通常有一定的水準，也理解馬雲所說的離職不外乎「錢沒給到位，心委屈了」，但是面試官想確認的是你和團隊與公司文化的匹配度。表 4-24 列出所有合理的離職原因，你可以挑選對你最在意的前三個原因做說明，並作為選擇一家公司的標準。其實在所有原因裡面，薪資雖然只是其中一個原因，但卻是大多數人的心聲。如果你使用這些標準來挑選公司，而公司也能與你合理匹配，那麼這家公司應該是一個相對好的選擇。

▼ 表 4-24　離職原因

| 分類 | 類型 |
| --- | --- |
| 職涯發展性 | 個人成長空間有限，專業無法成長。 |
| 職場環境 | 員工的建議被忽視，缺乏交流，形成一言堂。 |
| 職場環境 | 朝令夕改，外行領導內行。例如：同樣的系統在 3 年內換了 5 次程式語言。 |
| 職場環境 | 公司內部鬥爭劇烈，每天政治鬥爭就飽了。 |
| 職場環境 | 工作過度，經常加班，身心健康受損，無法平衡工作與生活。 |
| 職場環境 | 加班不給加班費，或不符合勞基法的要求。 |
| 組織環境 | 不認同公司或主管的價值觀和目標。 |
| 組織環境 | 公司結構、文化和政策過於緩慢，像個遲暮老人。 |
| 組織環境 | 想轉換跑道，但公司內部沒有轉換的機會。 |

| 分類 | 類型 |
|------|------|
| 組織環境 | 高離職率，陷入惡性循環，事情做不完。 |
| 薪資水準 | 薪資低於市場行情，無法獲得相應的薪酬。 |

## 4.9.2 產業與公司認同

### Q1. 你了解我們公司的產品嗎？或是知道我們在做什麼？

● **問題背後的想法**：面試官想知道你是否花時間了解我們公司的業務，而不是隨便來面試，「是否做了功課」也是非常重要的考量因素。

● **參考回答**：

　　我有瀏覽過貴公司的官網，了解貴公司的主要產品有三項，其中我對電商平台特別感興趣。這個平台能讓不同的客戶迅速開店，符合目前零售業的發展趨勢。

> ☕ **小叮嚀**　如果你回答「不了解」，面試官通常會開始介紹公司的產品和文化，但這實際上會讓你失分，這表明你連面試的公司在做什麼都不知道，未來可能也會不了解上級的交辦工作，因此這是一個面試中非常重要的問題，許多面試官都非常重視。

### Q2. 你為什麼會想要加入我們公司？可以舉出比較吸引你的部分嗎？

● **問題背後的想法**：面試官希望進一步確認你的認同感，判斷你是否因為深入了解公司而選擇來面試。如果你對公司有深入了解並且有認同感，會被視為更有潛力成為長期員工。這個問題是加分題，即使無法回答出來，面試官通常也不會為難你。

- **參考回答：**

　　我過去的專業技能主要集中在雲端相關領域。貴公司的電商平台面向大量客戶，每天可能處理數億筆請求，這對我來說是個全新的大流量系統挑戰。我對開發和運營這樣的系統非常感興趣，不僅能提升我的工作經驗，還能探索非常有趣的技術課題。

## Q3. 從你的履歷中看到你在不同的產業都有待過，最後為什麼會想要轉到我們這個產業？

- **問題背後的想法：** 面試官想了解你選擇我們產業與公司的原因，以確保你不是隨便找個職缺，而是有深思熟慮的決定。公司都希望員工進來後能穩定貢獻，而不是當薪水小偷。

- **參考回答：**

　　在不同的產業中，我主要負責雲端服務的開發和維護，以及資訊系統的建置。這些工作在不同產業中的應用有所不同，但核心技術是一樣的，而我選擇轉換到這個產業，是因為我看重其發展前景，以及貴公司產品在雲端應用程式上對高流量和高可用性的需求。這是一個非常值得挑戰的領域，我希望能在這裡發揮所長。

# 4.9.3 生涯規劃與自我成長

## Q1. 你對於自己的職涯規劃是什麼？為什麼會挑選這份工作？

- **問題背後的想法：** 面試官希望確認你的職涯規劃是否與這份工作相符合。如果不符合，代表你只是把這份工作當成備胎。確保你的工作選擇符合職涯規劃，才是最佳作法。

- **參考回答：**

　我的職涯規劃是希望在雲端產業有長遠的發展。目前我處於較初階的階段，選擇這份雲端工程師的工作是爲了深入了解 GCP 的使用及實戰應用。除了掌握工作的內容，我還計畫持續精進，考取 GCP 相關的雲端證照，以更好地掌握雲端知識並做出貢獻。

## Q2. 你在未來的 1-3 年，對於自己的職涯規劃是什麼？大概會以什麼樣的面向作為主要目標？

- **問題背後的想法：** 高階主管通常會很在意員工的 1-3 年職涯規劃，這代表你對工作有清楚的目標，知道自己要爲何而努力。無法回答這個問題的人，通常在工作中也難以持久，並且可能缺乏動力和方向。

- **參考回答：**

　如果有幸入職這份工作，我的職涯規劃如下：

1. 前三個月：先掌握工作內容，確保自己熟練並能高效完成任務。

2. 第一年：了解公司的目標，確定自己能爲組織做出貢獻並穩定輸出，先做好雲端工程師的基礎工作，完成分配的任務。

3. 第二年：考取雲端相關的證照，深入掌握公司的雲端應用程式，幫助同仁更好地導入 GCP 服務和設計架構。後面爭取更具挑戰性的專案，爲公司的服務與產品做出實質貢獻。

4. 第三年：成爲雲端架構師，更全面了解雲端服務，爲公司設計高可用、低成本的雲端架構。同時提升自己在團隊中的影響力，主動幫助同事，並提升團隊成員的獨立作業能力。

　整體目標是協助公司更好地設計和應用 GCP 雲端服務。

### Q3. 在過去的一年裡，你主動學習了哪些新技能或知識？

- **問題背後的想法**：面試官希望了解你是否是一個積極向上的人，能夠主動學習新技能和知識並分享，而不是被動等待指示，不說就不會動。這個問題能測試你的積極度和自我驅動能力。

- **參考回答**：

在過去的一年裡，我針對程式語言基礎薄弱的情況，主動學習了 Python 語言，以提高工作效率和自動化能力。在佈建雲端架構時，我撰寫了多個 Python 腳本，這不僅幫助我熟悉了 Python，還減少了維運工作量。

最近的學習中，我主要完成了一個自動化掃描腳本，它可以有效節省雲端硬碟成本。該腳本會檢查已建立的雲端硬碟，找出未掛載至虛擬機器的硬碟，並自動執行快照後刪除，從而有效降低雲端成本。

另外，我還考取了 GCP 專家級雲端架構師證照。在準備過程中，我深入了解雲端服務的元件和高可用性原則，並將這些知識應用到現有公司的架構中，提升了企業系統的高可用性和成本效益。這些學習經歷不僅提高了我的技術能力，也讓我能為公司創造更多價值。

## 4.9.4 薪資

### Q1. 你對於這份工作的期待薪資為何？可以給出大概的數字嗎？

- **問題背後的想法**：公司對於特定職位都會有預期的薪資水準。如果你的期待過高，面試官會認為不需要進一步面試去浪費彼此時間，因為即使透過面試，你也可能因為薪資不符而拒絕，這是為了確保雙方的期望值一致。

- **參考標準**：在提出薪資期望時，建議給出明確的數字或區間，例如：4-4.5 萬之間的明確範圍。預期薪資建議參考以下方向，根據加薪跳槽還是轉換跑道來調整預期。

- **加薪跳槽的薪資期望**：建議在現職薪資的基礎上，提出合理的加薪幅度，通常在 10-25% 之間，例如：原先 4 萬，那就鎖定 4.4-5 萬之間。

- **轉換跑道的薪資期望**：建議維持在現職薪資的基礎上，維持原先價格，但如果你是從不同職業轉換跑道，建議先以行業平均薪資為參考。你可以利用 104 人力銀行的對應職缺，查詢轉職職位的平均薪資，再參考自己的經驗、技能、學歷等因素進行調整。例如：市場平均薪資是 4 萬，那就不要超過 +-10% 的範圍，也就是 3.6-4.4 萬之間。

記住你的主要目的是以生涯規劃為主，著眼於長遠利益。強烈建議在薪資期望上要有所彈性，以避免價碼過高而導致錯失機會。

▼ 表 4-25　提出預期薪資

| 方向 | 說明 |
| --- | --- |
| 加薪跳槽 | 建議期望薪資為上一份工作的 10-25% 增幅，並參考合理的市場價格，同時考慮你是否已達到下一個職等的能力，再開出較高的薪資水準。記得不要不自量力，避免因為期望過高而被當場拒絕。 |
| 轉換跑道 | 建議期望薪資與之前工作相同。因為在轉換跑道時，你的經驗可能不足，所以難以談高薪資。在新領域累積一定經驗後，再利用跳槽或公司內部升遷機會爭取加薪。<br><br>從不同職業轉換跑道，建議先以行業平均薪資為參考。你可以利用 104 人力銀行的對應職缺，查詢轉職職位的平均薪資，再參考自己的經驗、技能、學歷等因素進行調整。 |

# Q2. 你對這份工作要求的期待薪資比上一份工作多很多？原因是什麼？

- **問題背後的想法**：面試官通常在面試者提出超出預期的薪資要求時，會詢問這個問題。他們希望了解你認為自己能為公司帶來的附加價值為何以及你要求更高薪資的理由。

- **參考標準**：首先確保你的期待薪資符合市場預期，並強調你與其他工程師的差異，然後可以從以下方向來爭取更高的薪水。

▼ 表 4-26　爭取提高薪水

| 方向 | 說明 |
|------|------|
| 即戰力 | 你擁有這份職缺所需的所有技能，能夠馬上上火線處理所有突發狀況，立刻當救火隊員。 |
| 帶來更多價值 | 你豐富的經驗能為公司節省雲端費用，或者協助設計更好的雲端架構，減少研發團隊的工作量。如果你能一人當兩人用，這就是顯著的價值提升。 |
| 稀缺技能 | 你擁有公司目前非常需要，但在市場上很難找到的稀缺技能。例如：逆向工程技能、資安大師或銀行界缺乏的 Cobol 語言專家，這些都是有可能開出高薪的原因，因為市場上就是找不到人。 |

## 4.9.5　工作環境

### Q1. 你心目中期待加入團隊的樣貌為何？

- **問題背後的想法**：面試官希望了解你對團隊的價值觀，以及是否契合目前的團隊文化。他們想確保你加入後不會感到不適或是水土不服，並能與團隊成員和諧共處，避免管理上的問題。

- **參考回答**：

我希望加入一個願意溝通並擁抱變化的團隊。在這個團隊裡，成員能夠自由表達自己的想法，聆聽彼此的意見，最終達成共識。每位同事都專注於自己的領域，並且願意互相分享、共同成長。在專案遇到困難時，大家能夠互相幫助，共同解決問題。這樣的團隊能實現良性互動和共同進步，正如俗話所說：「一個人走得快，一群人走得遠。」

## Q2. 你期待的工作地點以及上班時間是否有所限制？你可以配合公司的政策嗎？

- **問題背後的想法**：面試官希望確認你的工作地點和時間是否符合公司的要求，以確保你能夠融入團隊並適應公司的政策。有些公司要求在辦公室工作，而非全部遠端，並對工作時間有特定要求。

- **參考回答**：

如果這是我心儀的公司，無論是遠端工作還是到辦公室上班，我都能接受。但如果通勤時間超過一小時，我可能會希望可以採用混合辦公模式，例如：每週兩到三天進公司，其餘時間在家工作。

我個人比較喜歡彈性工時，而不是打卡上下班，因為打卡並不代表下班後就不需要處理工作。如果給員工彈性，他們也更願意在下班時間付出更多，因此無論是遠端還是辦公室工作，我都能配合公司政策，只要能夠有一定的彈性安排。

> **小叮嚀** 這個問題沒有標準答案，完全取決於公司是否有彈性上下班政策，以及公司同仁能否接受。然而切記一件事：「給你方便，不要當隨便」。不要把彈性工作時間當作偷懶或處理私事的藉口，還是要注重自己的職場紀律，大家都工作很久了，知道哪些人會偷懶或是找不到人，請建立好自己的信用銀行。

# 4.10 跳槽加薪不踩雷的常見問題

**POINT** 跳槽加薪人人有，看是向上提升還是誤踩雷區，千萬要趨吉避凶。

在跳槽加薪前，充分了解自己的跳槽目的、適合時機和達成條件是必要的。俗話說：「男怕入錯行，女怕嫁錯郎」，跳槽加薪和轉換跑道有明顯不同，前者

追求薪資成長，好上加好（轉換跑道可以參考「CH2.5 轉換跑道時七個常見問題的 QA」）；後者則是轉向新產業，先求有再求好。雖然都是換工作，但目的明顯不同。過去經常遇到朋友不了解兩者差異，而換到不理想的工作，感到悔恨及懊惱。

## ▌跳槽加薪的選擇

我們先了解「跳槽加薪」這件事，確定自己了解目標，選擇比努力更重要。

### 跳槽目的

- **追求薪水成長**：基本上，跳槽最主要的目的就是追求薪資成長、薪資成長和追求薪水成長，就這麼簡單暴力，謀求更高的薪資與提升生活品質。

- **家庭變故，支出暴增**：過去遇到不少朋友因雙親生病或家庭出現變故，需更多金錢支付醫療和長照費用，這是常見 30-50 歲工作者的巨大壓力。房貸、車貸、小孩生活費和父母醫療費是最常見的負擔，我也戲稱我是「亞歷山大」（壓力山大）。

- **職等轉換**：從研發經理轉換到研發處長，或是從超級業務轉換成管理業務團隊，是另外一種程度的向上提升。

### 跳槽適合時機點

- **30 歲前後**：20-30 歲是職業初期的快速成長期，30 歲後則需要更穩定的工作環境，所以這時是跳槽的合適時機。

- **結婚後**：通常結婚後也會買房子，需要穩定且較高的收入，雙薪家庭需要考慮夫妻彼此工作地點。例如：夫妻一方在台北工作、一方在新竹工作，距離真的遠，所以結婚後是一個可以考慮的轉換時間點。不過有些家庭會選擇成為週末夫妻，但是根據周圍朋友的經驗，較為不建議，會有很多家庭延伸出問題，不過只要兩人說好就好。

- **生小孩後**：家庭開支增加，需要更高的薪資，還有照顧小孩的問題，工作距離也是一個重要考量，需要提前規劃。

- **公司組織大變動**：公司內部組織重組、策略調整或裁員，可能是需要提早跳槽的信號。

- **產業市場狀況**：了解當前產業的市場狀況和人才需求趨勢，選擇市場需求旺盛時跳槽，通常能談到更好的薪水。這是簡單的市場供需關係，在風口上的豬都能飛高高，我們要做的就是順勢而為。

- **心情不美麗**：因職場政治鬥爭、薪水凍漲 3 年、被主管壓制等問題導致心情委屈，通通都可以考慮跳槽，但是關鍵是確保下一個選擇比現在更好。

## 達成啟動條件

- **薪水漲幅**：薪水漲幅應達到 15-25%。

- **職稱提升**：獲得更高的職位，也意味有更多發展與磨練實力的機會。

- **海外工作機會**：獲得在不同國家工作的機會，除了提升視野與增廣見聞，也是拿到 global pay 的機會。

## Q1. 什麼時候值得跳槽加薪？除了上面介紹的三個滿足點，我應該要達到怎樣的能力？

除了上面介紹的目的、時機點和達成條件外，確認自己個人的能力提升，有足夠的能力和屁股也非常重要。這裡特別說明兩個應注意的部分：

## 個人能力的提升

- **具備下一階職等的能力**：確保自己已具備下一階職等的能力，才能在跳槽時談到更好的薪水。例如：若你是普通工程師，確保自己已具備資深工程師的能力，這樣才能獲得較大的薪資漲幅。職等差異不大時，薪資調幅也會有限。

- **足夠的市場價值**：理解自己的市場價值，你能為新公司帶來多少價值，決定了對方願意支付的薪水。這就像是買雞腿便當，100-150 元是合理的預期價格，若定價過高到 250 元，那顧客就不會買單。但如果你升級成生魚片便當，那 500 元以上就會是合理的預期價格。同理，在市場上除非你具備更高的技能和價值，否則很難獲得更高的薪水。

### 救火隊的能力

通常提供較高薪水的職位，也意味著該職缺可能非常缺人、難以處理或處於一團混亂中（俗稱屎坑）。接受這類職位前，確認自己需具備快速解決問題的能力，並做好迎接挑戰的準備，否則可能 3 個月就會陣亡，心中有不如歸去之感。

## Q2. 應該辭職專心找工作？還是在現有的工作下騎驢找馬？

確定當下你的職場處境，選擇對自己最佳的策略，因為這個問題因人而異，其實沒有標準答案。

### 心情不悅，但尚能接受的工作環境

在現有工作下，騎驢找馬是最安全的選擇。這樣即使沒有找到新工作，也不會有經濟壓力，每月仍有收入。這期間可以評估自己的能力，找出需要改進的地方。以下三種方式可以試水溫：

- **投履歷到招聘平台**：如 104 和 CakeResume。

- **使用 LinkedIn**：讓正在招聘的 HR 或獵頭公司找到你，為你推薦職缺。

- **詢問周圍的好友或前輩**：看看有沒有不錯的工作機會。

## 心理壓力大，難以忍受的工作環境

　　如果你的工作環境對身心造成極大壓力，建議直接離職。在不健康的環境下工作會影響身心健康，健康比工作更重要。但要確保有足夠的經濟能力，能在沒有收入的情況下至少維持 3 個月生活，沒有收入的情況下，經濟壓力可能會讓身心情況更糟。

　　我之前任職的公司有一個例子：一位男同事是大男人主義，比較難接受自己的工作權責內有女同事存在，會變相刁難女同事，導致女同事身心俱疲。對於這種情況，選擇離開未嘗不是一個好的解決方式，「上帝為你關了一扇窗，就會幫你開起另外一扇窗」，離開後往往能找到更好的工作環境。

## Q3. 比較高階的工作都有比較多的面試關卡，薪酬就會比較多嗎？

　　薪酬和面試關卡的多少，其實沒有直接關係，主要取決於職等。職位越高，面試關卡通常越多，你可以思考「一家公司不可能只用 15 分鐘面試，就決定任用總經理人選」；通常求職人選還需要和多位高階主管與董事長進行深入面談，更進一步，人資還會去做同業盡職調查，確認人選在過去的豐功偉業是否屬實。

　　這個問題應該反過來看，職位越重要，面試關卡越多，是因為這些職位的重要性，所以薪酬也會較高。通常多個面試關卡的情況有兩種：

- 高階職位：用人公司會非常謹慎，面試可能從你的同事、用人部門主管到公司高階主管，至少應該會有三次以上的面試（參考「CH4.5 若你是面試官，在意的是什麼」，其中提到的面試官種類）。

- 外商公司：亞馬遜 AWS 或 Google 的大公司都會有固定的招募流程，面試次數可能超過 6 次，整個過程至少需要 1 個月以上。他們會花非常多心力在面試每一位招募候選人的專業能力與價值觀，到進一步確認求職者與公司職位的配合度極高。

## Q4. 應用一般的媒合平台還是獵頭來幫忙轉職，好處與壞處？

從求職的角度來看，兩種平台都可以使用。因為我們的目標是找到理想的工作，一般媒合平台和獵頭各有其優勢，都是達成目標的方法。根據我的實際產業經驗建議下面兩點：

- **初中階的職缺**：主要應該透過媒合平台來尋找。

- **中高階職缺**：有 5 年以上工作經驗後，可以考慮透過獵頭來尋找中高階職缺。

我們只要思考獵頭是怎麼維生的，就可以很簡單的知道求職市場狀況。獵頭的收入來源是推薦合適的人才，並從中獲得推薦獎金。那如何獲得高額的推薦獎金呢？羊毛出在羊身上，肉多的一定是高階職位，他們會更傾向於投資時間在推薦高階職位，因為這樣的推薦獎金更高。用對的方法，靈活運用這兩種平台，彼此各取所需，可以讓你的求職過程更高效。

▼ 表 4-27　兩個媒合平台的優勢及劣勢

| 平台 | 優勢 | 劣勢 |
|---|---|---|
| 媒合平台（適合初中階職缺，如 LinkedIn、104、CakeResume） | 你可以直接投遞想要的職缺，了解職缺的要求。這些平台上有豐富的職缺，讓你能夠多方面嘗試。許多人也透過這些平台找到理想的工作，並且發展不錯。 | 媒合平台的隱藏缺點是，公司也會購買使用權。如果你設定了找工作狀態，公司的人資可能會知道，並提醒你的部門主管「你有正在找工作的狀況」，會把你列入觀察名單。 |
| 獵頭（適合中高階職缺，術業有專攻，厲害的獵頭最懂人力市場） | 厲害的獵頭懂得人力市場，能快速匹配適合的職缺。他們提供專人服務，讓你省去篩選職缺的過程，更進一步可以量身打造。很多隱藏的優質職位通常都比媒合平台上的更好。 | 獵頭行業門檻低，從業人員流動率高，可能會遇到不夠專業的獵頭。他們可能比你更不了解你的行業，就像在康是美藥妝店遇到新手店員，店員還正在熟悉業務，可能無法立刻解答你的問題。 |

另外，與獵頭建立良好關係非常重要，他能幫助你在職涯的每個階段找到合適的工作。你會把你的生涯規劃交給一個沒經驗的人嗎？我想這不太可能，所以提供三個簡單評估合格獵頭的方法：

- **專業經驗**：他在這行待了多久？至少要有 2 年以上經驗。你不會把你的生涯規劃交給無經驗的人，還是需要找有經驗的來。

- **產業經驗**：他主要推薦哪個產業的人才？確保他了解你的相關產業。如果你是半導體，而他主要介紹零售業，那差異會太大，隔行如隔山。

- **職位推薦**：依照你的經歷和工作經驗，他手上有哪些適合的職位？他應該根據你的條件推薦職缺，而不是硬塞不適合的職缺。如果他是拿職缺硬塞給你，那他可能就是不太適合你的獵頭，會浪費彼此的時間。

如果確認獵頭有足夠的資格，你可以提供他所有的資訊。記得在商言商，不要浪費彼此的時間，人才市場某種程度上非常殘酷。我曾遇到過二十多個獵頭，只有一個能長期合作。無法合作的原因包括：

- **業績不佳轉職**：獵頭這行是競爭激烈的一級戰場，業績不佳者容易陣亡離職。

- **市場價值不高**：如果你的技能市場需求低，獵頭也難以推薦合適職缺。

- **職缺不符**：獵頭手上沒有適合你的職缺，沒有合適的職缺就無法推薦，給錢的是老大，巧婦難為無米之炊。

## Q5. 如何平衡跳槽風險與回報，會不會去另外一個雷坑？

跳槽能夠加薪，但也可能進入另一個雷坑。每個人的情況不同，有些人能駕馭挑戰，有些人則會面臨困難。前面章節有提到，國際金融學上針對匯率有所謂的「不可能三角」的理論，我建議考慮以下三個方面：「錢多、事少、離家近」，而通常狀況只能滿足其中兩項，除非你是天選之人，那就例外。

　　我們應該根據家庭狀況、經濟能力和生涯規劃，判斷哪兩個方面對你最重要。以我為例，在生涯的某個階段，我的父親生病需要照顧，因此我必須選擇離家近的工作，待在台北而不是去新竹。此外還有醫療費用的壓力，我也需要選擇薪水較高的工作。因此，我的選擇是錢多和離家近，儘管工作壓力大，我也會拼命完成，因為這是當時的最佳選擇。

　　我再以另外一位女性同事為例，她已結婚多年，有 1 歲的小孩，丈夫經濟實力足夠，因此她選擇了事少和離家近的工作，方便接送小孩和準時下班，因為她的生活重心在家庭。而她的丈夫則選擇了錢多和離家近的工作，主要負擔家庭經濟，提供給老婆跟小孩足夠的家庭條件。

　　我想每個人的選擇沒有對錯，如何平衡跳槽風險與回報，取決於當下的情況和需求。錢多不一定是最佳選擇，你需要考量當前的人生規劃，選擇最符合自己需求的最佳職缺。

## 4.11　參考資料

- 你了解自己的市場價值嗎？轉職前，先測測自己是搶手貨還是拖油瓶

  URL https://www.managertoday.com.tw/articles/view/46451

- 證交所公開資訊觀測站

  URL https://mops.twse.com.tw/mops/web/index

- 上市櫃薪資排行榜

  URL https://www.104.com.tw/company/salary/all/

- 【面試準備祕笈】記住面試前中後重點技巧，五大重點學會就 OK

  URL https://www.518.com.tw/article/1936

- 面試超過 500 人，她總結出這些面試不敗心法，保證提高勝率

  URL https://blog.104.com.tw/500-people-interview-experience/

- 「你有什麼問題想問的嗎？」面試時到底該問什麼好？應徵技巧分享

  URL https://www.1111.com.tw/1000w/fanshome/discussTopic.asp?cat=FANS&id=341203

- 面試官最在意的十大地雷

  URL https://www.yes123.com.tw/aboutwork_2020/article.asp?w_id=15852

- 小人物也能成美國時代雜誌的封面，菜販陳樹菊成台灣之光

  URL https://time.udn.com/udntime/story/122833/7148232

- 104 職涯規劃很簡單！四步驟教你輕鬆設定職涯目標、探索生涯發展

  URL https://blog.104.com.tw/career_intro/

- AWS 的領導力原則 （AWS Leadership Principles）

  URL https://www.amazon.jobs/content/en/our-workplace/leadership-principles

- 面試必問十大難題懶人包，面試前看這篇就夠！面試官帶你精闢破解

  URL https://www.1111.com.tw/1000w/fanshome/discussTopic.asp?cat=FANS&id=339445

- 面試問題詳解！13 道常見問題回答技巧及提問，AI 面試練習這樣做

  URL https://blog.104.com.tw/top-nine-tricky-interview-questions-and-best-answers/

- 內行人才知道的系統設計面試指南

  URL https://www.books.com.tw/products/0010903454

- 給全端工程師的職涯生存筆記：從「履歷 × 面試 × 職場」打造無可取代的軟實力

  URL https://www.books.com.tw/products/0010928379

- ByteByteGo Newsletter 系統架構學習

  `URL` https://blog.bytebytego.com/p/which-cloud-provider-should-be-used

- AWS Architecture Center

  `URL` https://aws.amazon.com/architecture/

- GCP Cloud Architecture Center

  `URL` https://cloud.google.com/architecture

翻轉職涯！雲端 / DevOps / SRE 工程師轉職必殺技

# 職場之路：
# 入職後才是新的開始

經過前面四個步驟的萃煉，包括：「建立良好的心態」、「認識雲端產業」、「撰寫可以獲得面試機會的履歷」以及「掌握面試技巧」，你絕對可以獲得 Offer，並順利入職。而這只是職業旅程的開始，職場並不僅是履歷和面試，真正長久的成功在於如何建立和維護屬於你的職場個人品牌。

在職業生涯的後期，朋友介紹的工作往往才是最好的工作機會，因為這些機會來自於對方對你的信任和推薦。在職場中，要注重培養自己的職場關係和專業能力，成為一個讓人信賴的職場夥伴。不要輕忽這一點，因為這些關係和能力的累積，將成為你職業生涯下半場最寶貴的資產。

**Ch5.1 初入職場的30 / 60 / 90天計劃**
章節目標：制定30 / 60 / 90天計劃 快速進入狀況，成為團隊的好夥伴！

**Ch5.2 職涯規劃**
章節目標：當你在職場已經站穩腳步，下一步就是往更長遠的目標努力！

**PART 5 職場之路：入職後才是新的開始**

**Ch5.3 建立職場信用銀行**
章節目標：每個人在公司頭上都有一個信用評分，看不見但卻實實在在的存在！

**Ch5.4 知道自己的水有多深**
章節目標：人最怕的就是沒有自知之明，不知自己幾斤幾兩重還往地獄闖！

**Ch5.5 績效考核！掌握薪水談判的技巧**
章節目標：績效考核絕對是每個人繞不過去的關卡，學會如何利用績效考核來為自己爭取穩定加薪！

▲ 圖 5-1 「職場之路」章節大綱

# 5.1 初入職場的 30 / 60 / 90 天計畫

**POINT** 制定 30 / 60 / 90 天計畫，快速進入狀況，成為團隊的好夥伴。

在初入職場的前三個月是關鍵適應期，也是展示自己、贏得團隊信任的重要階段，如果在這個階段能夠贏得大家的信任，就可以建立你的職場信用銀行及良好的第一印象。以下是具體可行的 30 天、60 天和 90 天計畫，幫助你在新工作中迅速上手，取得良好職場開端，參見表 5-1。

▼ 表 5-1　初入職場的 30 / 60 / 90 天計畫

| 階段 | 主要掌握事項 |
|------|------|
| 30 天 | ・熟悉公司文化和流程。<br>・建立良好的工作習慣。<br>・認識同事和建立關係。 |
| 60 天 | ・深入學習專業知識。<br>・獨立處理日常工作。<br>・參與團隊專案。 |
| 90 天 | ・展示工作成果。<br>・制定後續長期目標。<br>・提升團隊影響力。 |

## 5.1.1　職場報到的三大原則

● **讓自己的努力被看到**：努力工作固然重要，但更重要的是讓你的努力被看到。積極參與團隊活動，主動彙報工作進展，展示你的工作成果，這不僅能讓上司看到你的努力，還能贏得同事的認可。

- **做好份內的工作**：初入職場，首先要做好自己的本職工作，確保自己對工作內容、流程和標準有清楚的了解，並高效完成每一項任務，這是贏得信任和機會的基礎。記住前往新的職場，千萬不要一副我可以拯救全世界的樣子，「在座的各位都是＿＿＿」，這絕對是職場中的大忌。

- **確認與同仁工作的邊界，不踩其他人地雷**：與同事建立良好的合作關係，非常重要。了解每個人的職責範圍，避免干涉他人的工作，同時尊重他人的工作方式和節奏，尋求合作而不是競爭。

> **小叮嚀** 肯定有人會說：「你在那邊展現自己做了什麼，只是想要秀一波，博取關注」，但你要知道沒有任何一個主管希望自己無法掌握狀況。我們要當的是「稱職的打工仔」，把事情乾淨俐落地完成，並且讓你的上下級都了解進展情況。不要浪費時間迎合那些只想偷懶、不願報告工作進度的人，他們只是希望大家都跟他們一樣不做報告，不要被這種「羊群效應」影響。

## 5.1.2　初入職場的 30 天計畫

在入職的第一個月，重點是適應環境和了解工作內容，不需要操之過急，做自己能力以外的事情，第一個月先了解什麼事情該做、什麼事情不該做。我曾經遇到一位年輕的同事，剛入職時就批評公司的系統設計，覺得作法很差，應該改成他認為的更好方式，但這些系統通常有其歷史背景和原因，直接推翻重做，可能會引發不必要的問題。記住，千萬不要犯這種新手容易犯的錯誤，先觀察學習，再提出改進建議會更明智。

歷史上，急於改革的人往往結局不佳，像王莽或商鞅這些例子，通常都死在沙灘上了。公司的系統和運作方式同樣如此，需要循序漸進地優化。盲目急於求成、推翻現有體系，不僅容易踩雷，還可能破壞已有的穩定性。

## 30 天應該掌握的內容

- **熟悉公司文化和流程**：了解公司的文化、價值觀、工作流程和標準，這有助於你更好地融入團隊，並按照公司的期望工作。每家公司都有不同的流程和習慣，不必提及過去公司如何運作，重點是如何完成現在這家公司的交辦任務，現在是這家公司每個月 5 號把薪水匯款給你，而不是上一家。

- **建立良好的工作習慣**：確定工作目標和優先級，建立高效的工作習慣。例如：每天列出待辦事項，定期彙報工作進展，及時完成上司交辦的任務。如果公司採用敏捷開發方法，可以在每日站立會議上展示自己的工作內容。

- **認識和建立關係**：主動認識你的上司、同事和其他部門的關鍵人員，了解他們的工作職責和合作方式，建立良好的工作關係。有人會說：「我們只是來上班，為什麼要建立這些關係？」但你要知道，這是一個由人組成的社會，良好的互動和關係，有助於你在工作中得到更多的支持和合作。你幫我、我幫你，互相幫助，有來有往，才是可長可久之道。

## 5.1.3　初入職場的 60 天計畫

在入職的第二個月，重點是深入了解工作內容，開始獨立處理任務，讓主管對你放心，並願意分配更多工作，最重要的是不要忘記回報任務狀況，獨立處理任務不代表完全自行解決，主管只是授權給你，而不是完全放手。

## 60 天應該掌握的內容

- **深入學習專業知識**：根據工作需要，深入學習相關專業知識和技能，同時參加教育訓練或閱讀相關資料，以提升專業能力。這樣做可以增加工作效率，例如：公司使用 Kubernetes 作為雲端服務的主要部署工具，了解其基礎專業知識非常重要，否則你會聽不懂大家在討論什麼。

- **獨立處理日常工作**：經過一個月的適應，你應該能夠獨立處理日常工作，遇到問題時，先嘗試自行解決，再尋求上司或同事的幫助。切記要回報工作狀況，當你不回報而硬是拖到最後一刻時，主管就會主動來問你，並可能覺得你的做事方法不可靠。

- **參與團隊專案**：積極參與團隊專案，展示你的協作能力和貢獻，這有助於你更好地融入團隊，並展示你的價值。一個簡單的方法是在完成自己的任務後，主動詢問其他人是否需要幫助，這樣可以多學一些新技能，但切記一定要先完成自己的工作，再去接其他任務，不要吃著碗裡的、看著碗外的。

## 5.1.4 初入職場的 90 天計畫

在入職的第三個月，重點是展示你的工作成果，幫助團隊分擔工作，並根據之前的經驗提出及實行一些改進方案，這不僅可以提升自己在團隊中的影響力，也能讓大家覺得你已經融入，爭取更多展現自己貢獻的機會。

### ▋90 天應該掌握的內容

- **展示工作成果**：總結前兩個月的工作成果，向上司彙報你的進展和貢獻。透過數據和實例來展示你的工作成果，爭取通過常見的三個月試用期，後續可以讓上司對你的工作放心，並願意分配更多的工作給你。

- **制定自我長期目標**：根據你的工作經驗和上司的回饋，制定未來的工作目標和發展計畫。這有助於你在公司取得長期發展，專注於一個長期目標，增強技術能力和實力；如果沒有制定長期目標，大部分的人可能會失去方向，不知道為何而戰。

- **提升影響力**：在公司內部建立你的影響力，例如：主動提出改進建議、分享專業知識、參加公司的活動和工作項目。當你不斷幫助團隊解決問題，並提

出改進方案,大家會對你更加信任,同時隨著信任度的提升,你的話語權也會增加,逐漸成為團隊中的意見領袖。

初入職場的前三個月是關鍵的適應期和展示期。透過理解這三大原則,並按照 30 天、60 天和 90 天計畫逐步適應和提升,你可以在新工作中迅速上手,展示你的能力和價值,贏得同事和上司的信任和認可,希望這些建議可幫助你在職場中順利起步,成為值得信賴的好夥伴與好同事。

## 5.2　職涯規劃

POINT 當你在職場已經站穩腳步,下一步就是往更長遠的目標努力。

在每個人的職業生涯中,清楚的職涯規劃就像茫茫大海中的燈塔,指引你走向正確的職業道路。接下來將會以找到你的職涯規劃、設定職涯目標為主軸,並討論在雲端產業中不同角色的職業規劃路徑圖。希望這些建議能夠幫助你在職涯的前中後期都少走一些彎路,找到屬於自己的最佳職業規劃,尋找屬於自己的燈塔。

### 5.2.1　從四大面向找到職業規劃

「職業規劃」是一個持續發展、循序漸進的過程,我們大致可以分為四個主要階段,每個階段都有其重要性與階段性目標。

### ▍職業規劃四大階段

- **自我認識**:每個人在這個階段需要深入了解自己的能力、興趣、價值觀和喜愛的工作,包括進行自我評估、探索個人的優勢和劣勢,以及確定自己的職

業興趣和適合自己的產業領域。簡單來說，就是找出你喜歡做的事情，如果一時找不到自己想做的事，就可以用「刪去法」來刪除你不想做的事，剩下的就是你相對喜歡的事。

- **職業探索**：每個人在這個階段會開始探索不同的職業選擇或職位，研究不同行業、職業和公司，了解其工作性質、要求和發展前景。最快的方法是請教這個行業的前輩，他們可以告訴你這個行業的「眉眉角角」；另一個方法是參與企業實習，了解不同的職業面向，進而讓你決定自己的人生志向。

- **目標設定**：在職業探索的過程中，每個人應該逐漸了解自己喜愛的職業目標和人生理想。針對自己想做的事情或職業來設定短中長期的職業目標，並制定實現目標的計畫和策略，準備付諸實行。

- **執行計畫**：最後一個階段是「將目標轉化為行動」，這個階段拚的是「執行力」。積極執行你所制定的職業計畫，不斷學習和成長，並持續調整和更新自己。尋找合適的工作機會、主動參與新的專案挑戰、參加相關的職業課程、建立行業人脈關係，以及不斷提升自己的表現都是好方法。

> **小叮嚀** 有很多工作一陣子的人會希望換環境來獲得更多成長，這裡我建議大家先確認一下，目前遇到的問題是否真的能透過換公司來解決。很多時候，我們需要的並不是更換環境，而是與一位職涯教練溝通，他除了可以分享職場經驗，也有能力幫助你分析職場困境，這遠比換個環境還要更加有效。例如：你在這個羽球場打得不好，換個羽球場未必會打得更好，此時找一位教練指導你的動作，可能會更加有效益，並解決你的真實困境。

## 5.2.2 設定職涯目標，分短中長期三個階段來做自己的職涯規劃

在設定短、中、長期目標時，有些人會設定 10 年以上的長期目標，而有些人則喜歡設定較短期的目標，這沒有對錯，取決於個人的喜好，而我個人喜歡將短、中、長期目標設定在 5 年之內，參見表 5-2。

▼ 表 5-2　短中長期三個階段職涯目標規劃

| 目標階段 | 實現時間 | 執行三大要點 |
|---|---|---|
| 短期目標 | 未來 1 年內 | • **明確目標**：確定具體且明確的目標，例如：學習一項新技能、取得新的雲端證照或學習新的雲端架構。<br>• **制定可實現的計畫**：制定實現目標的計畫和步驟，包括完成時間、預期成果和所需行動，建議以「每季度」為單位進行。<br>• **執行行動並修正**：積極執行計畫，完成每個步驟，並及時調整和檢查進度。建議每月進行一次檢查和修正，以確保計畫的有效性和可行性。 |
| 中期目標 | 未來 1-3 年 | • **明確方向**：根據短期目標的實現情況和個人的興趣愛好，逐漸明確職業生涯的中期發展方向和目標。最好設立一定門檻的目標，成為有影響力的同事，並建立在職場中不容易被取代的地位。<br>• **尋找職涯教練**：尋找有經驗的前輩，與他們討論你的職涯目標是否現實可行。俗話說：「薑是老的辣」，請教前輩的經驗總沒錯，能讓你少走些彎路。<br>• **提升產業人脈**：拓展產業人脈，建立良好的職業人際網路，培養能幫助你通往長期目標的資源或合作夥伴。 |

| 目標階段 | 實現時間 | 執行三大要點 |
|---|---|---|
| 長期目標 | 未來 3-5 年 | • **定義自己的願景**：根據個人的價值觀和使命感，明確自己職業生涯的長期願景和目標。這個目標不是不能修改，但請避免過度修改，常常改來改去，就失去了長期願景的意義。<br>• **持續成長**：在職業生涯中持續學習和成長，不斷提升自己的專業素養和領導能力。這個計畫應以「年」為單位，用多個短期目標來組成長期目標，從而建立你的職場護城河。<br>• **斷捨離，知道什麼是你要的**：人最怕的是什麼都要，什麼都不想放棄，有時必須要適當地做減法，知道你真正要的是什麼，這樣你才會過得更加順心。 |

## 短期目標

在短期目標方面，我會設定 1 年內的目標，並進一步細分為 30 / 60 / 90 天計畫，對應到每一季度該做的事情，因為在這個資訊爆炸的時代，制定過於長遠的計畫，很容易因變化太快而不適用。還記得我們第一次看到智慧型手機的時候嗎？這才不過是 2008 年，而 2018 年智慧型手機已經人手一機，是人類標準配備了。

## 中期目標

在設定中期目標時，我通常會將目標設定在 3 年內，並將其分解為短期目標。這個過程就像在玩密室逃脫，每個房間就代表著一個短期目標，只有通過每個房間，才能進入下一個階段，最終完成整個密室逃脫，達成你的中期目標。

還記得在密室逃脫中，遇到困難時，你可以尋求裁判的幫助嗎？這個裁判就像你的職涯教練，因此在不同的職涯階段，一定要尋找有經驗的前輩，與他們

討論你的目標是否現實可行。這些職涯教練能為你提供正確的方向和策略，比你自己單獨摸索，會更有效率，但同時也不要忽視探索過程中的重要性，這樣你才能真正理解和明確自己的職涯目標。

## ▌長期目標

在長期目標中，我們提到了定義自己的願景，這是一件非常重要的事情。很多人都希望成為某個專家或賺多少錢，但只有約 20% 的人能明確表達自己的心之所向。就像小時候，老師會問你想不想成為太空人或科學家，你心中一定會有一個職業夢想或志業、一個推動你前進的宏大目標，這就是願景。

千萬不要小看這個願景。大家知道台東的賣菜阿嬤陳樹菊嗎？她將賣菜賺的 5 塊、10 塊存下來捐款行善，認養育幼院院童的每日三餐，並捐款給各慈善團體。她認為健康的身體是最大的本錢，並且希望趁自己還活著，做一些想做和應該做的事來回饋社會，這就是賣菜阿嬤陳樹菊的長期願景，願景絕對不是一朝一夕可以完成的，通常是一個非常長期的遠大目標。希望你在建立長期目標時，能思考屬於你的願景，這個願景才是可以支持你一直走下去的最大助力。

## 5.2.3 不同角色的職涯規劃面向

前面我們已經說明了職業規劃的四大階段，以及設定職業規劃的短中長期目標。總體來說，職涯規劃有以下三大好處，接著會介紹在雲端產業中不同角色的職業規劃面向，以此作為範例提供大家參考。

## ▌職涯規劃三大好處

- **澄清目標與方向**：職業規劃幫助個人更清楚了解自己的職業目標和追求的方向，避免在職業生涯中迷失方向或徘徊不前。

- **提高工作滿意度**：透過職業規劃，可以更加理解自己的價值觀和興趣，從而選擇與之相符的職業道路。一旦有了明確的目標，人就不會瞎亂闖，而是知道自己該做哪些事，這樣可以更積極地完成工作，而不是只等著下班。這種積極的態度不僅能提高工作滿意度，還能有效減少你的職場壓力和不滿。

- **最大化職業發展機會**：清楚的職業規劃，可以幫助你充分利用各種發展機會，使你更好地準備，並迎接新的工作挑戰，這也會讓你更加積極地尋找提升自己和職位晉升的機會。

## ▌五大雲端產業職涯規劃路徑

### ①雲端架構師（Cloud Architect）職涯規劃

這裡我們提供雲端架構師的職涯規劃內容，包含：雲端架構師的關鍵任務、角色定位及必備的專業能力，這些核心內容有助於想成為雲端架構師的你設定短期、中期和長期目標，參見表 5-3。

▼ 表 5-3 雲端架構師職涯核心內容

| 核心內容 | 詳細項目 |
| --- | --- |
| 關鍵任務 | 設計企業級的雲端系統架構，解決高流量、高負載、高複雜度的業務邏輯，並能做出解耦的系統設計。 |
| 角色定位 | 這個角色就像是設計核電廠的總工程師，需具備高度專業的系統設計能力。 |
| 專業能力 | • 至少 5 年以上的雲端產業工作經驗。<br>• 熟悉至少一朵雲的全面雲端架構。 |
| 專業能力 | • 具備系統設計能力，且在雲端架構與基礎設施上有過三種以上的應用情境架設經驗。<br>• 要能夠比較不同雲端系統設計的優劣（pros and cons）。<br>• 掌握 Micro Service 微服務系統架構、Serverless 無伺服器架構、Event Driven 事件驅動架構等經典系統架構。 |

| 核心內容 | 詳細項目 |
| --- | --- |
| 短中長期目標 | • **短期目標**：拿到 AWS、GCP 或 Azure 的專家級雲端架構師認證。<br>• **中期目標**：設計多個系統的經驗，具備實際開發和維運分散式系統的能力。累積 3-5 種以上的系統架構設計經驗，並擁有至少 2 年以上的實戰經驗。<br>• **長期目標**：參加各種研討會，發表技術架構。設計高流量、高可靠性的系統架構，經歷時間的驗證，達到雲端架構佈道師的專業水準。 |

　　成為一名雲端架構師，需要投入大量的時間和精力，才能達到這個專業角色的要求，希望透過以下的規劃和步驟，能幫助大家更清楚了解成為雲端架構師的過程，並為自己的職涯發展做好準備，可以在雲端產業中成為一名出色的雲端架構師，為企業設計和管理高效、穩定的雲端基礎設施。

- **基礎知識累積**：掌握雲端計算的基本概念和技術，包括虛擬化、儲存、網路和安全性。

- **專業證書**：考取相關的雲端證書，如 AWS Certified Solutions Architect、Google Cloud Professional Cloud Architect 或 Microsoft Certified：Azure Solutions Architect Expert。

- **實踐經驗**：參與大型雲端專案，累積實踐經驗，提升解決複雜問題的能力。

- **持續學習**：隨著技術的快速發展，持續學習新的雲端技術和工具，保持技術領先。

- **領導能力**：提升領導和管理能力，能夠帶領團隊完成複雜的雲端專案，並制定長期的技術戰略。

## ② DevOps / SRE 職涯規劃

　　這裡我們提供 DevOps/SRE 工程師的職涯規劃內容，包含：DevOps/SRE 工程師的關鍵任務、角色定位及必備的專業能力，這些核心內容有助於想成為 DevOps/SRE 工程師的你設定短期、中期和長期目標，參見表 5-4。

▼ 表 5-4　DevOps / SRE 職涯核心內容

| 核心內容 | 詳細項目 |
|---|---|
| 關鍵任務 | 維護企業雲端架構，並提供企業應用架構的參考設計，協調各團隊達成企業級的業務應用邏輯，確保系統的可靠性和可用性。 |
| 角色定位 | 這個角色就像是核電廠的廠長，負責所有的日常擴增與維護工作，確保系統穩定執行。與雲端架構師相比，DevOps/SRE 更注重維運與各部門溝通協調，但也需要具備一定的雲端架構設計能力。 |
| 專業能力 | • 至少 3 年以上的雲端產業工作經驗。<br>• 熟悉至少一朵雲的全面雲端架構。<br>• 具備系統設計能力，且在雲端架構與基礎設施上有過三種以上的應用架設經驗。<br>• 熟悉容器化技術，有 Docker 與 Kubernetes 等容器化架構的使用經驗。<br>• 熟練使用自動化工具 IaC 來維護雲端基礎架構和配置，如 Terraform、Ansible、Argo CD 等。<br>• 熟悉開發和維運的基本概念和工具，如 Linux 操作系統、版本控制系統（git）、CI/CD 工具（Jenkins、Gitlab、Github Actions）、自動化腳本等。 |
| 短中長期目標 | • **短期目標**：拿到 AWS、GCP 或 Azure 的專家級 DevOps 工程師認證。 |

| 核心內容 | 詳細項目 |
| --- | --- |
| 短中長期目標 | • **中期目標**：累積 3-5 種以上的系統架構設計經驗，並擁有至少 2 年以上的雲端架構維護經驗。實際工作中，累積系統自動化和監控的能力，提升火線問題解決能力。熟練掌握並使用 Kubernetes、Terraform、Ansible、Argo CD 等自動化維護工具。熟練掌握雲端監控工具，Cloud Native 的監控與 Prometheus 與 Grafana，並設計告警機制。<br>• **長期目標**：成為企業內部的技術領袖，帶領團隊完成複雜的 DevOps/SRE 項目。不斷學習和掌握最新的 DevOps 和 SRE 工具和方法，保持技術領先。參加並發表技術研討會，分享和展示你的技術經驗和成就，經歷時間的驗證，達到 DevOps/SRE 專家水準。 |

透過以下的規劃和步驟，你可以在雲端產業中成為一名出色的 DevOps 或是 SRE，為企業維運高效、可靠的雲端基礎設施，並維持一定的 SLA。

- **基礎知識累積**：掌握開發和維運的基本概念和工具，如版本控制系統、持續集成 / 持續部署（CI/CD）工具、自動化腳本等。

- **專業證書**：考取相關的證書，如 Certified Kubernetes Administrator（CKA）、AWS Certified DevOps Engineer、GCP Professional Cloud DevOps Engineer 等。

- **實踐經驗**：參與 DevOps/SRE 項目，累積實踐經驗，提升系統自動化和監控的能力，解決處理企業運營時產生的 p0 或 p1 等事件。

- **持續學習**：隨著技術的快速發展，持續學習新的 DevOps 和 SRE 工具和方法，保持技術領先，學習 Kubernetes、Terraform、Ansible、Argo CD、Prometheus 與 Grafana 等技術，只為了高效率解決系統維護問題。

- **問題解決能力**：提升問題解決能力，能夠快速應對系統故障和效能瓶頸，確保系統的穩定執行。

## ③雲端工程師（Cloud Engineer）職涯規劃

這裡我們提供雲端工程師的職涯規劃內容，包含：雲端工程師的關鍵任務、角色定位，以及必備的專業能力，這些核心內容有助於想成為雲端工程師的你設定短期、中期和長期目標，參見表 5-5。

▼ 表 5-5 雲端工程師職涯核心內容

| 核心內容 | 詳細項目 |
|---|---|
| 關鍵任務 | 主要任務是設計、部署和管理雲端基礎設施，確保系統的高效執行和可擴展性。 |
| 角色定位 | 這個角色就像是核電廠的專業系統工程師，從基礎設施的建設到日常運營的維護，守護最關鍵的運作零組件，確保企業線上系統穩定、高效地執行。 |
| 專業能力 | • 至少 1 年以上的雲端產業工作經驗。<br>• 熟悉至少一個主要雲端平台服務，如 AWS、Google Cloud 或 Azure。<br>• 掌握雲端計算的基本概念和技術，包括虛擬化、儲存、網路和安全性。<br>• 使用容器化技術，有 Docker 與 Kubernetes 等容器化架構的使用經驗。<br>• 使用自動化工具 IaC 來維護雲端基礎架構和配置，如 Terraform、Ansible、Argo CD 等。<br>• 理解開發和維運的基本概念和工具，如 Linux 操作系統、版本控制系統（git）、CI/CD 工具（Jenkins、Gitlab、Github Actions）、自動化腳本等。 |
| 短中長期目標 | • **短期目標**：掌握雲端計算的基本概念和技術，拿到 AWS、GCP 或 Azure 的證照，例如：AWS 助理級雲端架構師（AWS Certified Solutions Architect）或是 GCP 助理級雲端工程師（Google Associate Cloud Engineer）認證。 |

| 核心內容 | 詳細項目 |
|---|---|
| 短中長期目標 | • **中期目標**：參與雲端基礎設施項目的開發與維運，提升實戰經驗與自身處理問題能力，累積至少 2 年以上的實戰經驗。參與更多大型雲端系統設計專案，持續累積實踐經驗。<br>• **長期目標**：成為企業內部的雲端技術專家，負責設計和管理大型雲端基礎設施，往 DevOps/SRE 或是雲端架構師前進。 |

透過以下的規劃和步驟，你可以在雲端產業中成為一名出色的雲端工程師，為企業開發與維運高效、可靠的雲端基礎設施，協助企業的 IT 管理。

● **基礎知識累積**：掌握雲端計算的基本概念和技術，包括虛擬化、儲存、網路和安全性。進一步掌握開發和維運的基本概念和工具，如版本控制系統、持續集成／持續部署（CI/CD）工具、自動化腳本等。

● **專業證書**：AWS 助理級雲端架構師（AWS Certified Solutions Architect）或是 GCP 助理級雲端工程師（Google Associate Cloud Engineer）認證。

● **實踐經驗**：參與雲端基礎設施項目的開發與維運，累積實踐經驗，協助團隊提升系統自動化和監控的能力，協助處理或體驗企業運營時產生的 p0 或 p1 等事件。

● **持續學習**：隨著技術的快速發展，持續學習新的 DevOps 和 SRE 工具和方法，保持技術領先，學習 Kubernetes、Terraform、Ansible、Argo CD、prometheus 與 grafana 等技術，或是往雲端架構解決方案與系統設計方向學習。

● **問題解決能力**：提升與開發和維運團隊的協作能力，能夠協助應對系統故障和效能瓶頸，確保雲端系統的穩定執行，先從輔助角色做起。

## ④系統管理員（System Admin）/資訊系統工程師（MIS）職涯規劃

　　這裡我們提供 System Admin/MIS 工程師的職涯規劃內容，包含：System Admin/MIS 工程師的**關鍵任務**、**角色定位**及必備的**專業能力**，這些核心內容有助於想成為 System Admin/MIS 工程師的你設定短期、中期和長期目標，參見表 5-6。

▼ 表 5-6　系統管理員 / 資訊系統工程師職涯核心內容

| 核心內容 | 詳細項目 |
|---|---|
| 關鍵任務 | 管理和維護企業的 IT 基礎設施，確保系統的穩定執行和資料的安全性。需要處理日常的系統執行問題，進行系統升級和故障排除，並確保企業訊息系統的高效執行。 |
| 角色定位 | 這個角色就像是核電廠的設備維護工程師，負責管理企業內部的伺服器、網路、資料庫和其他 IT 資源，確保系統的高可用性和安全性。 |
| 專業能力 | ・至少 1 年以上的雲端產業工作經驗。<br>・熟悉至少一個主要雲端平台服務，如 AWS、Google Cloud 或 Azure。<br>・具備各種資訊系統維護能力，需要 18 般武藝。<br>・包含操作系統（如 Windows、Linux）的安裝、配置和管理。<br>・熟悉虛擬化技術，如 VMware、Hyper-V 等。<br>・網路管理和故障排除，包括 TCP/IP、DNS、DHCP 等網路協定。<br>・具備資料庫管理和維護能力，如 SQL Server、MySQL、Oracle 等。<br>・理解資訊安全的基本概念和技術，能夠實施基本的安全措施。<br>・掌握雲端計算的基本概念和技術，包括虛擬化、儲存、網路和安全性。 |
| 短中長期目標 | ・**短期目標**：掌握雲端計算的基本概念和技術，拿到 AWS、GCP 或 Azure 的證照，例如：AWS 助理級雲端架構師（AWS Certified Solutions Architect）或是 GCP 助理級雲端工程師（Google Associate Cloud Engineer）認證。 |

| 核心內容 | 詳細項目 |
|---|---|
| 短中長期目標 | ・**中期目標**：參與雲端基礎設施項目的開發與維運，或是 IT 基礎設施管理專案，提升實戰經驗與自身處理問題能力，累積至少 2 年以上的實戰經驗。同時參與更多大型雲端系統設計專案，持續累積實踐經驗。<br>・**長期目標**：成為企業內部的資訊技術專家，負責設計和管理大型雲端基礎設施或是混合雲架構，往 DevOps/SRE 或是雲端架構師前進，也可以往網路資安專家邁進，可以參考 CISCO CCNA 或是資安專業證照 CCSP。 |

　　透過以下的規劃和步驟，你可以在雲端產業中成為一名出色的系統管理員 / 資訊系統工程師，為企業開發與維運高效、可靠的雲端基礎設施，協助企業的 IT 管理。

- **基礎知識累積**：掌握雲端、地端系統管理的基本概念和技術，包括操作系統、網路、儲存和安全性。進一步掌握開發和維運的基本概念和工具，如版本控制系統、持續集成 / 持續部署（CI/CD）工具、自動化腳本等。

- **專業證書**：AWS 助理級系統管理（AWS Certified System Admin）或是 GCP 助理級雲端工程師（Google Associate Cloud Engineer）認證。

- **實踐經驗**：參與系統管理、維護專案和雲端基礎設施項目的開發與維運，累積實踐經驗。協助開發團隊提升系統自動化和監控的能力，處理網路問題、每季系統更新、軟體套件升級和企業資安問題等。

- **持續學習**：把握由地而雲的方向，持續學習新的 DevOps、系統管理技術和工具，保持技術領先。學習 Ansible、虛擬機器管理、網路配置管理與防火牆等技術，或是往雲端架構解決方案與系統設計方向學習，主要面向是往雲地整合的混合雲架構學習。

- **問題解決能力**：提升維運團隊的協作能力，能夠應對系統故障和效能瓶頸，執行每季度的更新計畫，確保企業整體系統的穩定執行，做好管理角色。

雲端工程師與系統工程師的角色權責劃分，常讓人感到困惑。雲端工程師專門管理雲端資源，尤其是在許多中小企業中，這些企業沒有實體機房，所有服務都在雲端或是使用現成的 SaaS 服務，如上下班打卡軟體，因此這些實實在在的企業需求，才造就了雲端工程師應運而生。

然而，在中大型企業中，可能需要自建機房來管理資訊系統，尤其是在以製造業為主的台灣，工廠的設備資訊或是機敏資料通常不易上傳到公開雲端服務，反而希望傳送到自建機房。在這種情境下，你的角色像是系統管理員，負責處理所有資訊系統，以及更低層的網路與操作系統的更新。

兩者的權責約有 60% 至 80% 重疊，主要差異在於企業對於 IT 系統的需求不同，這也導致了雲端工程師與系統工程師的角色區別。

## ⑤資料工程師（Data Engineer）職涯規劃

這裡我們提供資料工程師的職涯規劃內容，包含：資料工程師的關鍵任務、角色定位及必備的專業能力，這些核心內容有助於想成為資料工程師的你設定短期、中期和長期目標，參見表 5-7。

▼ 表 5-7　資料工程師職涯核心內容

| 核心內容 | 詳細項目 |
|---|---|
| 關鍵任務 | 設計、建立和維護企業的基礎設施與資料，確保資料的高效流動和管理。你需要負責資料的收集、儲存、處理和分析，將資料萃取出知識洞見，支援企業做出資料驅動的決策。 |
| 角色定位 | 這個角色就像是設計核電廠的資料工程師，搭建穩定、高效的資料管道和資料庫系統，手握電廠正常運作的所有資料，判斷短中長期趨勢運作是否正常，以及從資料運作趨勢知道是否有潛在危險。 |
| 專業能力 | • 至少 1 年以上的雲端產業工作經驗。<br>• 熟悉至少一朵雲的全面雲端資料架構。<br>• 熟悉資料庫技術（如 SQL、NoSQL）和資料轉化模型。<br>• 掌握資料管道技術，如 ETL（提取、轉換、載入）流程。 |

| 核心內容 | 詳細項目 |
|---|---|
| 專業能力 | • 熟悉大數據技術和工具來處理大量數據資料（如 Hadoop、Spark、Kafka）。<br>• 具備程式設計能力，熟悉 Python、Java、Scala 等程式語言。<br>• 熟練使用雲端平台上的資料工具（如 AWS Redshift、Google BigQuery、Azure Data Lake）。<br>• 理解資料安全和隱私保護的基本概念和技術。 |
| 短中長期目標 | • **短期目標**：拿到 AWS、GCP 或 Azure 的專家級資料工程師認證，例如：AWS Certified Big Data - Specialty、Google Professional Data Engineer。<br>• **中期目標**：學習並實踐資料管道和 ETL 流程，管理和維護多個企業級的資料專案，提升實戰經驗。深入學習和掌握大數據技術和工具，如 Hadoop、Spark、Kafka 等。<br>• **長期目標**：成為企業內部的資料技術專家，負責設計和優化企業的資料架構和流程。持續學習和掌握最新的資料技術和工具，保持技術領先。 |

透過以下的規劃和步驟，你可以在雲端產業中成為一名出色的資料工程師，負責設計和優化企業的資料架構和流程，協助企業的資料維護與資料洞察。

- **基礎知識累積**：掌握資料庫技術（如 SQL、NoSQL）和資料模型，學習資料管道和 ETL（提取、轉換、載入）流程；熟悉大數據技術和工具（如 Hadoop、Spark、Kafka）；需要熟練掌握一門或多門程式語言，如 Python、Java、Scala 等。

- **專業證書**：AWS 專家級大數據認證（AWS Certified Big Data – Specialty）、GCP 專家級資料工程師（Google Professional Data Engineer）認證或是微軟助理級資料工程師（Microsoft Certified: Azure Data Engineer Associate）認證。

- **實踐經驗**：參與資料工程專案，累積實踐經驗，設計並實施資料管道和 ETL 流程，處理大數據。使用雲端平台上的資料工具（如 AWS Redshift、Google

BigQuery、Azure Data Lake），管理和優化資料架構；處理資料品質和資料治理問題，確保資料的完整性和準確性。

- **持續學習**：隨著技術的快速發展，持續學習新的資料技術和工具，學習雲端資料解決方案，如雲端資料倉儲（data warehouse）、資料湖泊（data lake）和資料流技術。深入了解資料安全和隱私保護技術，確保資料在傳輸和儲存過程中的安全性。

- **問題解決能力**：提升資料處理和分析的問題解決能力，能夠快速應對資料管道中的故障和效能瓶頸；提升資料工程團隊的協作能力，確保資料專案的高效執行；參與資料分析和資料視覺化專案，提供有價值的資料洞察，支援企業決策。

## ▌技術專家 vs 管理職

在職業發展的過程中，許多角色最終會分為「技術專家」和「管理職」這兩條生涯路徑，這常讓人困惑究竟哪個角色適合自己，以及如何勝任這個角色。建議在職涯中都嘗試這兩種職位，根據個人特性、興趣及工作經歷，選擇最適合自己的路徑。以下是兩者的關鍵核心內容：

▼ 表 5-8　技術專家 vs 管理職的職涯核心內容

| 核心內容 | 管理職 | 技術專家 |
|---|---|---|
| 關鍵任務 | 管理職的主要任務是領導和管理團隊，制定和實施企業策略，確保團隊的高效執行和目標達成。他們需要具備強大的溝通和領導能力，能夠協調各部門的工作，推動企業整體發展。 | 技術專家的主要任務是深入研究和解決技術難題，推動企業技術創新和發展。他們通常在特定技術領域內擁有深厚的專業知識，並能夠指導和培養其他技術人員。 |

| 核心內容 | 管理職 | 技術專家 |
|---|---|---|
| 角色定位 | 管理職就像是企業的指揮官，負責制定戰略目標，領導團隊實現目標，並確保企業資源的最佳配置。他們是企業運營和發展的核心推動力。 | 技術專家就像是企業內部的智囊團，負責技術難題的攻克和創新解決方案的提出。他們是技術決策的關鍵人物，推動企業技術水平的提升。 |

　　清楚的職涯規劃，能夠幫助你在職業生涯中取得成功。根據不同的職位和個人興趣，制定合適的職涯規劃，並持續學習和提升自己，將幫助你在職場中脫穎而出，實現職業目標，希望這些建議能夠幫助你在各自的領域中取得成功。

# 5.3　建立職場信用銀行

**POINT** 每個人在公司內部都有一個信用評分，看不見但卻實實在在的存在。

　　相信大家都有這樣的經驗，在職場上有些人非常不可靠，事情交給他們，總會出問題。這些人可能上班常遲到、工作常延誤或工作交付品質不佳，因此被打上信用不及格、出包仔的標籤。大家自然不願把重要事情交給他們，也不希望和他們分到同一個專案編組；主管也會避免將重要任務交給這樣的人，擔心出紕漏，主管還必須來救火。

　　希望大家不要在職場上成為這樣的人，或許有人會覺得事情不交給自己是好事，但從長遠的職場關係和生涯規劃來看，這樣的人屬於不合格的一群。公司進行裁員時，往往第一刀就先裁掉不合格的人，他們是公司微血管，而不是大動脈，處理掉也只是留一點點血，馬上就可以止住。職場的「信賴感」是一個無形但非常重要的資產，它不僅影響你與同事和上司的關係，也直接影響你的職業發展和機會。接下來，將探討如何建立和維持你的職場信用銀行，確保你在職場中獲得信任和尊重。

# 5.3.1　看不見但卻存在的職場信賴感

信賴感是一種無形的資產，但它的影響非常深遠，就像台灣銀行。作為台灣最老牌且國營的銀行，無論經濟多麼低迷，台灣銀行依然屹立不搖如參天大樹活在哪邊，大家也都相信它不會倒閉，這就是所謂的「信賴感」。職場上的信賴感同樣來自於你的行為和態度，也是透過日常工作中一點一滴累積起來的。

## ▋職場故事：水蜘蛛的啟示

在著名的 DevOps 書籍《鳳凰專案》中，有一個角色叫做「水蜘蛛」。「水蜘蛛」是一個角色的暱稱，他會負責與每個團隊溝通，並傳遞所有訊息，確認流程上下手的所有狀況。所有部門也都信賴他，因為他能高效且準確地傳遞訊息，同時大家都願意為水蜘蛛做任何事，即使水蜘蛛他們可能只是普通職員，卻擁有很高的話語權，並擔任溝通的橋梁。某種程度很像公司中的意見領袖，或是 YT 中常見的 KOL，喊水會結凍。

## ▋職場啟示：信任彼此的夥伴

在我職業生涯的早期，曾經參與過一個重要的專案，由於我們的團隊是由不同部門的人組成，大家彼此之間並不熟悉。剛開始我們的溝通並不順暢，很多時候會因為溝通不足或誤解而影響進度，後面我決定主動承擔起協調的角色，積極和每個團隊成員溝通，了解他們的需求和困難，並定期向主管彙報進展；大家逐漸開始信任我，願意主動分享訊息，使得團隊的合作變得越來越順暢。

這時，我意識到自己成為了《鳳凰專案》中的「水蜘蛛」角色，雖然我的職位並不高，但我承擔了團隊內部溝通的橋梁，逐漸成為某種程度的意見領袖，這就是夥伴間的信賴感。就像《航海王》裡的魯夫一樣，大家願意為了夥伴做任何事情，雖然聽起來很理想化，但信賴感確實存在於每個人身上。

職場上，當你看到一個人的行為和態度，就會讓你自然地判斷他是否可靠、是否可以信賴他，有些人會讓你覺得事情交給他便一定會按時完成，而有些人則會讓你擔心事情出包的機率有夠高。信賴感是一種無形的資產，其影響力廣泛而深遠。在職場中建立和維持職場信賴感，能讓你成為值得信賴的夥伴，贏得同事和上司的尊重。

## 5.3.2 保持良好工作狀態與紀律

不知大家是否在公園打球時，遇到過公園中的神祕生物「你犯規籃球老阿伯」，這類人總是在進攻時說你走步，防守時說你打手犯規，甚至細到撥到他的小指甲縫隙，他也說你犯規。這些濫用規則或只挑對自己有利說的人，往往會讓大家敬而遠之。

在職場中，也會出現這種情況，因此保持良好的工作狀態和公平原則，也是建立信賴感的重要基礎。像是按時完成工作、遵守公司規定、保持專業態度等職場可靠人的表現，當你始終如一地展現出專業和紀律，別人會更加信任你，願意依賴你、相信你而一起完成重要的任務。

### ▌展現自己的職場專業和紀律

- **按時完成工作進度**：確保每項工作都能按時完成，展示你的責任心與可靠的工作能力，還能讓同事和上司感到安心。

- **遵守公司規定**：遵守公司的各項規定，展示你的紀律性和專業態度，這有助於樹立你的專業形象。切記不遲到、早退，並尊重自己的工作，不要成為廁所操盤俠，滑手機操盤到中午。

- **保持專業態度**：在工作中始終保持專業態度，無論遇到什麼情況，都能冷靜處理保持高 EQ，這會讓人覺得你真的是一個情緒穩定、做事牢靠且值得信賴的職場好夥伴。

### 5.3.3 友善的溝通環境及情緒穩定

在職場上難免會遇到愛吵架、愛生氣的同事，每次與他們溝通都是一個心累的過程，只要事情不合他們的意，就爆氣要求全場都要聽他們的話，某種程度的情緒勒索與巨嬰症。

然而，這種行為會讓許多人拒絕與你溝通，這對你的職涯非常不利，無論你是想晉升到更高的管理位置還是自行創業，「跨部門溝通」的能力都是重中之重。大家來上班是為了高效完成工作，不是來聽你生氣的，我們應該把重點放在高效率完成對的事情，然後愉快地下班。

在職場中，「友善的溝通環境」和「情緒穩定」是建立信賴感的關鍵因素。良好的溝通能夠增進理解並避免誤會，而情緒穩定則能讓同事和上司感到安心，這些也能讓你在職業生涯中獲得更多的支持和機會。

### ▍高 EQ 夥伴必備

- **友善的溝通**：在溝通中始終保持友善和尊重，即使遇到困難或衝突，也能以平和的態度處理，這會讓人覺得你是一個值得信賴的合作夥伴。

- **情緒穩定**：無論工作多麼繁忙或困難，都要保持情緒穩定，不隨意發脾氣或抱怨，這樣別人會覺得你是一個成熟、可靠的人。

### 5.3.4 確實回報狀況給你的主管

大部分的職場前輩都經歷過當兵的日子，知道在軍隊中如果沒有如實上報情況，可能會被連長責備得很慘，整天被罵到臭頭。在軍隊中，義務役最害怕的就是被連長盯上，然後「洞八」，我們什麼都願意做，只為了快點離開這個「精神時光屋」去放假。

在現代職場上，並不是每個人都有當兵的經歷，因此很多人不了解「定期向上級回報工作情況」的重要性，「定期回報」可以讓上級了解目前的狀況，掌握整體局勢，並決定戰略方向。

建議大家站在「基層主管」或「高階主管」的角度來思考問題。如果你的下屬知情不報，當上級問起時，你又一問三不知，你會不會被責備？相信我，沒有一個主管希望他的下屬不回報狀況，只是每個主管對於回報的詳細程度要求不同，有些主管希望每個步驟鉅細靡遺回報，有些主管只需要告訴其結果即可。但絕對沒有一個主管希望在事情快要爆炸時才知道，導致最後無法收拾，所以與主管保持良好的溝通，也是建立信賴感的重要部分。定期回報工作進展，且及時反映問題和困難，不僅能展示你的責任心，還能讓主管感到安心，重點是把事情與工作正確、迅速、高效地完成交付。

## ▌讓主管安心的方法

- **定期回報**：定期向主管回報工作進展，建議以「週或天」為單位，使用簡單的條列式文字訊息回報，這樣可以讓主管了解你的工作狀況，又不讓人感到厭煩。

- **誠實反映問題**：遇到問題或困難時，不要隱瞞或拖延，及時向主管反應或是向同事求援，這樣可以及早解決問題，避免更大的損失。反應問題時，記得要說你嘗試過哪些方向，而不是整包問題丟給其他同事，要他們幫你解決。很多人會覺得我有跟你說，事情就是變成你的問題，這樣也會讓人感覺你是不可靠的。

- **積極尋求回饋**：主動尋求主管的回饋，建議以「月或季」為單位，除了可以了解自己的不足之處，並不斷改進，也可以提升自己的工作能力和信賴感。我的建議是每季度與你的上級主管一對一面談，除了回報工作狀況，也可以談談下一季度的工作目標與家庭狀況，都是維持工作與上下級關係的好方法。

建立職場信用銀行是職涯成功的關鍵。透過保持良好的工作狀態與紀律、營造友善的溝通環境、保持情緒穩定，並確實回報狀況給主管等職場生存學，你絕對可以在職場中獲得信任和尊重，為自己的職業發展奠定堅實的同事信賴感，希望這些建議能夠幫助你在職場中脫穎而出，成為優秀的職場菁英。

## 5.4　知道自己的水有多深

**POINT** 人最怕的就是沒有自知之明，不知自己幾斤幾兩重還往地獄闖。

在職場中，了解自己的能力和現狀是持續進步的關鍵。就像射箭一樣，我們都知道要把箭射中靶心才能得分，在職場上你知道自己的靶在哪裡嗎？你的箭能夠射得足夠遠嗎？還是只是亂射一通，不知道靶在何處？

射箭時，我們會從近距離開始，逐步提升難度，從 10 公尺、20 公尺到 50 公尺。同樣的，我們也會不斷升級裝備，從新手練習弓到進階反曲弓，沒有人一開始就能拿到最好的裝備並一路高升，我們都不是「天公的孩子」，所以我們需要不斷確認自己的射箭目標與射靶距離，並評估手中的弓箭裝備是否合適，最後按部就班地射中紅心。

在職場上，我們也需要不斷評估自己的職場生存能力和職場經驗，確保自己朝向職涯目標穩定前進並提升。學會如何正確評估自己，並以謙虛和積極的態度不斷提升，才能確保你能在職業道路上穩步前進。

## 5.4.1　學會比面子重要

在職場上，承認不足且積極學習是進步的基石。還記得我第一份工作的長官對我說：「明宏你還年輕，正在學習，隨著經驗增加，你需要倒掉手中的那杯

水，保持重新學習的心態，才能走得更長久。」這句話我一直銘記在心，也經常與他人分享這句金玉良言。

在職場久了，我發現很多人的職涯停滯，往往是因為無法放下已有的成就來重新學習。建議在職場上不要害怕在同事或上司面前顯得無知，因為每個人都會經歷學習新事物的過程。智慧型手機問世時，連你阿嬤都在學怎麼用 LINE，那你怎麼能不學習新事物呢？

## █ 職場學習訣竅

「活到老，學到老」是我們應該追求的態度，以下三個職場學習訣竅和大家分享：

- **承認不足**：不要害怕承認自己不懂或不會，這不是弱點，而是成長的起點。

- **積極學習**：利用各種資源，例如：跟資深同事請益、線上課程、書籍等，主動學習和提升自己，活到老，學到老。

- **尋求指導**：不要羞於向比你有經驗的人請教，這不僅能解決問題，還能建立良好的職場關係。

## 5.4.2　時間管理大師：重要的事做了嗎？

有效的時間管理是職場成功的關鍵，千萬要學會分清輕重緩急，確保重要的事情優先完成，可以大大提高工作效率和成就感。每個人每天有 24 小時，為什麼有些人可以在 2-3 小時內高效率完成工作，而有些人花了 8 小時卻交付了劣質成果？這取決於他們的時間管理能力。

## ▎提升時間管理

時間管理包含兩個方面：①做正確的事是關鍵，做不正確的事，再努力也徒然。千萬要搞清楚最後交付的成果為何？不是自己臆測後做出的無用成果，這等於沒做；②高效率完成工作，千萬不要多頭馬車，一次確實完成一件事情，確保交付的成果符合預期。以下三個要點能幫助你提升時間管理的能力：

* **制定計畫**：每天開始前先列出待辦事項，根據重要性和緊急性排序。在執行的一開始，腦袋就要思考，並確認好交付成果的正確性，不要做出不合預期的成果。

* **專注工作**：避免分心，一次確實完成一件事情，專注於當下的任務，確保高效完成。

* **檢視進度**：定期檢視自己的工作進度，確保重要的事情已經完成，並調整計畫，以適應新的情況。更進一步，你也可以每週一與你的主管確認是否完成任務、達成交付目標。

## 5.4.3　看醫生也沒有用的拖延症

得了拖延症，真的是沒藥醫，拖延症也是許多人在職場上遇到的難題。因為工作複雜而拖延，最終無法交付正確成果，常常會造成團隊的負擔。

## ▎學會克服拖延症

複雜的任務應該提前拆解成多個簡單的小任務，並依進度來依序執行，如果一開始不擅長處理複雜任務，可以跟隨職場前輩學習他們的技巧。若是拖延到死線，不僅影響工作效率，還會帶來巨大的心理壓力，周圍的同事還會說：「XXX 是不是要出包了？又到最後一刻才說搞不定。」這種職場壓力會如恐懼般蔓延，也會降低同事對你的信賴。

學會克服拖延，才能更好地掌控自己的職業生涯，以下招式能幫助你擺脫拖延症：

- **分解任務**：將大的任務分解成小步驟，逐步完成，減少壓力，貪多嚼不爛。就像體檢有 10 幾個關卡，護士會帶你一關一關完成檢查，最終完成所有的健康檢查關卡。他不可能會一次叫你檢查兩個項目，因為這不現實，而這就是日常中常見的分解任務。

- **設定截止日期**：為每個任務設定明確的截止日期，並嚴格遵守，建議每個任務以「48 小時」為限，既有充裕時間執行，又不會太緊迫。

- **自我激勵**：完成每個小任務後，給自己一些獎勵，以保持動力，例如：喝杯星巴克或吃頓好吃火鍋。現代人習慣於短影音和快速生活節奏，因此激勵的時間不能拉得太長，可以每兩天設定一次自我激勵，避免激勵疲勞，又不至於等太久才看到成果。

## 5.4.4　對於現在的職位，我應該留下來還是離開？先問問自己的心

在職場中，面臨到是否留任或離職的選擇時，需要冷靜分析和思考，以做出最適合自己的決定。你可能想離開的原因無非是「錢給不夠」或是「心委屈了」，但有些人因家庭或經濟因素而無法輕易放棄工作，那麼到底如何決定自己應該留下還是離開呢？

### ▍評估轉換職位的思考面向

以下的思考面向可以幫助你評估是否應該轉換職位：

- **評估現狀**：客觀評估目前的工作環境、職位發展前景和個人感受，了解現狀是否符合你的職業目標和需求。關鍵的評估如下：「你現在想離開的原因是什

麼並條列出來」、「你需要更多的經濟來源，還是工作的成就感」、「離開後的新工作能否滿足這些條件」、「你只是工作倦怠，那你可以思考你是否能在這個職位上繼續成長和做出更多貢獻」，我們以積極的方式來做出思考與決定。

- **考慮未來**：思考你的未來職業目標，評估現在的工作是否有助於達成這些目標；如果不是，那可能是時候考慮利用新的工作機會來達成。這個問題最常見的情況是你現在的產業可能已經走向衰退，你想轉到其他的領域發展，如果你沒有太多的夢想，只是追求穩定，建議優先考量「向錢看齊」。

- **尋求建議**：向信任的同事、朋友或職業顧問尋求建議，聽取他們的意見和經驗，幫助你做出更明智的決定。尋求有經驗的前輩意見是最可靠的作法，他們曾經遇過類似的問題，走在你前面，他們的建議將可幫助你解決問題，避免踩雷。職場待久了，真的是「不聽老人言，吃虧在眼前」。

了解自己的能力和現狀，是在職場中持續進步的關鍵。透過「學會比面子重要」、「有效的時間管理」、「克服拖延症」，以及「在留任或離職問題上冷靜思考」這些章節，你可以更好地掌控自己的職業生涯，實現自己的職業目標，希望這些建議能夠幫助你在職場中脫穎而出，順利實現職業目標。

# 5.5　績效考核及掌握薪水談判的技巧

**POINT** 績效考核絕對是每個人繞不過去的關卡，學會如何利用績效考核來為自己爭取穩定加薪。

在職場上每個人都需要清楚了解自己的價值和貢獻，知道自己的產值是最重要的，因為人最怕不知道自己幾斤幾兩重。在公司組織層級中，「績效考核」

是一個必經的流程，如果你想要薪水在公司穩定成長，那麼就必須重視，並掌握「績效考核」這一關。

　　績效考核不僅有助於你在工作中找到自己的定位，還能讓你在薪水談判時有理有據。無論你是剛入職場的新手，還是有多年經驗的老手，穩定加薪的關鍵就是「你的績效」，當績效不好，加薪幅度就不可能穩定、甚至創造更高的加薪幅度，那些破格加薪的人無一不是職場績效菁英。「績效考核」只是第一關，下一步是「幫老闆創造更大的價值」。

## 5.5.1　從績效考核了解自己的產值

　　「績效考核」是了解自己在公司中產值和貢獻的關鍵指標，透過績效考核，你可以清楚知道自己的工作表現和價值，也是上司對你的整體工作評價。如果你的績效不好，你也不太可能爭取到好的加薪幅度，所以了解自己的產值，不僅能讓你在後續薪水談判中有底氣，也能幫助你合理設定自己的薪資期望。

## ▌績效考核的面向

　　一般而言，績效考核包含以下三個面向：

- **達成個人目標**：這是你和主管在年度或季度計畫中設定的目標，通常是可量化的指標，如完成某個專案、提高某項技能或達成銷售目標。確保你能夠達成這些目標，並且有具體的資料和案例來證明你的工作成果。

- **達成組織目標**：這包括你在團隊或部門中的貢獻，以及你如何支援公司的整體戰略目標。例如：你參與的專案對公司業績提升 30% 的貢獻，或者你如何幫助團隊提高 20% 以上的效率。

- **做出超越這個職等的表現**：這部分是你展現出超越你當前職位的能力和潛力。例如：主動承擔額外的責任、領導專案、提出創新建議等，這些都能展示你的潛力和未來發展的具體方式。

273

有些人會自我感覺良好，認為自己的產值非常高，請一定要用客觀的方式來評估自己的價值。「績效考核」就是一個很好的指標，如果你的績效考核在團隊中只是平平，那麼在市場上競爭時可能也不會如你所願。千萬不要過於自信，因為市場打臉會來得很快且殘酷，沒有達到相應的能力，就難以在市場獲得較高的薪資報酬。

## 5.5.2 績效考核的目標制定與達成

有效的績效考核目標，能夠幫助你明確努力方向，並展示你的工作成果。

### 制定績效目標

掌握以下三個原則，可以讓你在目標制定和目標達成上事半功倍，同時我們千萬要把握的是「組織需要的是什麼？而不是你想要做的是什麼？」這種思考層次上的差異，會帶來截然不同的結果。

- **KPI vs OKR 哪個好**：「KPI」（關鍵績效指標）和「OKR」（目標與關鍵成果）是兩種常見的目標管理工具。KPI 側重於量化的績效指標，而 OKR 更靈活，強調目標達成的關鍵成果，不論是使用哪種方式，重點在於「如何達成組織交付的任務，並交出超乎預期的表現」。

- **制定目標把握 SMART 原則**：制定目標時，應遵循 SMART 原則，即「具體」（Specific）、「可衡量」（Measurable）、「可達成」（Achievable）、「相關性」（Relevant）和「有時限」（Time-bound）。當個人目標和團隊目標是可量化、可達成的，這樣的目標會更容易被達成和評估，才具有更強的說服力。

- **了解組織或團隊目標，建立目標連結**：確保你的個人目標與團隊或組織的整體目標保持一致，這樣才能事半功倍，並增加你對公司整體成功的貢獻度。如果只是達成個人目標，可能會被質疑對組織的益處為何，所以我們應該把重點放在「達成組織目標」。

## 5.5.3　薪水談判時的注意事項

薪水談判是一項技術活，需要足夠的準備和談判技巧，並且要累積足夠的戰功。在談判之前，先做足功課，了解合理的市場行情，確定自己的加薪期望，這樣才能在談判中有理有據。

利用績效考核來談薪時，注意不要提出過於誇張的需求，例如：你希望增加20%以上的薪資漲幅，除非你真的有非常高的驚人貢獻，不然基本上是不可能成功的，維持超乎預期的工作表現，則建議以「5-10%」的加薪作為主要目標。

## ▌加薪談判

- **本薪**：本薪是薪水談判中最重要的一部分，一般來說，年度調薪幅度約為3%。如果你的績效非常優良，建議可以「5-10%」作為目標，但你要確定自己在市場中的價值足夠，並提出有理有據的戰功，來佐證你值得這樣的薪水調幅。

- **假期**：除了本薪之外，如果超過公司的薪資調整上限，「增加假期天數」也可以是一個談判條件。適當的假期安排，不僅能提高你的工作效率，還能讓你有更多時間陪伴家人和朋友。與老闆談判時，如果無法加薪，可以嘗試爭取更多的有薪假期或靈活的休假安排，未嘗不是一種變相加薪。

- **獎金**：獎金是一種激勵機制，能夠有效提高你的工作積極性。一般來說，獎金與業績掛鉤，多勞多得。在薪水談判中，可以嘗試爭取更多的獎金機會，並確保這些獎金機制是透明且公平的，看得到也拿得到。

- **年終**：年終獎金是1年工作的總結，也是對你全年辛勤工作的肯定。有些公司的年終制度是根據部門或個人表現調整對應的彈性年終，範圍可能是1-6個月。在談判時，可以詢問公司的年終獎金政策，爭取合理的年終獎金加成來嘉獎你的優異表現。

掌握績效考核與薪水談判的技巧，了解自己的產值，並在績效考核中展現出色表現，這樣才能在職場中獲得更好的待遇和發展機會。希望這些建議能夠幫助你在職場上如魚得水，年年績效第一、穩定加薪。

# 5.6 參考資料

- 小人物也能成美國時代雜誌的封面：菜販陳樹菊成台灣之光

  URL https://time.udn.com/udntime/story/122833/7148232

- 104 職涯規劃很簡單！四步驟教你輕鬆設定職涯目標、探索生涯發展

  URL https://blog.104.com.tw/career_intro/

# 走出自己的人生路

6.1　職場走過的人生觀　　6.2　參考資料

每次的職場轉換都是一次賭注，不要後悔自己的選擇，只要在每個選擇的當下，你都做了最好的決定，那就夠了！

每個人的人生、職場和遇到的人都不一樣，本書總結我 10 年來的職場專業、工作經驗、管理經驗和軟實力，這些內容不一定適合所有人，你應該根據自己的個性和經歷，參考我的總結，並修改成適合自己的道路，走出屬於自己的人生道路。

# 6.1 職場走過的人生觀

下面分享我的五個人生觀，與大家共勉之。

## ▌工作與家庭的平衡，有些事情錯過了，就永遠錯過了

在職場上，許多人努力工作，把大部分時間投入到賺錢養家，這沒有不對，但我強烈建議大家千萬注意工作與家庭的平衡。

「這是一種選擇，沒有對錯」，在我的職場人生觀中，對我影響最大的是我的父母親經歷，我的父母在我大學畢業後的 5 年間相繼過世，這段時間我完成了人生中最重要的兩個課題。同時從這段經歷中，我學到了最重要的啟示：「如果你不在當下陪伴父母，你就永遠失去了陪伴的機會。」這也驗證了那句話：「子欲養而親不待。」

大學時期，我母親罹患癌症，在那段歲月裡，我選擇用時間陪伴她，因為我沒有能力提供更好的醫療條件，而我知道我能給她的就是我的陪伴。在她生命的最後時光，我時刻陪伴在側，我從不後悔這個決定，因為我給了她「當時我能給的所有」；在母親過世後，我沒有任何悔恨，因為我做了所有「我該做的」以及所有「我能做的」，給了她當時我能給的—「最好的陪伴」。

「在困難時刻，重要的不是我們能做多少，而是我們能付出多少愛。」

—德蕾莎修女（*Mother Teresa*）

研究所畢業、服完兵役後，父親的身體也開始惡化，所以我選擇留在台北工作，儘量尋找能靈活運用時間，不需要常常晚上加班的工作，以便能回家陪伴他。父親雖然能行走，但行動不便，買晚餐也很困難，如果我加班，他就得餓肚子，這對當時的我來說，真的覺得是父親非常心酸的日子。我沒有像許多同學那樣，去新竹科學園區追求高薪，但我不後悔這個選擇，雖然賺得不多，房子也可能買不起，但我給了父親我能給的所有—「時間、金錢和物質」。

佛說：「有得有失，方為人生。」

父親過世後，我認為這就是成就我人生的一部分，錢沒有了可以再賺，父母親沒有了，就真的沒有了，這段人生歷程告訴我，要取得工作與家庭的平衡，不要賺了很多錢，卻成了孤家寡人。

希望這段經歷能給大家一些想法，重視工作與家庭的平衡，有些事情一旦錯過，就再也回不來了。

## 給自己適當的休息時間與空間，給 30 歲的自己一個興趣的養成

剛出社會時，非常努力工作。除了上班時間完成工作，還利用閒暇時間學習寫程式，花了大量時間在學習上。當時年輕的自己認為，只要不斷努力，就會有成果，雖然學到了很多東西，但最終卻發現自己過度勞累，身體狀況變得很差，時常會長帶狀皰疹，也就是老人家俗稱的「皮蛇」。

那時，我意識到必須改變自己，每週安排適當的時間運動，否則身體很容易出現問題。我甚至還出現了失眠的狀況，工作與自我要求的壓力，讓我身體的內分泌大失調，這讓我明白休息和工作的平衡絕對必要，適當工作但不要成為工作狂，否則最終會搞壞身體。

給自己適當的休息時間和空間，才能將自己重置和充電，尤其是到了 30 歲，更應該給自己一個發展興趣的機會。利用額外的興趣，讓自己有重置和充電的時間，這樣才能在工作上保持高效。

根據馬斯洛的需求層次理論，當基本需求得到滿足後，下一階段的需求就是「成就感」。工作不僅僅是為了賺錢，更是為了達成人生的成就感，給自己一個學習興趣的機會，除了工作累積的成就感，還可以從興趣中找到新的滿足感。許多人甚至藉由興趣找到自己真正的喜愛，像我自己就嘗試了救生員、潛水、籃球、羽球等不同的運動所帶來的樂趣與體驗，而對我來說，刷韓劇、看 Netflix 電影、閱讀書籍也都是很好的興趣嘗試。

舉例來說，我有個朋友工作後開始學國標舞，結果認識了他的妻子，甚至還開了自己的國標舞成果發表會，在另一個領域發光發熱。同時他的工作表現也非常傑出，我認為這是一個非常好的平衡工作和興趣的方法，推薦給大家。根據統計，有額外培養興趣的人不僅工作起來效率更高，也因為有了興趣的平衡，可以更好享受自己的人生。

## ▌慢慢來比較快，打好基礎，莫求速成

在過去的職涯中，常常許多人問我是否可以在 3 個月內快速轉職成功，希望能達到階段性成果。我可以肯定地說：「有機會」，但你必須付出超越常人的努力，會感受到學習的痛苦，撐過去後成果會很美好。轉換跑道是長期抗戰，我私心建議你穩紮穩打，有些事情慢慢來比較快。

舉個例子，不知道大家有沒有打過籃球，如果你是個籃球基礎不佳的人，有可能在 3 個月內變得很強，而加入系隊或校隊嗎？經過系統性的訓練後，參加系隊可能有機會，但是參加校隊就不太可能，這些成就的門檻都不低，都需要經過長時間的練習和努力才有可能達成，我們要做的是訂立計畫，根據不同階段性的目標來前進。

# 刻意練習：任何人都能成為天才，只要用對方法

花費 3 個月，可以達到小有成就的階段，只要設定好目標，找到教練並努力練習，但要達到大成就，至少需要 1-3 年的持續努力。為什麼需要這麼長的時間呢？大家想想，如果很多事情只要 3 個月，就可以這麼容易達成，那麼人人練 3 個月籃球，可以成為國手來參加奧運嗎？肯定是不現實的。事實上，要達成一些非常人能及的目標，背後需要持之以恆的練習和計畫。

這裡我想分享另一個例子，我姐夫在飯店裡擔任行政主廚，我曾經問過他：「要成為一名合格的行政主廚，你認為前前後後需要多少年？」他想了想後告訴我：「如果沒有 10 年的工作與歷練，真的很難達成，因為需要學習的東西實在太多了。」他還有許多事情是成為行政主廚後才學到的，而且必須不斷精進自己的廚藝，不然真的學不會一些新的菜式。

例如：他說主廚開菜單時，每一季的食材變化都不一樣，開菜單的時候，就要融合當季食材與在地食材，去創造出一個新的菜單。這些在當學徒時，根本不可能碰觸到，因為當學徒時大多是依指示行事，去做主廚叫你做的事，所做的都是廚藝基礎的累積，需要持續的學習和累積經驗，才能達到高水準的廚師。

當某個領域的入門門檻很高，也象徵著你的不可取代性。「穩紮穩打」才是成功的關鍵，如果一份工作不需要經過這些基礎功，輕易就能被他人超越，那麼這份工作也很容易被取代。

最後我要與大家分享，正因為蹲馬步和努力練習沒有人願意，這才代表你的努力是多麼的可貴與獨一無二，最終讓你成為最特別的那一個人，「慢慢來比較快」，打好基礎才是可長可久之道。

## ▍在職場與工作中找到自己心之所向，錢不是萬能的！

從前佛羅里達大學的一項研究中，探討了薪資與快樂程度的關係（美國地區數據），從研究中可發現，當薪水增加到一定程度時，邊際效應會開始逐漸遞減。也就是說，如果一個年輕人的年薪從 50 萬增加到 120 萬，快樂程度會逐漸上升，但當薪水達到台幣 214 萬至 240 萬左右時，薪資增加便不再帶來更多的幸福感。

當然，這個結果會因國家、職業、地區和年份的不同而有所變化，而研究想要闡述的觀點在於當薪水增加到一定程度後，對於人來說，它只是一個存款數字，快樂程度並不會隨之增加。這邊帶給我們兩個啟示：

- **現實面**：我們當然要先努力增加自己的年薪，至少達到幸福指數不再增加的臨界點，金錢不是萬能，但是沒錢萬萬不能，我們還是需要考量現實的。

- **心理面**：當你發現更多的錢不會帶來更多快樂時，你應該思考真正的幸福來自於哪裡，我們不要成為金錢的奴隸。

「金錢是通往最終價值的橋梁，可是人不能棲息在橋梁上。」

我想告訴大家的是，並不是不追求加薪，而是要理解你在職場工作中真正喜歡的是什麼，有時候你可能賺很多錢，但只能做高級勞工的工作；而有時候你賺的錢相對較少，但可以創造、設計新的東西，這些經驗和練習能讓你更上一層樓。從長遠來看，哪一個更符合你的理想呢？

當你達到一定年齡後，應該思考哪一條路對你的長久未來更有利，你到底追求的是什麼？錢並不是萬能的，如果你失去了時間、家庭和健康，那可真的是得不償失，建議大家在 30 歲以後的人生職場裡，認真思考這個問題，找到自己真正心之所向的職場與工作。

## 不要成為職場上你最討厭的那種人，屠龍者終成惡龍

你還記得職場上最喜愛的主管或前輩嗎？你對那些認真負責、兢兢業業、帶領團隊努力達到成功的職場前輩可能不記得，但對那些職場上最討厭的主管或前輩呢？那些推卸責任、啥都不做、上班睡覺、只是拿薪水的「薪水小偷」。

請記住這些你最討厭的職場樣貌，經過一定的職場歷練後，千萬要保持初心，也千萬提醒自己不要成為這樣的人，不要抱著「以前的前輩是這樣對我的，所以我也要這樣對後輩」的心態。我也是這樣過來的，「為什麼我可以，你們卻不行」的心態，只會讓你成為你曾經討厭的那種人。

在職場上，心存善念，盡力而為，你不喜歡的行為，不要施加在他人身上，不要活成你曾經討厭的那種人。屠龍者終成惡龍，我見過很多職場上血淋淋的例子，他們最後活得並不開心，後輩也不喜歡他們。

建議大家好好思考「自己在職場上想要成為怎樣的前輩」，你的背影是否能讓很多的後輩願意追隨腳步。只有這樣的職場前輩，才能在職場上留下積極的影響，並獲得真正的快樂和滿足。

# 6.2 參考資料

- 賺愈多錢愈能感到幸福？研究發現：年收入超過這個數字，幸福度就很難再成長了

  URL https://smart.businessweekly.com.tw/Reading/IndepArticle.aspx?id=6005563

- 刻意練習 如何設定目標？五大原則讓你變高手

  URL https://www.cheers.com.tw/article/article.action?id=5099058

- 佛光菜根譚 - 星雲大師

  `URL` http://www.masterhsingyun.org/article/article.jsp?index=13&item=22&bo
  okid=2c907d49441eb4cd01449a53aa5c0059&ch=3&se=2&f=1

Note

Note

博碩文化

博碩文化